Balanço da Bossa

Coleção Debates
Dirigida por J. Guinsburg

Equipe de Realização – Revisão: Geraldo Gerson de Souza e Plinio Martins Filho; Projeto gráfico: Lúcio Gomes Machado; Produção: Ricardo W. Neves e Sergio Kon.

augusto de campos
BALANÇO DA BOSSA
e outras bossas

PERSPECTIVA

Dados Internacionais de Catalogação na Publicação (CIP)
(Câmara Brasileira do Livro, SP, Brasil)

Campos, Augusto de
Balanço da bossa e outras bossas / Augusto de Campos.
— São Paulo : Perspectiva, 2015. — (Debates ; 3 / dirigida
por J. Guinsburg)

4. reimpr. da 5. ed. de 2013.
Bibliografia.
ISBN 978-85-273-0358-3

1. Bossa Nova (Música) - Brasil - História e crítica 2.
Música - Brasil - História e crítica 3. Música popular - Brasil
- História e crítica I. Guinsburg, J. II. Título. III. Série.

05-0783   CDD-781.630981

Índices para catálogo sistemático:
1. Brasil : Música popular : História e crítica   781.630981
2. Música popular brasileira : História e crítica   781.630981

5ª edição – 4ª reimpressão

Direitos reservados à

EDITORA PERSPECTIVA LTDA.

Rua, Augusta, 2445, cj. 1
01413-100 São Paulo SP Brasil
Tel: (11) 3885-8388
www.editoraperspectiva.com.br

2021

a meu pai
eurico de campos
pintor compositor
pianista e sambista
que me ensinou a amar
a música popular
"e a passar toda a minha vida
a defender causa perdida"

"O que é que vou dizer prá Caetano?"
"Diga que eu vou ficar olhando pra ele."
João Gilberto, New Jersey 7-5-68

SUMÁRIO

Introdução 11

BALANÇO DA BOSSA

Bossa Nova (BRASIL ROCHA BRITO) 17

Da jovem guarda a João Gilberto 51

Boa palavra sobre a música popular 59

Balanço da bossa nova (JÚLIO MEDAGLIA) 67

Festival de viola e violência 125

De como a MPB *perdeu a direção e continuou na*
   vanguarda (GILBERTO MENDES) 133
O passo à frente de Caetano Veloso e Gilberto Gil ... 141
A explosão de Alegria Alegria 151
Viva a Bahia-ia-ia! 159
Informação e redundância na música popular 179
Conversa com Gilberto Gil 189
Conversa com Caetano Veloso 199

E OUTRAS BOSSAS

Juanita Banana no Municipal 211
Lupicínio esquecido? 219
Dados para uma discografia de Lupicínio Rodrigues .. 233
Miniantologia de Lupicínio Rodrigues 241
João Gilberto e os jovens baianos 251
Carnavália 257
É proibido proibir os baianos 261
Minientrevista n° 1 269
Ives salve a América 273
Música popular de vanguarda 283
Arte Poética 293
Reverlaine 295
Minientrevista n° 2 299
Geléia Geral 303
Como é Torquato 307
Cabeça/ head 311
João Gilberto/ Anton Webern 313
Balanço do balanço 333
VIVA VAIA 352

BALANÇO DA BOSSA

INTRODUÇÃO

Quando me pediram um livro sobre a moderna música popular brasileira, ocorreu-me a idéia de reunir em volume alguns trabalhos críticos que acompanharam de perto, no ato, os apaixonantes momentos de sua evolução, nos últimos tempos. Trabalhos de diferentes autores e que — excetuadas obviamente as minhas próprias incursões e tentativas — julgo dos mais relevantes para a compreensão do que aconteceu com a nossa música, ou a parte mais conseqüente e inteligente dela. Publicados, quase todos, em "suplementos literários", muitos desses estudos passaram despercebidos ao público aficionado de música. Pareceu-me, pois, mais do que oportuna a sua reunião num todo orgânico e sob uma forma de apresentação menos transitória.

Poucos conhecerão o estudo *Bossa Nova*, que abre o volume. Divulgado meio clandestinamente na página literária "Invenção" do jornal *O Correio Paulistano*, em 23/10 e 6-20/11/1960, tal trabalho tem uma importância histórica: é a primeira apreciação técnica fundamentada que se fez da bossa-nova. Esse balanço, feito dois anos depois da eclosão do movimento, está naturalmente limitado às manifestações surgidas até aquela época. Mas em suas linhas gerais e em suas considerações sobre a concepção musical (posição estética, característicos de estruturação e de interpretação) da BN, é, ainda hoje, atualíssimo. Brasil Rocha Brito, seu autor, musicólogo, ex-aluno do professor H. J. Koellreuter (Escola Livre de Música), entrou em contato, na época de elaboração de seu estudo, com Antonio Carlos Jobim, com o qual discutiu vários pontos de sua interpretação.

O segundo *Balanço da Bossa Nova* que consta do volume foi efetuado por Júlio Medaglia. O jovem maestro estudou música inicialmente com Koellreuter e Damiano Cozzella, fazendo a seguir o curso de regência na Universidade de Freiburg (1961-66), onde foi regente titular da Orquestra Sinfônica da Universidade. De volta ao Brasil, regeu algumas de nossas mais importantes formações musicais, como a Sinfônica Brasileira, o Madrigal Renascentista, a Filarmônica e a Sinfônica de São Paulo. Um especialista em música erudita moderna, tendo participado, como regente, de alguns dos nossos primeiros *happenings* e de espetáculos como a II Semana de Música de Vanguarda promovida por Eleazar de Carvalho e Jocy de Oliveira em 1966, Medaglia interessa-se igualmente pela música popular: por isso mesmo, tem sido convidado a integrar os júris dos mais importantes Festivais de Música Popular Brasileira. É de sua responsabilidade, ainda, o arranjo de algumas composições do 2.º LP de Caetano Veloso, dentre as quais a revolucionária *Tropicália*. O trabalho de Medaglia, o mais amplo e eclético desta antologia, foi publicado no Suplemento Literário de *O Estado de São Paulo*, em 17 de dezembro de 1966 (número especial, inteiramente dedicado à música popular). Seis anos após o estudo de Brasil Rocha Brito, este novo apanhado completa o primeiro com o levantamento extensivo das tendências e desenvolvimentos musicais até aquela época. Salvo as últimas contribuições de Gil e Caetano, o quadro traçado por Medaglia permanece fundamentalmente o mesmo, ainda hoje.

Entre esses dois balanços sistemáticos e genéricos situam-se as minhas contribuições para este livro, assim como a de Gilberto Mendes, como incursões de tipo guerrilha, abordando alguns aspectos mais polêmicos da questão musical brasileira no após-bossa-nova. Os meus primeiros estudos, "Da Jovem Guarda a João Gilberto" e "Boa Palavra sobre a Música Popular", publicados originalmente no *Correio da Manhã*, em 30-6 e 14-10-66 tratam das perplexidades da nossa música na fase do conflito JG × MPB, da música de protesto, dos espetáculos de televisão e dos primeiros festivais, terminando com a previsão evolutiva de Caetano Veloso. Da batalha do último grande certame de Música Popular Brasileira fala o meu *Festival de Viola e Violência* (*Correio da Manhã*, 26-10-67). Sobre o mesmo tema, mas de uma perspectiva mais acentuadamente musical, ou musicológica, versa também o trabalho de Gilberto Mendes, *De Como a MPB Perdeu a Direção e Continuou na Vanguarda* (publicado, pela primeira vez, no Suplemento Literário de *O Estado de São Paulo*, em 11-11-67). Compositor e crítico musical, Gilberto Mendes tem tido ativa participação nos movimentos de renovação de nossa música erudita. Com Willy Corrêa de Oliveira, Rogério Duprat e Damiano Cozzella, fundou o grupo Música Nova, cujas proposições teóricas foram expostas em 1963, no n.º 3 da revista *Invenção*, num manifesto que foi também assinado por Júlio Medaglia, Sandino Hohagen, Regis Duprat e Alexandre Pascoal. Uma das características das composições "aleatórias" de Gilberto Mendes — desde *Blirium C-9*, executada por Pedrinho Mattar, Paulo Herculano e Ernesto de Luca no "Festival de Música de Vanguarda" com que Diogo Pacheco escandalizou o Teatro Municipal de São Paulo, em 1965 — é, precisamente, a incorporação da música popular urbana, em montagens e citações, como um dado semântico, ao contexto sintático da música erudita. Tem, pois, a contribuição de Gilberto Mendes para esta antologia um significado particular, como testemunho do diálogo entre a música popular brasileira e os compositores de vanguarda.

Dos meus últimos trabalhos, "O Passo à Frente de Caetano Veloso e Gilberto Gil" (*Correio da Manhã*, 19-11-67), "A Explosão de Alegria, Alegria" e "Viva a Bahia-ia-ia" (*O Estado de São Paulo*, 25-11-67 e 23-3-68) cuidam de interpretar os mais recentes desenvolvimentos de nossa música. Finalmente, Informação e Redundância na Música Popular, aqui publicado pela primeira vez, é uma tentativa de equacionamento desse tipo de música, na atualidade, com os instrumentos da Teoria da Informação.

Completam este livro depoimentos inéditos de Caetano Veloso, Gilberto Gil e Torquato Neto. Além de constituírem, em si mesmos, uma comprovação de alta consciência artística, as respostas dos compositores às questões que lhes propus parecem-me da maior importância para o entendimento dos novos rumos da nossa música.

Os trabalhos que integram o volume, especialmente revistos nesta oportunidade, sofreram alguns cortes e mínimas alterações com o objetivo de adaptá-los à publicação conjunta e na seqüência em que ora são apresentados.

Embora escritos em épocas diversas e por autores diversos, esses estudos — de um musicólogo, um regente, um compositor e um poeta "eruditos" mas entusiastas da música popular — têm uma perspectiva comum, que os solidariza. Estão, todos, predominantemente interessados numa visão evolutiva da música popular, especialmente voltados para os caminhos imprevisíveis da invenção.

Nesse sentido, estou consciente de que o resultado é um livro parcial, de partido, polêmico. Contra. Definitivamente contra a Tradicional Família Musical. Contra o nacionalismo-nacionalóide em música. O nacionalismo em escala regional ou hemisférica, sempre alienante. Por uma música nacional universal.

Não contra a Velha Guarda. Noel Rosa e Mário Reis estão muito mais próximos de João Gilberto do que supõe a TFM. Contra os velhaguardiões de túmulos e tabus, idólatras dos tempos idos. A estes deixo, ao cabo destas linhas, as linhas muito mais velhas, mas sempre novas, do Epigrama de Marcial (século I):

Miraris ueteres, Vacerra, solos
nec laudas nisi mortuos poetas.
Ignoscas petimus, Vacerra: tanti
non est, ut placeam tibi, perire.

Ou numa interpretação livre:

Só admiras os velhos, só a arte
dos mortos move a tua pena.
Sinto muito, meu velho, mas não vale
a pena morrer para agradar-te.

Augusto de Campos

Março de 1968

BOSSA NOVA

Brasil Rocha Brito

Indubitavelmente, a eclosão da bossa-nova revolucionou o ambiente musical no Brasil: nunca antes um acontecimento ocorrido no âmbito de nossa música popular trouxera tal acirramento de controvérsias e polêmicas, motivando mesas redondas, artigos, reportagens e entrevistas, mobilizando enfim os meios de divulgação mais variados.

Entretanto, apesar de tudo o que se disse contrária ou favoravelmente a esse movimento renovador, parece-nos não ter sido estabelecida até o momento uma apreciação técnica fundamentada que, através de uma análise minuciosa, permitisse situar melhor os característicos individualizadores das obras compostas dentro de nova concepção musical. É, assim, oportuna a colocação do problema em termos tais que, doravante, o debate possa resultar mais adequado e proveitoso a partir da aceitação ou rejeição das proposições contidas nessa análise.

Influências estrangeiras. Precursores. Primeiras manifestações.

Como preliminar a uma tal análise, cremos ser conveniente registrar as influências sofridas pela bossa-nova da parte de outras manifestações musicais do populário estrangeiro. Dentre estas, destacam-se, no caso, direta ou indiretamente, o *jazz* e o *be-bop* (concepção jazzística surgida mais recentemente).

O *be-bop*, aparecendo em 1945 aproximadamente, foi a princípio pouco conhecido fora dos Estados Unidos, somente começando a popularizar-se a partir de 1949 no exterior e mesmo na própria nação norte-americana: transbordara do pequeno círculo de músicos que o praticavam e ganhara a adesão de muitos outros da nova e velha guarda.

Já nesse ano de 1949 e nos seguintes começaram a surgir na música popular brasileira composições que incorporavam alguns procedimentos do *be-bop*, tanto na estrutura propriamente dita, como na interpretação (onde o influxo se fazia notar de maneira mais acentuada).

Dos Estados Unidos ainda, pouco depois dessa época, procederia uma nova maneira de conceber a interpretação: o *cool jazz*, designação usada em contraparte a *hot jazz*. No *cool jazz*, ao contrário do que sucedia no *hot*, os intérpretes são músicos de conhecimento técnico apurado e, embora não dispensem as improvisações, procuram dar à obra uma certa adequação aos recursos composicionais de extração erudita.

O *cool jazz* é elaborado, contido, anticontrastante. Não procura pontos de máximos e mínimos emocionais. O canto usa a voz da maneira como normalmente fala. Não há sussurros alternados com gritos. Nada de paroxismos. Dick Farney, ao surgir em nossa música popular, já canta quase propriamente *cool,* derivando seu estilo do de Frank Sinatra.

Lúcio Alves, embora mais apegado a procedimentos tradicionais, foi na época outro cantor que inovou a interpretação. Ambos se impuseram rapidamente.

Deve-se observar aqui, de passagem, que Dick Farney, pianista de grandes méritos, passou mesmo a tratar as novas composições brasileiras como se fossem *be-bops.* Disto não resultariam obras verdadeiramente nacionais, pois não havia a intenção precípua de integrar novos processos, metamorfoseando-os se necessário, dentro de uma elaboração coerente. Esta afirmativa não deve ser entendida como censura: reconhecemos que, mesmo no domínio da música erudita, os influxos não são desde logo integrados na elaboração e ficam, assim, muitas vezes, como que não dissolvidos em obras de uma fase inicial.

Além de Dick Farney e Lúcio Alves, cabe mencionar o conjunto vocal Os Cariocas. Todos eles já apresentavam, no setor da interpretação, muitas qualidades positivas, embora nem sempre se subtraindo a um certo mimetismo.

Para exemplificar o que ficou dito quanto às novas contribuições no campo da interpretação, gostaríamos de citar Dick Farney com *Esquece, Ponto Final, Dúvida, Meu Rio de Janeiro;* Lúcio Alves com *Xodó;* Os Cariocas com *Nova Ilusão* e *Retrato na Parede.* Todas estas obras devem ser ouvidas em gravações da época.

Houve, ao tempo, outras manifestações valiosas, estas no que diz respeito à composição propriamente dita. Gilberto Milfont, Klecius e Cavalcanti, José Maria de Abreu, Ismael Neto, Oscar Bellandi e muitos outros já não se atinham, em suas produções, aos modelos mais tradicionais, revelando sinais de inconformismo.

Eis os prenúncios da bossa-nova, que somente se iria afirmar como um movimento de aspecto e fundamentos bem estabelecidos por volta de 1958. Estava, com aqueles precursores, aberto o caminho para posteriores inovações. Músicos e intérpretes vários continuaram a insistir nessa direção. Assim, obras de diversos compositores, interpretadas por Nora Ney, Doris Monteiro, Ivon Cury, dentre outros, em 1952. Logo após, Tito Madi, cantor e compositor, e Sidney Morais, cantor, compositor e violonista, aquele com músicas de sua própria autoria, este sobretudo com interpretações de obras alheias, contribuíram para a renovação em marcha.

O compositor, cantor e pianista Johnny Alf já a essa altura incorporava procedimentos outros, emprestados às tendências mais atualizadas do *jazz*. Seus sambas-canções estavam mais próximos do *jazz*, do *be-bop*, do *cool jazz* do que de algo definidamente radicado em nossa música popular. Paulatinamente, porém, alguns dos procedimentos empregados por Johnny Alf foram por ele metamorfoseados em outros mais integrados no espírito do populário brasileiro. Muitos, como o próprio Antonio Carlos Jobim, reconhecem nesse músico a paternidade da bossa-nova.

Lá pelo ano de 1955, o compositor Antonio Carlos Jobim, na "Sinfonia do Rio de Janeiro" — seqüência de quadros musicais interpretados por diferentes solistas e conjuntos — lançou um trabalho denominado *Hino ao Sol* realizado de parceria com Billy Blanco. Esta, em nossa opinião, a primeira composição já integrada, mesmo por antecipação, na concepção musical que se iria firmar três anos depois: a bossa-nova.

Desse momento em diante, acelera-se o processo de renovação. Composições dadas a público em 1957 por Maysa, tais como: *Ouça, Resposta, Felicidade infeliz*, significavam uma experiência nova para um auditório habituado a músicas de cunho mais conservador e já em uma considerável parcela desejoso de ouvir algo diferente.

Foi então que vários compositores, entre os quais cumpre destacar o nome do teórico e animador do movimento, Antonio Carlos Jobim (Tom), julgaram ser chegado o momento propício para realizarem obras de concepção totalmente nova, já, àquela altura, capazes de alcançar boa receptividade de parte do grande público. Estava-se em 1958. Compositores, cantores e instrumentistas, músicos de um modo geral que co-participavam de uma mesma concepção com respeito à renovação de nosso populário, passaram a se agrupar em um verdadeiro movimento, logo conhecido como bossa-nova. Nessa convergência de iniciativas, e co-responsáveis pelo seu êxito, merecem ainda destaque Vinicius de Moraes, como autor de versos para músicas de Antonio Carlos Jobim, e João Gilberto — compositor, violonista e cantor — em nossa opinião um dos maiores fenômenos já ocorridos no campo da música popular brasileira. A ele se deve, em grande parte, o surgimento e a consolidação da concepção bossa--nova, seja como cantor e instrumentista, seja como letrista e compositor. Sobre outros nomes de importância teceremos comentários em parágrafos posteriores.

Análise da concepção musical bossa-nova

   I. Estudo de sua posição estética;
  II. Estudo dos característicos da estruturação;
 III. Estudo dos característicos da interpretação.

   I. Posição estética da concepção musical bossa--nova.

Não se poderá intentar a análise de uma nova concepção musical, mediante a comparação de seus atributos com "padrões de medida" tradicionais. Novos atributos deverão ser aferidos por novos padrões, muito embora a nova concepção possa deitar raízes em procedimentos composicionais anteriores a ela, oriundos de concepções musicais precedentes. Assim, por exemplo, a harmonia particular do *jazz New Orleans* não poderá ser assimilada à harmonia tonal tradicional, pois, provindo o *jazz* de fundamentos modais, a harmonia surgida simultaneamente com ele já negava postulados daquela. Veja-se o uso no *jazz* dos acordes construídos pela adição de uma sexta maior às tríades maiores e menores, com a mesma função das tríades perfeitas na harmonia tradicional.

Vários são os procedimentos que distinguem a posição estética assumida pelos músicos da bossa-nova. Dividiremos sua análise em tópicos.

1. *Não reconhecimento da hegemonia de um determinado parâmetro musical sobre os demais.*

Na música popular brasileira anterior, a melodia — densenvolvida ritmicamente — recebia ênfase exagerada. Tinha-se mesmo, no mais das vezes, a preocupação de sublinhar uma melodia fácil de ser memorizada por uma harmonização pobre, que deixasse em relevo absoluto esse parâmetro composicional.

Na bossa-nova, procura-se integrar melodia, harmonia, ritmo e contraponto na realização da obra, de maneira a não se permitir a prevalência de qualquer deles sobre os demais, o que tornaria a composição justificada somente pela existência do parâmetro posto em evidência.

O intérprete igualmente se integrará na obra como um todo, seguindo o conceito de que ele existe em função da obra e não apesar dela. A valorização do cantor surgirá na medida em que ele co-participa da elaboração musical e não na medida em que se procura afirmar sobre a própria obra, como freqüentemente acontecia e ainda acontece. Tal característico importa no reconhecimento do valor do trabalho de equipe e na limitação do personalismo, do egocentrismo, do "estrelismo". É uma forma de sobrepor o interesse da realização final ao da afirmação individual. Que não era esta a maneira de pensar habitual, prova-o a surpresa causada nas primeiras vezes em que, perante um auditório e câmeras de televisão, comparecia o cantor João Gilberto tão-somente para acompanhar ao violão um número musical interpretado pela cantora Sílvia Telles.

2. *Superação do dualismo, do contraste, do legado do Romantismo.*

Isto se verifica, senão totalmente, pelo menos de maneira bastante sensível em muitos aspectos. No caso do intérprete-cantor, os arrebatamentos tão freqüentes, grandiloqüências, efeitos fortemente contrastantes — os denominados "dinâmicos", por exemplo: agudos gritantes, sublinhados por aumentos abruptos na *loudness* [1] da voz, fermatas etc., são todos rejeitados pelo modo de cantar próprio da bossa-nova.

O cantor não mais se opõe como solista à orquestra. Ambos se integram, se conciliam, sem apresentarem elementos de contraste.

---

(1) Usamos neste trabalho o termo *loudness* em lugar do mais comum "intensidade". Este último refere-se a um atributo físico do som (medido em decibéis por instrumentos), enquanto que o primeiro diz respeito, propriamente, à magnitude de um atributo psicológico do som. Não foi empregado o termo volume, no caso, pois pertine a um terceiro atributo, diverso dos dois outros. Para maiores esclarecimentos: *Musical Engineering* de H. Olson e *Musical Acoustics* de C. Culver.

Igual atitude adotam as secções da orquestra: não se alternam *naipes*-orquestra com o objetivo de realizar aqueles efeitos.

O contraponto na bossa-nova é de tipo "emergente": guarda com os demais parâmetros estruturais um compromisso tão íntimo que, por assim dizer, não se diferencia de um modo sensível no todo da obra.

Outro aspecto, este em relação aos acordes: obras para instrumentos como o piano ou o violão ("solistas" ou "acompanhantes") podem apresentar uma estruturação harmônica realizada por acordes (ou melhor, complexos sonoros), que desempenham duas funções: a) função harmônica, acordes como sustentações harmônicas da composição; b) função "percutiva", acordes para sublinhar as batidas (*beats*) rítmicas. Estas duas funções ocorriam em acordes empregados na harmonização de obras do populário tradicional; entretanto, jamais de maneira coexistente. A bossa-nova concilia ambas as funções, fazendo com que se integrem numa mesma entidade-acorde.

O abandono do reconhecimento da divisão de todos os acordes possíveis em duas classes distintas — consonantes e dissonantes — conceitos advindos da harmonia tonal tradicional, é outro ponto a demonstrar a superação do dualismo. Acordes antes considerados dissonantes podem ocupar o lugar atribuído a consonantes. Não terá, portanto, sentido insistir nessa classificação que, a rigor, mesmo para a música popular tradicional, já não seria totalmente válida. Na bossa-nova ela se torna completamente perempta.

Reconhecem-se agora diferentes graus de maior e menor tensão harmônico-tonal, aportados pelos acordes que se situam em seqüências ou progressões acordais.

Esta proposição é um corolário da música erudita a partir de César Franck, e mesmo o *jazz*, em sua concepção global, já a subentende.

São muito comuns na bossa-nova acordes servindo de sustentação harmônica a notas da melodia que, por razões várias, pediriam, segundo o conceito tradicional, harmonização por acordes consonantes.

Finalmente, poderia ser lembrada, como característico enquadrado no tópico que estudamos, a não-valorização acentuadamente dionisíaca na interpretação da obra musical bossa-nova. É uma tentativa de libertação dos influxos remanescentes do Romantismo que, até nossos dias, vêm impregnando enormemente a música popular não só brasileira como de várias outras etnias, embora já inegavelmente superados no domínio da música erudita.

Há uma contensão de arroubos, uma recusa em permitir processos derivados do "operismo" (situam-se aqui aqueles que tipificam o *bel canto* em obras de alguns compositores de fins do século XIX e começos do século XX), banindo-se os efeitos fáceis e mesmo extramusicais, que absolutamente não pretendem ser integrados na estrutura, na realização da obra, possuindo como que uma existência à parte. Estes lugares-comuns musicais, gastos pelo uso reiterado e abusivo, não funcional, são rejeitados em nosso populário pela concepção bossa-nova.

3. *O culto da música popular nacional no sentido de integrar no universal da música as peculiaridades específicas daquela.*

Não se trata de um regionalismo estreito, armado de preconceitos contra o que se possa adotar de culturas musicais estrangeiras. Segundo o conceito da bossa-nova, a revitalização dos característicos regionais de nosso populário se faz sem prejuízo da importação de procedimentos tomados a outras culturas musicais populares ou ainda à música erudita. É necessário, apenas, que da incorporação de recursos de outra procedência possa resultar uma integração, garantindo-se a individualidade das composições pela não-diluição dos elementos regionais.

Há, na bossa-nova, uma real compreensão do papel do compositor perante o populário; cabe a este, à custa de pesquisas, de identificação de denominadores comuns que constituam a essência das peculiaridades apresentadas pela generalidade das obras da música popular de seu país, extrair material e possíveis procedimentos estruturais; o cultivo desses elementos, tais como são encontrados, e o estabelecimento de outros homólogos, neles inspirados, enseja a edificação de obras simultaneamente regionais e dotadas de universalidade.

No caso de nosso país, o campo de pesquisa é bastante amplo, grande é o número de possíveis a tentar. Em outras nações, de cultura mais antiga e mais sedimentada, de etnia mais definida, de civilização já bastante evoluída ao tempo em que a nossa nem ainda surgira, limita-se muito o âmbito de possibilidades e, conseqüentemente, as pesquisas: não se descobrirão facilmente caminhos que já não tenham sido anteriormente percorridos e bem explorados.

Aqui um ponto em que devemos insistir: os recursos tomados pela bossa-nova ao *be-bop* foram adaptados a ela, transformaram-na à sua medida, ou simplesmente serviram para inspirar a criação de processos homólogos. Poucos são os casos de transladação direta. Assim mesmo, nesta última hipótese, procurou-se verificar de antemão se poderia ocorrer, de maneira fundamentada, na própria concepção global de composição defendida pelo movimento.

Esta questão tem sido bastante controvertida. Nela se quer ver uma espécie de calcanhar-de-aquiles da bossa-nova. Mas as objeções levantadas contra o fato de que esta nova música possibilita a migração de procedimentos oriundos do *jazz* e do *be-bop* envolvem, no fundo, um pseudo-argumento.

Realmente, não se trata de algo estranho à evolução de nossa música. De longa data a música popular brasileira incorpora recursos de origem estrangeira: italianos, franceses, ibéricos, norte-americanos, centro--americanos, argentinos etc. É o que afirmam duas autoridades que se pronunciaram sobre o assunto: Mário de Andrade, em sua *Pequena História da Música,* e Renato de Almeida, em seu *Compêndio de História da Música Brasileira.* Mário de Andrade registra influências espanholas e hispano-africanas: "Nossa música possui muitos espanholismos que nos vieram principalmente por meio das danças hispano-africanas da América; Habanera e Tango". Mais adiante acrescenta terem sido estas formas, junto à Polca, os estímulos rítmico e melódico do Maxixe. Sustenta ainda que foi de uma complexa mistura de elementos estranhos que se formou a nossa música popular! "A Polca, a mazurca, o schottisch se tornaram manifestação normal da dança brasileira. A modinha, algumas vezes, se reveste do corte rítmico do chotis ... Às vezes, em nosso canto, passam acentos nórdicos, suecos, noruegueses..."

Renato de Almeida, por seu turno, escreve: "Além das três influências básicas, cabem ser referidas a espanhola, através de boleros, malagueñas, fandangos, habaneras etc.; a italiana, que se fez por intermédio da música erudita da ópera, mas chegou até o povo, pela modinha; algumas outras européias, como a francesa, em certas canções de roda infantis; e modernamente a americana, pelo *jazz*, com a marcada preponderância sobre a música urbana brasileira".

4. *Respeito aos valores que, no passado, tenham realizado como compositores, cantores ou em outro qualquer setor da atividade musical, trabalho de seriedade, de alto nível de idealização e elaboração.*

A posição da bossa-nova não é iconoclástica, inamistosa ou hostil em relação a uma tradição que é viva porque foi inovadora em sua época. Assim, Noel Rosa, Pixinguinha, Moreira da Silva, Assis Valente, Ari Barroso, Dorival Caymmi, José Maria de Abreu e muitos outros.

O movimento bossa-nova, reconhecendo haver nascido por força de mutações ocorridas no seio da música popular brasileira tradicional, não pode ser adverso a essa música da qual provém. Será, isto sim, contra a submúsica, mal idealizada, mal elaborada, de exploração das conveniências puramente comerciais (em seu sentido pejorativo), que vive à custa de recursos fáceis e extramusicais, categoria na qual se pode incluir grande parte da produção dos últimos anos.

5. *Valorização da pausa, do silêncio.*

Este procedimento, embora não usado com muita freqüência, pode-se dizer que apareceu na música popular nacional com o advento da bossa-nova. Consiste na utilização da pausa considerada como elemento estrutural, como sendo um aspecto de som: som-zero.

Na música erudita, Debussy e os Impressionistas de um modo geral foram os primeiros a empregar conscientemente a valorização do silêncio como agente da estruturação.

Anton Webern levou este aspecto a um estágio bastante avançado, e os autores que surgem hoje como continuadores da experiência weberniana procuram extrair deste recurso suas conseqüências extremas.

Este procedimento, aliado a outros característicos atrás examinados, faz com que a bossa-nova apresente vários pontos de contato com a música erudita de vanguarda, pós-weberniana, e, de um modo geral, com o Concretismo nas artes.

Isto talvez não ocorra em virtude de uma posição estética apriorística. Não foi a adoção de uma programação prévia que impôs procedimentos tomados ao Concretismo (abrangendo este termo, na acepção em que o empregamos, não apenas a "música concreta" de Pierre Schaeffer e outros, como também a "eletrônica", cujo principal representante é Karlheinz Stockhausen, e, ainda, as novas pesquisas instrumentais), daí resultando os aludidos pontos de contato. Trata-se, antes, de um processo de aproximação quase intuitivo, de uma verdadeira convergência de sensibilidade.

Assim, as realizações e soluções oferecidas pela bossa-nova são semelhantes, homólogas a outras ocorridas nas artes contemporâneas, ou, pelo menos, enquadradas na mesma conceituação generalizada que elas estabelecem.

De tudo isto decorre uma conclusão, que expusemos a Antonio Carlos Jobim, e em relação à qual o compositor manifestou sua concordância: a música popular tende a se nivelar, no curso dos anos, à erudita.

Aliás, os conceitos de música popular e erudita — duas classes distintas — são relativamente recentes: é um quadro que se estabeleceu somente após a Idade Média.

O *jazz* em todas as suas manifestações — *New Orleans, be-bop* etc. — tem contribuído enormemente para a redução dessa distância.

A música popular brasileira, anteriormente ao advento da bossa-nova, estava, inegavelmente, mais de meio século atrasada em relação à erudita. Hoje pode-se afirmar que houve uma considerável diminuição desse distanciamento, e isto graças principalmente à concepção musical bossa-nova.

II. Estudo dos característicos da estruturação

1. Uso de acordes sensivelmente mais alterados do que os empregados na música popular brasileira

anterior. Trata-se de acordes em parte sugeridos pelo *be-bop,* embora se deva observar que, nessa concepção jazzística, tais acordes ocorrem com maior índice de freqüência e de forma ainda mais alterada.

2. Certos tipos de seqüências de acordes, como, principalmente, a constituída pela sucessão: a) acordes de tônica; b) acordes maiores sobre o 7.º grau abaixado (com função de dominante ou não). Esta sucessão geralmente redunda numa verdadeira progressão acordal, pela ocorrência de um 3.º termo representado por um acorde igual ao primeiro da seqüência. *Dindi, Eu necessito de você, Menina Feia* e muitas outras composições apresentam, logo no início, progressões acordais, dessa natureza. Se o acorde maior construído sobre o 7.º grau (abaixado) da escala tonal não possuir na estrutura harmônica função de dominante individual, poderá ser encarado (funcionalmente) como o acorde relativo ao acorde de dominante menor do Centro Tonal estabelecido. É possível, ainda, a consideração do mesmo acorde com (funcionalmente) uma subdominante individual: a subdominante da subdominante. Caso contrário, tratar-se-á de um acorde de caráter claramente dominantal, embora não convirja para um acorde-solução.

3. Seqüências de acordes tais que, sendo *u* a fundamental do 1.º e *v* a do 2.º, o acorde sobre *u* seja menor e o sobre *v* maior ou menor, guardando individualmente as notas *u* e *v* a relação: *u* é dominante (5.º grau) de *v* na escala tonal, maior ou menor, que tem *v* por 1.º grau. Exemplo: (Lá bemol menor) — (Ré bemol maior); (Fá sustenido menor) — (Si menor); (Sol menor) — (Dó maior). Estas seqüências se assemelham àquelas em que uma dominante qualquer é seguida pela sua resolução ortodoxa (Dominante — caminhando para Tônica), exceto quanto ao caráter maior, trocado pelo menor, no acorde que anteriormente desempenhava função dominantal.

4. Na bossa-nova parecem pouco freqüentes as chamadas "cadências de *jazz*", bastante características no *jazz,* em todas as suas manifestações. Consistem elas em seqüências de acordes de caráter dominantal, nas quais as vozes se seguem em movimento cromático preferivelmente descendente, ou, então, apresentam

uma nota em comum. No *be-bop* acordes dessa natureza costumam surgir com acentuada complexidade.

As razões pelas quais a BN não faz uso dessas progressões acordais poderiam ser várias.

Registraremos aqui que, embora não haja destacada hegemonia de um parâmetro musical sobre os demais, dentro desta nova concepção musical, é inegável a existência para o populário brasileiro de uma tradição melódica que continua no movimento de renovação. Ora, as "cadências de *jazz*" predominantemente realizam harmonias que não apontam nenhuma estrutura rítmico-melódica valorizada.

5. Conciliação dos modos maior e menor. É um tanto freqüente, na harmonia aplicada em composições da BN, o aparecimento de regiões maiores e menores de um mesmo centro tonal, que se seguem e se interpenetram. A estruturação harmônica parece às vezes modal. Isto se verifica com mais clareza quando tal processo é acompanhado por notas da melodia, situando-se em regiões maiores e menores de um mesmo centro tonal.

6. Ao contrário do *jazz,* onde a harmonização da melodia, em suas linhas gerais, faz uso, muitas vezes, de acordes que se vão progressivamente colocando sob a jurisdição das regiões tonais, definidas pela sucessão ascendente de tons no círculo das quintas, a BN, com freqüência, se vale de harmonia por acordes, relacionados a tons que se seguem em sentido descendente naquele círculo. Disto decorre que na BN, de modo menos geral, as tensões harmônico-tonais se intensificam menos do que no *jazz.*

7. A melodia, na BN, assume vários aspectos. Há composições com melodias de configuração bastante inusitada em relação às encontradas no populário anterior: são melodias fortemente não-diatônicas. Noutros casos, se as melodias fossem estruturadas de maneira mais convencional quanto à configuração rítmica, poderiam muito bem passar por melodias do populário que antecedeu o movimento. Casos há, ainda, em que as melodias são intencionalmente construídas de maneira pouco variada e incluídas numa estrutura harmônica que varia acentuadamente com o fito de enriquecer a textura da obra, compensando-se assim a carência de variabilidade melódica: situa-se este pro-

cedimento na classe dos não utilizados previamente à BN.

Os ornamentos melódicos são também bastante diversos dos antes encontradiços. As síncopas são muito mais freqüentes e agora bastante valorizadas. As apojaturas, as antecipações etc., ocorrem de um modo não-ortodoxo. É sabido que os ornamentos, constituindo-se em notas estranhas aos acordes, são empregados, na harmonia tonal tradicional da música erudita, de modo a ter sua primeira fase (percussão) igual ou inferior, em duração, à segunda fase (resolução). Na música popular de várias etnias, isto passou a ser propositadamente desrespeitado, com o fim de criar uma intensificação harmônico-tonal de certas passagens de uma composição. A BN incrementa este recurso; faz, por exemplo, com que certas apojaturas sejam sustentadas durante intervalo de tempo bastante longo, igual ou superior ao da resolução (na harmonia contemporânea, diga-se de passagem, há uma tendência a reconhecer como notas de acordes — complexos sonoros — as chamadas ornamentações). Veja-se, entre outras, a passagem de *Fim de noite:* — "mais uma ho'-ra", que está a sugerir uma apojatura assim tratada.

Notas que no fraseado melódico se constituiriam em pontos de "chegada", de repouso melódico-harmônico, são muitas vezes empregadas com diminuto valor de tempo, dando lugar ao início de novo fraseado. Articulações da linha melódica em pontos que, por assim dizer, dão ao fraseado como que uma solução de continuidade, são outros procedimentos encontrados nas novas composições. Tais processos, quando usados na estruturação de melodias quase-diatônicas e bastante semelhantes às convencionais, podem dar--lhes caráter novo. As melodias pouco variadas, insistindo na reiteração de uma mesma nota ou figuração melódica (transposta em alturas ou não), não pretendem vida autônoma: ainda quando as cantarolamos ou assobiamos, inconscientemente estamos imaginando ouvir a melodia ligada à estrutura harmônica correspondente. Situam-se nesta classe de composições, pelo menos em parte, *Samba de uma Nota Só, Fotografia, Menina Feia.* As notas ou figurações melódicas reiteradas são acompanhadas por intensa variação da harmonia e de outros parâmetros estruturais. Anotemos que tal procedimento é comum no *jazz*, desde há muito (*Perdido, String of Pearls, That Old Black Magic, All of a sudden my heart sings* etc.), e mesmo na música erudita ocidental, embora fôsse pouco explorado no populário brasileiro anterior.

Deve-se também mencionar o fato de que, na nova concepção musical, a melodia é estruturada, muitas vezes, segundo configurações rítmicas derivadas das células rítmicas fornecidas pelas chamadas "batidas da bossa-nova".

Ocorrem, ainda, casos de valorização da pausa na estrutura melódica: sirva de exemplo a melodia de *O menino desce o morro*, composição de Vera Brasil.

8. Estruturação rítmica. Abordaremos de modo resumido esta questão, tanto no que respeita a andamentos, a compassos-padrões, como a figurações rítmicas.

Os gêneros musicais mais cultivados no populário brasileiro das últimas três decadas foram, inegavelmente, o samba "marcado" (ou "rasgado"), o samba-canção, a marchinha e a valsa. Os sambas possuem compassos fixados em 2/4: o samba-canção é de andamento mais lento; de feição mais nostálgica; o samba "marcado", de andamento mais rápido, de feição mais lúdica (embora nem sempre se subtraia a uma certa nostalgia) com tempos dos compassos bastante realçados, o que se obtém pondo em destaque uma seção de percussão nas orquestrações para pequeno ou grande conjunto. O samba-canção — que esteve ameaçado de se diluir no bolero centro-americano, não tanto pela pouca evidência impressa à marcação rítmica do acompanhamento, como, entre outros fatores, pelo não-uso de configurações rítmicas na própria melodia capazes de caracterizá-lo — voltou a se afirmar com o advento da BN. (A individualização de um gênero musical — bolero, samba-canção etc. — não se esgota, ao contrário do que muitos pretendem, no simples realçar das configurações rítmicas do acompanhamento, mas resulta sobretudo de outros procedimentos.)

Bebeto, saxofonista do movimento de renovação, já teve a oportunidade de estabelecer uma comparação entre a chamada "batida clássica" (tradicional, baseado no grupo semicolcheia, colcheia, semicolcheia) e duas das muitas "batidas bossa-nova", numa entrevista concedida à revista *O Cruzeiro*. Deve-se levar em conta que o termo "batida" não se refere apenas a possíveis configurações rítmicas do acompanhamento, mas ainda às da estrutura melódica. Entretanto, aquilo que popularmente se conhece como "batida da bossa-nova" é um defasamento no tempo físico entre os acentos tônicos periódicos da linha melódica e os do acompanhamento causado pelo uso reiterado de síncopas. A impressão que se tem é de uma birritimia, ou seja, de uma superposição de duas partes da obra, ambas com a mesma métrica de tempo, porém de acentuações rítmicas não coincidentes num mesmo instante físico.

Finalmente, por ser a BN uma concepção musical não redutível a um determinado gênero, comporta manifestações variadas: sambas; marchas; valsas (*Luciana* de A. C. Jobim); serestas (*Canta, canta mais, O que tinha de ser*, de A. C. Jobim), *beguines* (*Obalá-lá* de J. Gilberto) etc.

O mesmo se dá no "Progressive Jazz" de Stan Kenton, concepção dentro da qual foram realizados gêneros musicais dos mais diversos (*beguines*, valsas, mambos, foxes etc.).

9. Modulação. Não podemos mais surpreender freqüentemente modulações realizadas segundo o conceito da harmonia tradicional: preparação de acordes modulantes (se necessária), identificação inequívoca destes e afirmação de uma nova tonalidade pelo uso de uma cadência individualizadora. Isto, é bem verdade, já não acontecia de maneira rigorosa na música popular anterior à BN. Existia, porém, muitas vezes, uma clara definição de uma passagem modulante. Na BN os encadeamentos acordais levam quase sempre à afirmação gradual de outro centro tonal para o qual se modula, sem que se possa definir um ponto exato de transição. Este procedimento já era comum na música erudita ocidental a partir de César Franck, em especial na dos Impressionistas, bem como no *jazz*.

10. Contraponto. Não é muito freqüente na BN o emprego do contraponto. Uma minoria de autores o adota, dentre os quais se deve ressaltar A. C. Jobim. No movimento, o contraponto pode ocorrer nas orquestrações escritas ou ficar sob a responsabilidade

do cantor, que o executará em relação a um instrumento acompanhante, à orquestra ou a outro co-intérprete. Tal contraponto "emergente", como já o definimos em outro local deste estudo, pode ser surpreendido, por exemplo, em faixas dos LPs "Chega de Saudade" e "O Amor, o Sorriso e a Flor", cantadas por João Gilberto e orquestradas por Jobim. Muitas vezes o cantor vocaliza sem cantar versos quando da realização do contraponto. Dá-se também contraponto instrumental, nas referidas faixas. Na BN o contraponto se processa não apenas de conformidade com a concepção musical geral do movimento, mas segundo o plano de estruturação surgido para a e pela realização de uma composição em particular, cujo material muitas vezes lhe sugere diretrizes.

III. Estudo dos característicos da interpretação.

1. Interpretação e intérprete na BN. O conceito de intérprete, na música erudita de nossos dias, caminha para uma completa modificação. Nas tendências mais atuais, reconhece-se, naquilo que se costuma conceituar como interpretação, uma parte da própria realização musical. O intérprete será assim, na realidade, um co-participante da realização. O *jazz,* de certo modo, já admite esta idéia; seus músicos, nas *jam sessions,* são ao mesmo tempo autores e executantes, ainda quando o tema melódico seja de autoria alheia.

Não obstante, conservaremos aqui, para evitar mal-entendidos, as designações tradicionais: interpretação e intérprete.

2. Orquestração. A obra musical popular é composta para piano e canto, violão e canto etc.; a orquestração surge como elaboração posterior, possivelmente de responsabilidade de outrem, que não o autor. Assim, consideraremos a orquestração como um problema de interpretação. A orquestra na BN não foi objeto de novas formulações, de novos tratamentos, de um modo geral. A maioria das orquestrações de músicas BN peca por ostentar aspectos exteriores, nada representativos da nova concepção musical. Há poucas exceções. Cremos que A. C. Jobim foi quem su-

perou, com maior felicidade, o problema de conseguir uma orquestração efetivamente nova, original e bem integrada nos desígnios do movimento. A orquestra de Jobim é não-contrastante, desdenha efeitos piegas e "fáceis" dos quais muitos outros não se conseguiram livrar. O simples uso do defasamento de *beats*, relativamente aos acordes da estruturação harmônica, não é suficiente, a nosso ver, para garantir a integração da orquestra na BN. Há um grande número de orquestrações que obedecem a uma concepção inteiramente jazzística, incluindo apenas esse defasamento.

3. Interpretação ao piano. O piano surge em geral acompanhando cantor, instrumentista ou integrando um conjunto. Poucas vezes desempenha função de instrumento solista, não tendo assim sob sua responsabilidade, necessariamente, a melodia. Apresentará, então, um procedimento duplo: a) sustentará, com acordes, o fundamento harmônico-tonal da obra; b) sublinhará, com acordes percutivos, as batidas rítmicas; trata-se de acordes compactos, chamados por alguns teóricos de "acordes em cachos". Conforme já se expôs em outra parte deste estudo, podem ocorrer no mesmo acorde os dois aspectos supra-indicados.

4. Interpretação ao violão ou congênere. No populário brasileiro, como em alguns outros, veio a surgir com o tempo uma estilística dos instrumentos dessa família, por obra de instrumentistas de escola. Entretanto, de um modo geral, nos últimos 30 anos, tais instrumentos foram relegados a um segundo plano. A BN revalorizou-os. Isto se deve, principalmente, a João Gilberto, que surgiu em 1958 em nosso cenário musical, cantando e tocando violão, conseguindo no instrumento efeitos nunca antes ouvidos quer em *jazz* ou qualquer outra música regional, quer em nosso populário. A introdução do uso dos acordes compactos, de elevada tensão harmônica, a marcação dos *beats* em defasamento etc., se devem a ele e fizeram escola.

Chegou-se mesmo a adotar estes procedimentos para outros instrumentos. Encontram-se ainda no estilo violonístico do jovem músico: passagens em ostinato, formando uma bitonalidade em relação ao fundo orquestral; preocupação de extrair do instrumento uma riqueza harmônica não de tipo preciosista, virtuosista, mas com o objetivo de uma integração perfeita na nova concepção musical. Seu estilo ficou de tal maneira identificado, para o público musical, com a BN, que muitos somente reconhecerão como pertencentes ao movimento composições cuja orquestração apresente um violão tocando "à la João Gilberto". Lamentável não deixa de ser, por outro lado, que violonistas de reais predicados apareçam quase como "cópias a carbono" de João Gilberto, sufocando em si próprios uma originalidade que possuiria capacidade para se afirmar. Outros porém conseguem manter um estilo pessoal e ao mesmo tempo coadunável com a nova concepção musical, servindo-se de procedimentos criados pelo violonista baiano, mas avançando em direção a conquistas autônomas, o que nos parece a maneira exata de assimilar uma influência. A. C. Jobim destaca a importância de João Gilberto, quando afirma, em texto da contracapa do LP "Chega de Saudade": "Em pouquíssimo tempo influenciou toda uma geração de arranjadores, guitarristas, músicos e cantores".

5. Interpretação ao canto. Jobim definiu a a concepção do canto na BN como consistindo em se cantar *cool*. Tentaremos explicar esta colocação. Isto quer dizer: cantar sem procura de efeitos contrastantes, sem arroubos melodramáticos, sem demonstrações de afetado virtuosismo, sem malabarismos. O *cool* coíbe o personalismo em favor de uma real integração do canto na obra musical. O que está de acordo com a posição estética do movimento. A "voz cheia", o "dó de peito", a "lágrima na voz", o "canto soluçado" etc., são rejeitados pela BN. Algo que causou e ainda causa espanto em grande parte do público: o fato de não se incrementar a *loudness* da voz quando se canta uma nota aguda. O canto flui como na fala normal. (O estilo *cool,* surgido no *jazz,* firmou-se por volta de 1950, havendo já prenúncios em algumas interpretações de cantores como Frank Sinatra, Dinah Shore etc.).

Em nosso populário anterior, tradicionalmente, o cantor se colocava em posição de absoluto destaque frente ao conjunto orquestral ou ao instrumento que o acompanhava. Na BN, como já salientamos, isto não ocorre. A contenção do cantor, a compreensão do trabalho de equipe, toda esta verdadeira posição esté-

35

tica nova pode ser ilustrada com palavras de João Gilberto numa entrevista concedida em 10-10-60, à revista *O Cruzeiro*: "Acho que os cantores devem sentir a música como estética, senti-la em termos de poesia e de naturalidade. Quem canta deveria ser como quem reza: o essencial é a sensibilidade. Música é som. E som é voz, instrumento. O cantor terá, por isso, necessidade de saber quando e como deve alongar um agudo, um grave, de modo a transmitir com perfeição a mensagem emocional". Há quem critique, na concepção musical BN, um certo compromisso do intérprete para com a realização musical global: pretender-se-ia que isto implicasse num tolhimento, numa extrema limitação imposta ao intérprete-cantor. Na verdade, a censura não procede: o "compromisso" ainda permite um infinito de possibilidades diversas, além de constituir-se numa garantia da coerência orgânica da realização da sinopse dos elementos.

João Gilberto criou um estilo de cantar pessoal, porém não personalista. Incorpora procedimentos e elementos encontradiços no populário brasileiro anterior, outros extraídos do *jazz*, reformulando-os segundo uma concepção própria, enquadrada na BN. As críticas que lhe são feitas costumam insistir numa base de filiações: seria ele um mero imitador de Mário Reis, haveria em sua maneira de cantar mimetismos de Mel Thormé, por exemplo. Já manifestamos nossa opinião sobre o problema da influência e como esta, desde que leve a novos descobrimentos, deve ser considerada legítima e mesmo necessária para a criação artística. No que toca a Mário Reis, reconhecemos que, em outro campo, em outra escala, terá apresentado prenúncios do atual canto BN. Mário Reis já canta quase *cool;* dele terá herdado João Gilberto o antioperismo, o anticontraste. Foi ele uma figura isolada de precursor, no que se refere a cantores-intérpretes, surgindo na década de 30. Faltava-lhe a complementação, de parte da música popular da época, de outras inovações que viessem a permitir o pleno desenvolvimento de sua afirmação renovadora. Assim, se é verdade que alguns procedimentos de João Gilberto, cantor, já haviam surgido com Mário Reis, não é menos exato que muitos outros peculiares ao estilo do cantor da BN são totalmente desconhecidos por seu

36

predecessor, o que, de seu lado, também não implica nenhum demérito para Mário Reis, uma vez que mais de 25 anos separam o início das carreiras desses dois grandes intérpretes. Dizer que João Gilberto canta *cool* não significa que sua maneira de cantar seja destituída de calor humano, ao contrário. Apenas se trata de um canto isento de demagogia expressiva. Insistimos no estudo de João Gilberto por nos parecer o intérprete-cantor que melhor tipifica a concepção BN. De notar que nem todos os cantores da BN conseguem, a exemplo de João Gilberto, Sérgio Ricardo e alguns mais, uma libertação completa do operismo, da pirotécnica interpretativa. Há, de outro lado, uma diversidade de estilos interpretativos na quase generalidade dos cantores do movimento, o que representa um fator de enriquecimento para a BN. Devem ser mencionados ainda os seguintes procedimentos mais freqüentes:

a. O cantor executa sob sua responsabilidade um contraponto em relação ao fundo orquestral (trata-se de algo semelhante, como idealização, ao que realizam alguns cantores de *jazz,* como Ella Fitzgerald em *How High the Moon,* por exemplo, ou até mesmo, surpreendentemente, uma Yma Sumac em algumas de suas interpretações mais comerciais). Na execução desse contraponto, os cantores de BN podem vocalizar sílabas ou cantar de boca cerrada (nasalando, portanto).

b. O cantor imprime à melodia, inesperadamente, andamento mais apressado do que o que vinha sendo mantido. Este procedimento (que Stan Kenton já realizara instrumentalmente em obras de *progressive jazz,* mesmo nas menos pretensiosas) acarreta uma tensão rítmica, tanto maior quanto mais freqüente for a sua incidência dentro da obra. Há assim uma superposição momentânea de duas partes da mesma composição, com andamentos diversos, acentos rítmicos não-coincidentes, pois o acompanhamento continua mantendo o mesmo andamento original. É um quadro análogo ao já examinado no tocante ao problema do ritmo. Apenas o aspecto que agora focalizamos ocorre com duração mais passageira e com abrupto incremento de tensões.

c. Modo de cantar nasalado. Este procedimento, tão característico de nosso populário, mormente no interior do país, é utilizado por vários cantores da BN, destacando-se especialmente o caso de Sérgio Ricardo.

Considerações finais

1. Textos (letras) na bossa-nova.

Os textos cantados não são valorizados apenas pelo que conteriam como expressão de idéias, pensamentos, ou por obedecer o verso a uma forma determinada. Incorpora-se a esses aspectos o valor musical portado pela palavra. Os atributos psicológicos que surgem ao se cantar a sílaba, o vocábulo, são considerados em sua totalidade e complexidade. A palavra ganha assim um valor pelo que representa como individualidade sonora. Quanto aos textos como veículos de idéias, já se pronunciaram muitos dos integrantes da BN contra as letras de concepção "tanguista": ao invés de versos de tipo "radionovelesco", procura-se reduzir as situações a seus dados essenciais através de uma expressão contida e despojada.

Sobre as possíveis afinidades entre certas letras da BN e a *poesia concreta,* tivemos a oportunidade de ouvir o poeta Augusto de Campos, que nos apresentou as seguintes observações [2]: "Nota-se em algumas letras do movimento bossa-nova, a par da valorização musical dos vocábulos, uma busca no sentido da essencialização dos textos. Há mesmo letras que parecem não ter sido concebidas desligadamente da composição musical, mas que, ao contrário, cuidam de identificar-se com ela, num processo dialético semelhante àquele que os 'poetas concretos' definiram como 'isomorfismo' (conflito fundo-forma em busca de identificação). É o caso de *Desafinado* e *Samba de Uma Nota Só,* letras de Newton Mendonça e música de A. C. Jobim [3]. Aqui, música e letra caminham quase *pari passu,* criticam-se uma à outra, numa autodefinição recíproca. Em *Desafinado,* verdadeiro manifesto da

---

(2) O texto que se segue, e que, devido a problemas de espaço, foi publicado resumidamente no *Correio Paulistano,* é aqui divulgado na íntegra, a pedido de Brasil Rocha Brito. (*Nota da Edição.*)

(3) Pela sua importância, transcrevemos ao fim deste estudo o texto de *Desafinado* e *Samba de Uma Nota Só.* (*Nota da Edição.*)

BN, há uma passagem harmônico-melódica que vem a sugerir uma desafinação ao tempo em que surge cantada a palavra desafinado. Em *Samba de Uma Nota Só*, as próprias palavras vão comentando a reiteração da nota ('feito numa nota só'), a entrada de uma segunda nota ('esta outra é conseqüência'), o retorno à primeira nota apresentada ('e voltei pra minha nota') etc., numa estreita inter-relação. *Bim Bom*, letra e música de João Gilberto, embora sem o mesmo cunho programático, é também um excelente exemplo de texto funcionalmente reduzido. Mesmo em letras mais tradicionais, como *Chega de Saudade*, a própria estrutura da composição leva o autor dos versos — o poeta Vinicius de Moraes (que, diga-se de passagem, ao lado de sua lírica amorosa mais convencional, tem poemas realmente revolucionários, que contribuem para a fundação de uma tradição poética de vanguarda em nossa língua) — a encontrar soluções de detalhe que se poderiam inserir na problemática acima abordada: cite-se o trecho '*colado* assim / *calado* assim', uma paronomásia no nível lingüístico que busca uma correspondência no musical". (*Nota*: Musicalmente, trata-se do transporte de toda uma figuração melódica de quatro notas para meio tom abaixo.) "É verdade que se pode detectar, na tradição da música popular, exemplos de um isomorfismo de 1.º grau, imitativo ou fisiognômico (*Gago Apaixonado*, de Noel Rosa). No caso da BN, porém, o processo se reveste de outras implicações, caracterizando-se por uma intencionalidade crítica mais definida, que supera as utilizações episódicas ou meramente caricaturais. Assim, algumas letras da BN configuram uma tendência que, de certa forma, numa faixa de atuação própria — a da canção popular — corresponde às manifestações da vanguarda poética, participando com ela de um mesmo processo cultural."

Merecem ainda destaque por sua síntese e funcionalidade, textos de composições musicais de Caetano Zamma, de autoria de Roberto Freire (*O Menino e a Rosa*) e Carlos Queiroz (*Brisa, Namorada*), este último já nitidamente influenciado pelos caminhos da poesia concreta.

2. Elenco dos principais integrantes do movimento bossa-nova.

Concluindo, procuraremos apresentar um elenco dos principais nomes que se alinham no movimento de renovação musical BN (até 1960):

Compositores: A. C. Jobim, João Gilberto, Carlos Lira, Sérgio Ricardo, Oscar Castro Neves, Roberto Menescal, Baden Powell, Chico Feitosa, Dolores Duran, Vera Brasil, Caetano Zamma e outros.

Letristas: Vinicius de Moraes, Ronaldo Bôscoli, Newton Mendonça, A. C. Jobim, Sérgio Ricardo, João Gilberto, Aloysio de Oliveira, Dolores Duran, Roberto Freire, Carlos Queiroz e outros.

Cantores: João Gilberto, Sérgio Ricardo, Carlos Lyra, Sílvia Telles, Alaíde Costa, Norma Benguel, Os Cariocas, Nara Leão, A. C. Jobim, Sônia Delfino, Lueli Figueiró, Lúcio Alves, Geraldo Cunha, Dolores Duran, Agostinho dos Santos, Rosana Toledo, Maysa, Vera Lúcia, Ana Lúcia, Marisa, Lenita Bruno e muitos outros. Nem todos os cantores que procuram se integrar na BN conseguem realizar-se com felicidade dentro da nova concepção. Isto, como é óbvio, não a invalida, evidenciando apenas que há ainda um componente tradicional nem sempre superado em alguns desses intérpretes.

(1960)

DESAFINADO

Newton Mendonça

se você disser que eu desafino, amor
saiba que isso em mim provoca imensa dor
só privilegiados
têm ouvido igual ao seu
eu possuo apenas o que Deus me deu

se você insiste em classificar
meu comportamento de antimusical
eu mesmo mentindo devo argumentar
que isto é bossa nova
que isto é muito natural

o que você não sabe
nem sequer pressente
é que os desafinados também têm um coração
fotografei você na minha rolley-flex
revelou-se a sua enorme ingratidão

só não poderá falar assim do meu amor
ele é o maior que você pode encontrar, viu
você com a sua música esqueceu o principal
que no peito dos desafinados
no fundo do peito
bate calado
no peito dos desafinados
também bate um coração.

SAMBA DE UMA NOTA SÓ

NEWTON MENDONÇA

eis aqui este sambinha
feito numa nota só
outras notas vão entrar
mas a base é uma só
esta outra é conseqüência
do que acabo de dizer
como eu sou a conseqüência
inevitável de você

quanta gente existe por aí
que fala tanto e não diz nada
ou quase nada
já me utilizei de toda a escala
e no final não sobrou nada
não deu em nada

e voltei pra minha nota
como eu volto pra você
vou contar com a minha nota
como eu gosto de você
e quem quer todas as notas
ré mi fá sol lá si dó
fica sempre sem nenhuma
fique numa nota só.

A base é uma só: João Gilberto

BN, música de exportação:
Newton Mendonça
Tom Jobim
Astrud Gilberto

Elis, o fino da bossa

Gal, o fino da voz

Roberto Carlos, o João Gilberto da Jovem Guarda

*Chico Buarque
e Nara Leão:
sem a arma
do braço*

*Gilberto Gil e os Mutantes,
mudando tudo na música popular*

*Caetano Veloso e os Beat Boys:
a explosão de...*

... *Alegria, Alegria.*

DA JOVEM GUARDA A JOÃO GILBERTO

AUGUSTO DE CAMPOS

Já se tentou encontrar mais de uma explicação para o súbito decréscimo de interesse do público pela música popular brasileira e o concomitante ascenso vertiginoso do iê-iê-iê entre nós. O termômetro dessa variação se situa em São Paulo nos dois programas de televisão, "O Fino" (ex-"da Bossa"), comandado por Elis Regina, e "Jovem Guarda", tendo à frente Roberto Carlos. Apesar do que se tem propalado, não há luta declarada entre os dois programas, assim como não há hostilidade visível entre o "Fino" e o "Bossaudade" (reduto da "velha guarda"), o terceiro programa a considerar dentre todos os que a TV-Record de São Paulo reuniu num verdadeiro *pool* dos melhores cantores da praça. Os participantes desses programas se respeitam, se visitam uma vez ou outra e dialogam, pelo menos aparentemente, num adorável *fair play*. Mas é evidente que há entre a "velha guarda" a "bossa-nova" e a "jovem guarda" uma espécie de competição natural, amigável quando o denominador comum é a música "nacional" e apenas cordial quando a competição se dá entre música "nacional" (tradicional ou nova) e música presumidamente "importada" ou "traduzida", embora possam ocorrer casos de intercomunicação, como o do cantor e compositor Jorge Ben, que se passou do "Fino" para a "Jovem Guarda", do samba-maracatu para o "samba-jovem" (*Chorava todo mundo, Aleluia*), e conseguiu ser "bidu", "lenheiro", ou seja, um dos maiores sucessos do programa de Roberto Carlos; por mais que o seu "iê-iê-iemanjá" desagrade aos puritanos da música nacional, que querem ver no chamado "samba-jovem" um crime de lesa-samba, a verdade é que Jorge Ben deglutiu o iê-iê-iê à sua maneira, sem trair-se a si próprio, e a prova é que o seu *Chorava todo mundo* já era um sucesso do "Fino" antes de ser "uma brasa" da "Jovem Guarda".

Tem-se afirmado que a música popular brasileira caiu um pouco por inércia de compositores e intérpretes, que teriam dormido sobre os louros da vitória depois da campanha triunfal do "Fino", programa que se tornou o porta-voz da música nova brasileira, assumindo de maneira programática, com a necessária sustentação financeira e a amplitude da televisão, o papel dos espetáculos que o conhecido *disc-jockey* Walter Silva promoveu, pioneiramente, no Teatro Paramount em São Paulo. Outras explicações: a viagem de Elis e do Zimbo Trio para a Europa, desfalcando por algum tempo a equipe lideradora do "Fino". As férias escolares, que teriam afastado dos festivais e programas de música popular brasileira a juventude universitária. De fato, se a jovem guarda, ou pelo menos alguns dos seus sucessos, como o *Quero que vá tudo pro inferno*, que deu voz a um estado de espírito geral na atualidade brasileira, conseguem comunicar-se a gente de todas as idades, é inegável que o seu auditório básico é constituído pelo público infanto-juvenil. O ambiente universitário com sua problemática menos disponível, coincidindo com a maior maturidade intelectual do jovem, é muito mais permeável ao influxo da bossa-nova, a música popular mais exigente e sofisticada que se faz no Brasil. Mas tudo isso, ou nada disso me faz acreditar que o problema possa ser resolvido apenas com uma análise episódica dos fatos. O decréscimo de interesse, não só do público em geral, mas dos aficionados da música popular brasileira, de todos aqueles que acompanharam sua renovação, a partir do espetacular "salto qualitativo" da BN, em consonância com a renovação da arte brasileira em todos os seus campos, da arquitetura à *poesia concreta*, não se explica unicamente por questões miúdas de liderança ou de inércia. Tem raízes estruturais, internas, que importam numa momentânea queda de padrão, e que precisam ser analisadas com objetividade, ao lado dos fatores externos.

Um dos aspectos que, parece-me, não foram ainda devidamente examinados é o das alterações do comportamento musical que vem sofrendo o movimento da BN desde que passou a ter um contato mais amplo com o público, via TV, ou seja, via o maior meio de comunicação de massa dos tempos modernos (pesquisas realizadas pelo IBOPE, no ano passado, revelaram que em São Paulo existem mais de 600 000 unidades familiares com aparelhos de TV, o que dá à Televisão, considerada a média de 3 assistentes por aparelho, uma "tiragem" diária de 1 milhão e oitocentas mil pessoas). Dentre as características revolucionárias da BN, uma das mais essenciais foi o seu estilo interpretativo, decididamente antioperístico. João Gilberto e depois dele tantos outros — na esteira, é verdade, de uma tradição detectável na velha guarda (Noel Rosa, Mário Reis) — adotaram um tipo de interpretação discreta e direta, quase-falada, que se opunha de todo em todo aos estertores sentimentais do bolero e aos campeonatos de agudos vocais — ao *bel canto* em suma, que desde muito impregnou a música popular ocidental. Além das razões de ordem estética (o exibicionismo operístico leva à criação de zonas infuncionais e decorativas na estrutura melódica), a própria evolução dos meios eletroacústicos, tornando desnecessário o esforço físico da voz para a comunicação com o público, induziriam a essa revolução dos padrões de conduta interpretativa. E foi ela, ao lado das novas e inusuais linhas melódicas e harmônicas da BN, a responsável pelo mal-entendido de que cantores superafinados como João Gilberto não tinham voz ou eram "desafinados", tema glosado por Newton Mendonça numa das mais importantes letras-manifesto do movimento. Esse estilo, entretanto, pela própria virada de 180º que representava no estágio da música brasileira, não era facilmente comunicável. Mesmo depois do sucesso extraordinário nos E.U.A., o número de consumidores da BN continuou reduzido, embora esta já tivesse consolidada a sua posição, a princípio tão negada e combatida inclusive pela maioria dos remanescentes da velha guarda (intérpretes e críticos).

Foi nesse enclave ou ameaça de estacionamento comunicativo que apareceu um fato novo em matéria de interpretação no campo da música nova. Elis Regina, revelada pelo 1.º Festival de Música Popular Brasileira, promovido pelo Canal 9, de São Paulo, e que, pouco depois, passaria a liderar como cantora e apresentadora o programa "O Fino", então "da Bossa". Elis, a Pimentinha, como foi afetuosamente apelidada, teve, realmente, um grande mérito no sentido da popularização da BN, nessa fase decisiva de sobrevivência. Suas interpretações elétricas e eletrizantes, a alegria contagiosa que transmitia, não tanto com a sua voz (que nada tem de excepcional), mas com um compósito de voz e corpo, canto e coreografia articulados numa alegria juvenil e irresistível, explodiram como uma verdadeira bomba no samba, com um alto poder de comunicação. A ponto de muitos acreditarem numa possível reedição do fenômeno Carmen Miranda. Em Jair Rodrigues, samba & simpatia no balanço crioulo natural, Elis encontrou o companheiro ideal para uma dupla que ficaria famosa. Jair, que vinha de uma experiência isolada de samba-falado gesticular (*Deixa que digam* etc.), foi "convertido" por Elis, passando a incluir música moderna em seu repertório.

Elis extroverteu a BN, desencravou-a, tirou-a do âmbito restrito da música de câmara e colocou-a no palco-auditório de TV. Mas com o tempo, talvez pelo afã de ampliar o público, o programa foi-se tornando cada vez mais eclético, foi deixando de ser o porta-voz da BN para se converter numa antologia mais ou menos indiferente dos *hits* da música popular brasileira, com risco de passar mesmo de "fino da bossa" o simplesmente "fino". Por seu turno, a própria Elis foi sendo levada a uma exageração do estilo interpretativo que criara. Seus gestos foram-se tornando cada vez mais hieráticos. Os rictos faciais foram introduzidos com freqüência sempre mais acentuada. A gesticulação, de expressiva passou a ser francamente expressionista, incluindo, à maneira de certos cantores norte-americanos, movimentos de regência musical, indicativos de paradas ou entradas dos conjuntos acompanhantes, ou ainda sublinhando imitativamente passagens da letra da música, numa ênfase quase-declamatória. A alegria já contagia menos e por vezes não ultrapassa as paredes do autojúbilo. Ao interpretar *Zambi,* a cantora parece entrar em transe. É uma interpretação rígida, enfática, de efeitos melodramáticos (inclusive jogos fáceis de iluminação cênica). Esse estilo de interpretação "teatral" quase nada mais tem a ver com o estilo de canto típico da BN.

Enquanto isso, jovem-guardistas como Roberto ou Erasmo Carlos cantam descontraídos, com uma espantosa naturalidade, um à vontade total. Não se entregam a expressionismos interpretativos; ao contrário, seu estilo é claro, despojado. Apesar do iê-iê-iê ser música rítmica e animada, e ainda que os recursos vocais, principalmente de Erasmo, sejam muito restritos, estão os dois Carlos, como padrão de uso da voz, mais próximos da interpretação de João Gilberto do que Elis e muitos outros cantores de música nacional moderna, por mais que isso possa parecer paradoxal. Ainda há pouco Wanderléia, ídolo feminino da JG, comparecendo, como convidada, ao "Fino", cantou em dupla com Simonal o *Vivo Sonhando,* de Jobim (repertório de João e Astrud Gilberto), em autêntico estilo BN. Além dessas características vocais, que parecem estar sintonizadas com o padrão interpretativo da BN e que dão à nossa jovem guarda uma certa nota brasileira, podem ainda os seus cantores incorporar o ruído e o som desarticulado, propendendo para a antimúsica, revolução saudável que já tem maiores pontos de contato com o iê-iê-iê internacional (Beatles etc.).

Se é certo que a BN é um movimento musical mais complexo e de conseqüências sem dúvida muito mais profundas, não se pode deixar de reconhecer que a JG, com todas as suas limitações e o seu primarismo, nos ensina uma lição. Não se trata apenas de um problema de moda e de propaganda. Como excelentes "tradutores" que são de um estilo internacional de música popular, Roberto e Erasmo Carlos souberam degluti-lo e contribuir com algo mais: parecem ter logrado conciliar o *mass-appeal* com um uso funcional e moderno da voz. Chegaram, assim, nesse momento, a ser os veiculadores da "informação nova" em matéria de música popular, apanhando a BN desprevenida, numa fase de aparente ecletismo, ou seja, de diluição e descaracterização de si mesma, numa fase até de regresso, pois é indubitável que a "teatralização" da linguagem musical (correspondendo a certas incursões compositivas no gênero épico-folclórico) se vincula às técnicas do malsinado *bel canto* de que a BN parecia nos ter livrado para sempre. Entendam-me. Nao estou insinuando que uma cantora do tipo de Elis Regina deva cantar ao modo de João Gilberto. E se ela parece ser o alvo preferido deste comentário (que pretende ser construtivo) é precisamente por se lhe reconhecer um papel importante e influenciador na veiculação da nossa música nova. Que Elis continue Elis e seja feliz (e todos nós com ela). Mas sem o *make-up* teatral de que ela não precisa, nem a nossa música, para prevalecer.

A riqueza da BN está também em suas diferenciações internas. Ao lado da linha sóbria de João Gilberto e das cantoras-*cool,* como Nara Leão e Astrud Gilberto, ou a mais balançada Claudette Soares, sempre houve a linha da variação e da improvisação (Johnny Alf, Leny Andrade, Simonal). E na medida em que estes últimos cantores conseguem utilizar a voz como instrumento e não como mero artifício virtuosístico (às vezes é difícil distinguir), enquadram-se na linha bossa-novista. Também o clima "intimista" ou "participante" não influi decisivamente no estilo. Nara Leão, Carlos Lira, Edu Lobo ou Chico Buarque (como intérpretes), e mesmo o Geraldo Vandré de *Canção Nordestina,* não fogem a uma fundamental enxutez interpretativa, característica da BN. E a própria música popular nordestina, cuja influência se tem feito sentir mais recentemente nos caminhos da BN, não está alheia a essa problemática. Berimbau × violino, carcará × rouxinol, a dura aspereza do Nordeste encontra a doce secura da bossa citadina e com ela se harmoniza naturalmente. Do "lobo bobo" ao "carcará" a música nova parece ter uma constante da qual não pode e não deve fugir, sob pena de perder muito de sua força e agressividade. Essa constante poderia ser definida com palavras de João Cabral de Melo Neto, em seu poema "A Palo Seco". Como diz Cabral, "se diz *a palo seco / o cante* sem guitarra; / *o cante* sem; *o cante; / o cante* sem mais nada". Depois dessa definição e de alguns exemplos (*"A palo seco* cantam / a bigorna e o martelo, / o ferro sobre a pedra, / o ferro contra o ferro" etc.), o poeta nos convida a retirar deles esta higiene ou conselho, que me parecem válidos tanto para a poesia nova como para a nossa nova música: "não o de aceitar o seco / por resignadamente, / mas de empregar o seco / porque é mais contundente".

É assim que a análise de certas características musicais da JG (jovem guarda) nos faz remontar à inteireza e à precisão de JG (João Gilberto). E estou me lembrando agora da conduta exemplar desse outro grande João no festival de Carnegie Hall, em 1962. Enquanto outros cantores brasileiros, lá presentes, se desmandavam em trejeitos e ademanes "para americano ver", João, na sua vez, pediu simplesmente uma cadeira, sentou-se com seu violão, em meio a uma floresta de microfones, experimentou o som e mandou a sua música de sempre, sem alterar uma vírgula. E foi dessa maneira, sem concessão alguma, com seu *"cante a palo seco"*, seu *"cante* desarmado: / só a lâmina da voz, / sem a arma do braço", que esse "João de nada" fez tudo: ensinou voz e música ao mundo. Quaisquer que sejam as novas direções da nossa música nova, não nos esqueçamos da lição de João.

(1966)

BOA PALAVRA SOBRE A MÚSICA POPULAR

AUGUSTO DE CAMPOS

Não é segredo para ninguém que a "brasa" da jovem guarda provocou um curto-circuito na música popular brasileira, deixando momentaneamente desnorteados os articuladores do movimento de renovação, iniciado com a bossa-nova. Da perplexidade inicial, partiram alguns para uma infrutífera "guerra santa" ao iê-iê-iê, sem perceberem a lição que esse fato novo musical estava, está dando, de graça, até para o bem da música popular brasileira.

Os novos meios de comunicação de massa, jornais e revistas, rádio e televisão, têm suas grandes matrizes nas metrópoles, de cujas "centrais" se irradiam as informações para milhares de pessoas de regiões cada vez mais numerosas. A intercomunicabilidade universal é cada vez mais intensa e mais díficil de conter, de tal sorte que é literalmente impossível a um cidadão qualquer viver a sua vida diária sem se defrontar a cada passo com o Vietnã, os Beatles, as greves, 007, a Lua, Mao ou o Papa. Por isso mesmo é inútil preconizar uma impermeabilidade nacionalística aos movimentos, modas e manias de massa que fluem e refluem de todas as partes para todas as partes. Marx e Engels já o anteviam: "Em lugar do antigo isolamento de regiões e nações que se bastavam a si próprias, desenvolve-se um intercâmbio universal, uma universal interdependência das nações. E isto se refere tanto à produção material como à produção intelectual. As criações intelectuais de uma nação tornam-se propriedade comum de todas. A estreiteza e o exclusivismo nacionais tornam-se cada vez mais impossíveis; das inúmeras literaturas nacionais e locais, nasce uma literatura universal". A expansão dos movimentos internacionais se processa usualmente dos países mais desenvolvidos para os menos desenvolvidos, o que significa que estes, o mais das vezes, são receptores de uma cultura de importação. Mas o processo pode ser revertido, na medida mesma em que os países menos desenvolvidos consigam, antropofagicamente — como diria Oswald de Andrade — deglutir a superior tecnologia dos supradesenvolvidos e devolver-lhes novos produtos acabados, condimentados por sua própria e diferente cultura. Foi isso o que sucedeu, por exemplo, com o futebol brasileiro (antes do dilúvio), com a poesia concreta e com a bossa-nova, que, a partir da redução drástica e da racionalização de técnicas estrangeiras, desenvolveram novas tecnologias e criaram realizações autônomas, exportáveis e exportadas para todo o mundo.

Com a nossa bossa-nova o que sucedeu foi que, após o êxito internacional, após a sua reversão ao mercado externo na qualidade de produto de exportação, período em que passou de "influência do *jazz*" a influenciadora do *jazz*, houve uma interrupção brusca determinada por fatores internos. Os novos acontecimentos políticos da realidade brasileira, que a todos afetaram, precipitaram modificações também no setor artístico, inclusive no musical. Veio, natural e insopitável, o "canto de protesto", que no Brasil parece que antecedeu ao *protest song* norte-americano, surgindo primeiro fora da bossa-nova, nas sátiras de Juca Chaves (cantor-compositor não integrado ao movimento mas a ele ligado por certas técnicas de interpretação vocal), e depois dentro dela (Carlos Lira, *Subdesenvolvido*), como uma salutar reação contra a inocuidade das letras sentimentais à base da fórmula amor-dor-flor, contra os abolidos bibelôs de inanidade sonora dos "lobos bobos" da fase heróica. Nessa conjuntura, era natural também que aflorasse a temática do Nordeste, com sua "presença" paradigmática, quase simbólica, do desajuste social, como matriz referencial das canções de protesto. Se houve uma paralisação, ou uma diminuição das pesquisas, ao nível sintático, isto é, das relações formais ou estruturais de natureza propriamente musical, projetadas pelo movimento da bossa-nova, houve também, indubitavelmente, uma intensificação elaborativa do aspecto semântico, representado pelas "letras", que, após a morte de Newton Mendonça (*Desafinado, Samba de uma nota só*), caminhavam para a redundância e para a banalidade.

Da onda de protesto e de Nordeste aproveitaram-se, porém, os expectantes adversários da bossa-nova para tentar mudar o curso da evolução da nossa música, com a conversa de que a bossa-nova não era entendida, se distanciava do "povo" etc. Em suma, com essa espécie de "má consciência" e a pretexto de protesto, ameaçavam dar a ordem de retirada, propunham o "eterno retorno" ao sambão quadrado e ao hino discursivo folclórico-sinfônico. Preparava-se o terreno para voltar àquela falsa concepção "verde-amarela" que Oswald de Andrade estigmatizou em literatura como "triste xenofobia que acabou numa macumba para turistas", àquela ideologia artística que se dispõe a promover e exportar, não produtos acabados, mas matéria-prima, a matéria-prima do primitivismo nacional, sob o fundamento derrotista de que "o povo" é incapaz de compreender e aceitar o que não seja quadrado e estereotipado.

Foi nesse estado de coisas que chegaram a jovem guarda e seus líderes Roberto e Erasmo Carlos para,

61

embora sem o saber, evidenciar a realidade e o equívoco. Para demonstrar que, enquanto a música popular brasileira, como que envergonhada do avanço que dera, voltava a recorrer a superados padrões e inspirações folclorísticos, a música estrangeira também popular, mas de um outro folclore não artificial nem rebuscado, o "folclore urbano", de todas as cidades, trabalhado por todas as tecnologias modernas, e não envergonhado delas, conseguia atingir facilmente a popularidade que a música popular brasileira buscava, com tanto esforço e tamanha afetação populística. Cúmulo do paradoxo, já há notícia de que surgiram no Recife romances de cordel narrando o confronto do rei do iê-iê-iê nacional com Satanás, glosando o tema da música *Quero que vá tudo pro inferno*.

Mais ainda. A maior parte não compreendeu que o próprio iê-iê-iê sofreu uma transformação na sua tradução brasileira, que não é, nos seus melhores momentos, mera cópia do estrangeiro. Já tive oportunidade de observar, num trabalho anterior ("Da Jovem Guarda a João Gilberto"), que, quanto ao estilo interpretativo, os dois Carlos estavam mais próximos de João Gilberto do que muitos outros cantores atuais da música popular tipicamente brasileira (e João Gilberto, por sua vez, tem muito mais a ver com os cantadores nordestinos do que muitos urladores do protesto nacional). Pouco tempo depois, Roberto Carlos alcançava sucesso com a interpretação de *Amélia* de Ataulfo Alves, num estilo semelhante àquele com que João Gilberto reinterpretou *Aos pés da cruz*. E cantava, de parceria com Maria Odete, duas canções de Antonio Carlos Jobim, do repertório de João Gilberto (*Este seu olhar* e *Só em teus braços*), enquanto Wanderléia confraternizava com o *Olé-Olá* de Chico Buarque de Hollanda.

No panorama ainda difuso e confuso da moderna música popular, alguns compositores, dos melhores por sinal, da nova safra musical brasileira, parece que se vão apercebendo da cilada que lhes armavam os xenófobos conservadores, momentaneamente apaziguados com a semântica do protesto e do Nordeste. Neste sentido são particularmente significativos os depoimentos de Edu Lobo e de Caetano Veloso, nos inquéritos formulados sobre a crise da música popular brasileira pela *Revista ·Civilização Brasileira*. O de Edu Lobo (*R.C.B*. n.º 3 — julho de 65), acentuando a revolução "subversiva" de Jobim e Gilberto e recusando-se a pichar a bossa-nova pelo seu sucesso nos E.U.A.: "Acho honroso o sucesso alcançado no exterior e não vejo por que criticar Tom como se ele tivesse cometido algum deslize". E concluindo, lapidarmente: "Os que querem o samba sempre igual não passam de conservadores derrotados de saída". O de Caetano Veloso, mais recente (*R.C.B*., n.º 7 — maio de 66), que tem esta afirmativa de extrema lucidez:

"Só a retomada da *linha evolutiva* pode nos dar uma organicidade para selecionar e ter um julgamento de criação. Dizer que samba só se faz com frigideira, tamborim e um violão sem sétimas e nonas não resolve o problema. Paulinho da Viola me falou há alguns dias da sua necessidade de incluir contrabaixo e bateria em seus discos. Tenho certeza de que, se puder levar essa necessidade ao fato, ele terá contrabaixo e terá samba, assim como João Gilberto tem contrabaixo, violino, trompa, sétimas, nonas e tem samba. Aliás João Gilberto para mim é exatamente o *momento* em que isto aconteceu: a informação da modernidade musical utilizada na recriação, na renovação, no dar-um-passo-à-frente, da música popular brasileira. Creio mesmo que a retomada da tradição da música brasileira deverá ser feita na medida em que João Gilberto fez. Apesar de artistas como Edu Lobo, Chico Buarque, Gilberto Gil, Maria Betânia, Maria da Graça (que pouca gente conhece) sugerirem esta retomada, em nenhum deles ela chega a ser inteira, integral".

Dificilmente se poderia fazer crítica e autocrítica mais esclarecida e radical do que esta, do jovem compositor baiano. Não se trata de nenhuma "volta a João Gilberto", de nenhum "saudosismo", mas da tomada de consciência e da apropriação da autêntica antitradição revolucionária da música popular brasileira, combatida e sabotada desde o início pelos verdadeiros "saudosistas", por aqueles que pregam explícita ou implicitamente a interrupção da linha evolutiva da música popular e o seu retorno a etapas anteriores à da bossa-nova, na expectativa de uma vaga e ambígua "reconciliação com as formas mais tradicionais da música brasileira". Ou seja, a diluição, a descaracteriza-

63

ção, o amolecimento da linha criativa da nossa música, aquela que, precisamente por sua independência e por suas inovações, alcançou maioridade, ultrapassou fronteiras e se impôs ao mercado interno e externo. Enquanto se depreciam e se hostilizam os fautores da revolução da nossa música popular, em prol de "tradicionalismos" e "primitivismos" impingidos por uma nebulosa "má consciência", cantores de massa, como Roberto Carlos, vão incorporando ao seu estilo interpretativo e ao seu repertório de sucessos, sem nenhuma inibição, algumas das lições e dos achados da bossa--nova.

Por tudo isso é preciso saudar Caetano Veloso e sua oportuna rebelião contra a "ordem do passo atrás". Bom baiano, como João Gilberto e Gilberto Gil, Caetano é o autor de *De Manhã*, um dos grandes sucessos de sua irmã Maria Betânia; e de uma música que se classificou em 5.º lugar no Festival de Música Popular realizado pelo Canal 9 de São Paulo, mas que poderia, sem favor algum, ter figurado em 1.º, e, aliás, foi a mais aplaudida pelo público paulista: *Boa Palavra*. Nesta melodia, como também em *Um Dia*, apresentada no recentíssimo Festival do Canal 7, Caetano Veloso revela uma inquietação criativa que só pode ser fecunda, extraindo novos efeitos do uso de largos intervalos musicais e da permanente alternância de graves e agudos num amplo registro vocal. A complexidade melódica de suas músicas, que exige muito do cantor — e Caetano encontrou em Maria Odete uma intérprete de bons recursos, embora um tanto contagiada por certas afetações expressionísticas em voga — não fere a beleza de suas canções, que têm obtido imediata ressonância junto ao público, desmentindo as previsões de "impopularidade" dos que julgam que é preciso simplificar e "quadradizar" tudo para ser entendido e aceito pelas audiências brasileiras.

Caetano Veloso, entre outros jovens compositores de sua geração, mostra que é possível fazer música popular, e inclusive de protesto e de Nordeste quando preciso, sem renunciar à "linha evolutiva" impressa à nossa música popular pelo histórico e irreversível movimento da bossa-nova. Não cabe aos críticos apontar caminhos, senão observar e compreender. Eles — os compositores — é que indicarão com suas músicas futuras esses caminhos e dirão, sobre o debate que hoje se trava em torno da música popular brasileira, a palavra final. Que — é lícito esperar — há de ser, como a da posição e a da composição de Caetano Veloso, uma "boa palavra".

(1966)

BALANÇO DA BOSSA NOVA

Júlio Medaglia

Música popular

Em linhas gerais — e ocidentais — poderíamos dividir em três tipos preponderantes as diferentes espécies de manifestação musical popular. A primeira delas, que se convencionou chamar de "folclórica", liga-se mais diretamente a determinadas situações sociológicas, históricas e geográficas, congregando em sua estrutura uma série de elementos básicos que a tornam característica de uma época, uma região e até mesmo de uma maneira de viver. Suas formas de expressão, em conseqüência, são mais estáticas e menos passíveis de evolução e influências exteriores. Aqui, a estabilidade formal, a espontaneidade expressiva e a "pureza" de elementos constituem os mais importantes fatores de sua sobrevivência e força criativa.

Os outros dois tipos de manifestação musical "não erudita" são de origem urbana, sendo qualificados simplesmente como "música popular" e possuindo as seguintes características que os identificam e diferenciam: o primeiro tem suas raízes na própria imaginação popular e é aproveitado e divulgado pela rádio, pela TV, pelo filme e pela gravação; o outro é a espécie de música popular que é fruto da própria indústria da telecomunicação. Exemplificando: o "chorinho" é uma música de origem, expressão e posse popular. O chamado "iê-iê-iê" é uma música que se tornou popular pelos meios da comunicação de massa. O chorinho é anônimo. O iê-iê-iê existe em função de um número limitado de elementos que o praticam e que alcançaram popularidade imediata através dos recursos modernos da telecomunicação. Nos recentes festivais de música popular brasileira organizados em São Paulo, onde foram apresentadas quase 6 000 composições, havia várias centenas de chorinhos e nem sequer um único iê-iê-iê, embora esse tipo de música seja, já há bom tempo, o campeão nas paradas de sucesso. Ainda que o primeiro tipo de música popular seja flexível, influenciável e evolua de acordo com circunstâncias várias, prende-se, como é natural, às características humanas da gente que a criou. Analisando-a, pode-se estabelecer um retrato psicológico dessa gente, conhecer suas diferentes facetas espirituais, suas diferentes formas de expressão, as entranhas, os recursos e o alcance de sua imaginação. O segundo tipo é artificial e amorfo; muda de estrutura rapidamente, pois se liga ao sucesso de determinada música, cantor ou forma de dança. Está quase sempre vinculado a monopólios internacionais que o relançam em vários países simultaneamente, fazendo, às vezes, traduções ou adaptações regionais, tornando-o popular independente e indiferentemente às práticas locais. No momento atual, por exemplo, a música *beatle* é ouvida com grande sucesso nos E.U.A. e na Indonésia, ainda que sejam países de estrutura social absolutamente diversa.

Há países que possuem apenas um desses tipos de manifestação musical popular; alguns, dois; e outros, como é o caso do Brasil, as três. Mas, mesmo considerando os países cuja produção musical inclua essas três espécies, poucos seriam aqueles com os quais poderíamos estabelecer termos de comparação com o nosso, dada a versatilidade e o alto teor criativo que elas aqui evidenciam. Se o nosso folclore é considerado pela musicologia internacional como um dos mais ricos da atualidade; se a música do iê-iê-iê, recém-importada, adquiriu imediatamente características próprias, passando logo à fase da exportação, não menos importante, rica e variada é a música popular brasileira urbana, cujas raízes se encontram nas próprias características espirituais do povo brasileiro. Veja-se, apenas nesse campo, a quantidade enorme de diferentes formas de expressão que possui o nosso cancioneiro: sejam as manifestações de massa e de rua, que têm no carnaval seu ponto mais alto; a modinha romântica e as formas de serestas, onde o trovador, de uma maneira quase medieval, entoa seus cantos desfeitos em sentimentalismos poéticos e vocais, endereçados à bem-amada distante; não menos populares e características são as canções praieiras, cujo lirismo se baseia no triângulo céu-areia-mar, cantados por aqueles que vivem no mais puro contato com a natureza. São nossos também a "roda de samba" e o samba "flauta-cavaquinho-violão", feito por pequenos grupos, cheios de virtuosismos instrumentais e mil maneirismos plenos de graça, bossa e vitalidade. Temos o samba orquestrado — em metais e sinfônico —, o samba-exaltação, o samba-participação, o samba-de-breque, com muito humor e ironia, o samba afetivo, o samba agressivo, o samba-canção, o "sambão", além de uma infinidade de variações regionais dessas formas e de uma quantidade ilimitada de danças, como o frevo, o baião, o xaxado, que são também urbanas mas já se confundem com o folclore.

Nos últimos anos, porém, incorporando-se a toda essa gama variada de formas de expressão musical e acrescentando novas práticas de canto, composição e execução, mais uma tendência veio-se cristalizando e se integrando no cenário musical brasileiro. Caminhou-se, na realidade, no sentido de uma manifestação musical de câmara, de detalhe, de elaboração progressiva, que analisaremos em seguida e que a imaginação popular denominou simplesmente de bossa-nova.

Balanço: critérios

A BN, forma de expressão musical que se popularizou em meio a grandes polêmicas, adquiriu muito rapidamente sua estabilidade e maturidade de propósitos, com base numa militância anônima inicial, até a grande produção e consumo da fase profissional posterior, quando se transformou num produto brasileiro de exportação dos mais refinados e requisitados no exterior.

Fazer um levantamento estatístico do movimento seria impossível, pois de sua formação faz parte toda uma coletividade constituída não só de músicos ou artistas profissionais. Citar também grande quantidade de nomes seria desnecessário, pois, como ela se encontra vivamente integrada na realidade brasileira, todos aqueles que tiveram atuação destacada receberam o devido reconhecimento popular. Comentaremos, portanto, a atuação de elementos que ocupam os pontos-chave do movimento e cujo destaque se deve a uma contribuição mais definida. Será um trabalho crítico, mas não nos perderemos em detalhes, procurando abordar o fenômeno sob um prisma genérico, em função de sua importância real como arte autêntica: representativa das exatas características espirituais do povo brasileiro; criativa, pela introdução de novos padrões de interpretação e composição em nossa música; e de exportação, pela importância que ela pode ter, no campo da música popular, em nível internacional.

Os extremos do samba

As primeiras manifestações desse movimento renovador receberam, por parte de observadores precipitados, pouco informados ou sectários, as mais veementes críticas no sentido de que a BN não seria samba autêntico. O fato, reconhecido atualmente, de que ela representa mais uma rica dimensão da música popular

70

brasileira, poucos anos atrás constituía até mesmo um problema de consciência artística para muitos. Quanto mais divergentes, porém, se tornavam as opiniões e mais extremadas as manifestações musicais, mais se reafirmava a tese sobre a rica sensibilidade auditiva do nosso povo, que, ao mesmo tempo, assimilava ambas as experiências musicais. Se uma modalidade de samba era extrovertida, adequada para uma prática musical de massa e de rua, outra visava uma versão musical introvertida, apropriada para a intimidade de pequenos recintos, versão camerística, portanto, sem que a presença de uma implicasse na negação da outra. O caráter grandiloqüente da *Quinta Sinfonia* de Beethoven não invalida a elaboração hiperconcentrada de seus quartetos. A *Sinfonia do Destino* foi composta para grandes salas de concertos, para ser executada e ouvida por grande massa; por essa razão seus temas são curtos (lembre-se do tema inicial, feito apenas de quatro notas, com as famosas "quatro pancadas do destino"), mais simples e facilmente assimiláveis; a instrumentação é duplicada e menos preciosística, a fim de conseguir os efeitos adequados para o espetáculo do concerto. Os quartetos, compostos especialmente para recintos pequenos, condição que pressupõe maiores possibilidades de concentração e mais direto contato com a audiência, são mais detalhisticamente elaborados, possuem condensação e economia máxima de elementos. A relação é a mesma. Os sambas de rua têm linhas melódicas mais simples, para serem facilmente cantados e assimilados; harmonias que contêm apenas os acordes básicos, para evitar a dispersão de qualquer espécie; ritmo simples, claro e repetitivo, pois sua função é condutora e unificadora. Os textos revelam uma estrutura simples, facilmente cantável e assimilável, permitindo e sugerindo, com isso, a participação inclusive da assistência. Na maioria das vezes, uma única frase é suficiente para dinamizar a coletividade. Veja-se o exemplo do último carnaval: "ui ui ui, robaro a mulhé do Rui, se pensa que fui eu, eu juro que não fui". Mas, tomando-se o Rio de Janeiro para exemplificar nossas considerações, pois lá os fenômenos estão geograficamente melhor delineados, se o morro e a Zona Norte comandam praticamente o carnaval carioca com seus blocos e escolas de samba que injetam na Cidade Maravilhosa alta dose de uma energia que a transforma, por um período, no caos mais bem organizado do mundo, a Zona Sul, mesmo não ficando indiferente ao reinado de Momo, oferece também um outro tipo de contribuição musical que deita raízes igualmente na sua maneira de reinar. Por ser Copacabana, por exemplo, a maior concentração demográfica do País, e os seus apartamentos, os seus pequenos bares e *boites*, os locais onde circula diariamente toda uma faixa da população, é natural que a manifestação musical oriunda dessa região tenha características próprias. Não só a expressão "cabrocha" é substituída por "garota", "requebrado" por "balanço", e, às vezes, "mulata" abrandado para "morena", como também uma forma de expressão musical mais sutil e mais elaborada se criaria ali, sugerida pela intimidade dos pequenos ambientes, diversa de uma manifestação musical oriunda de um terreiro de Vila Isabel. Surgiria uma música mais voltada para o detalhe, baseada quase sempre no canto, violão e pequenos conjuntos; desenvolver-se-ia a prática do "canto-falado" ou do "cantar baixinho" — uma vez que a audiência está próxima —, do texto bem pronunciado, do tom coloquial da narrativa musical, do acompanhamento e canto integrando-se mutuamente, em lugar da valorização da "grande voz" ou do "solista". Essas condições de concentração permitem também o uso de textos mais elaborados, mais refinados e, não raro, com artifícios poéticos de alto nível literário. A estrutura musical é mais rebuscada; as melodias são, em geral, mais longas e mais dificilmente cantáveis, as harmonias mais complicadas, plenas de acordes alterados e pequenas dissonâncias, os efeitos de interpretação são mais sutis e mais pessoais, permitindo pequenos artifícios, como silêncios ou pausas expressivas, assim como detalhes de execução instrumental mais sofisticada etc. Por ser também essa faixa da população mais rica, possui condições adequadas para se informar através de gravações e da imprensa, recebendo assim dados sobre o que acontece em outras regiões do mundo e com outras músicas, sofrendo influências e aperfeiçoando as suas próprias criações artísticas. Se a sutileza, o detalhe, a elaboração e a introversão são as características originais dessa espécie de música e a simplicidade, a espontaneidade num mínimo de elementos e a extroversão, os característicos da outra, isso não implica em maior ou menor grau de qualidade ou autenticidade de nenhuma delas. O fato de o Maracanã inteiro poder cantar em uníssono "ui ui ui, robaro a mulhé do Rui" e não poder cantar o *Desafinado* não significa — e esclareça-se muito bem este aspecto! — que esta música não seja ou não possa ser popular, ou possua algo menos que a outra (os detalhes de execução de um quarteto de Beethoven jamais poderiam ser evidenciados por uma orquestra sinfônica). O importante, digno de nota e da mais profunda admiração, pois isso é raro no mundo, é o fato de, em nosso país, ser possível a coexistência — criação e consumo popular — de dois tipos de música radicalmente opostos em suas estruturas. Mas, para completar, já que tomamos o Rio como exemplo, podemos afirmar que nem a BN é objeto estranho ou incompatível com a Zona Norte e nem a Zona Sul permanece indiferente ao "sambão" ou às manifestações de massa, sobretudo a do carnaval. O que pode acontecer — e acontece — é que os extremos do samba se toquem e se auto-influenciem, o que não representa nada de negativo para nenhuma das partes — muito ao contrário.

Divisão das águas

O movimento da BN irrompeu popularmente através de um acontecimento de rotina, mas de repercussões imprevisíveis, talvez até mesmo para os seus próprios responsáveis materiais: o lançamento de um disco. Em março de 1959, a Odeon lançava na praça o LP de um estranho cantor que cantava baixinho, discreta e quase inexpressivamente, interpretava melodias difíceis de ser entoadas, dizia "bim bom bim bom, é só isso o meu baião e não tem mais nada não", advertindo, ele mesmo, que, "se você insiste em classificar meu comportamento de antimusical, eu, mesmo mentindo, devo argumentar que isto é bossa-nova, que isto é muito natural..." A orquestra executava uma ou outra frase e silenciava, o acompanhamento do violão possuía uma "batida" e uma harmonia completa-

73

mente diferentes do que se estava acostumado a ouvir, e assim por diante. Apesar de todos esses aspectos estranhos, a sensibilidade musical popular brasileira, mais uma vez, dera prova de sua aguda perspicácia, identificando, nesse estranho intérprete, algo de muito especial, consumindo esse LP em grande escala. João Gilberto era o intérprete, violonista, compositor, co-arranjador, principal responsável por esse feito, que viria modificar o curso da música popular brasileira. Esse "baiano bossa-nova", na expressão de Jobim, pessoa de pouca prosa, provocaria, com sua manifestação musical sutil, diferente, introvertida, as mais espetaculares polêmicas que já se realizaram em torno de problemas de música popular em nosso País. "É música? Não é música?"; "É cantor? Não é cantor?"; "É samba? Não é samba?"; "É autêntico? Não é autêntico?" Ele próprio jamais se preocupara com essas perguntas e muito menos com as respostas. Nunca comparecera a uma discussão pública: apresentava-se na TV, rádio e *boîtes*, guardava a guitarra e se retirava. Sua autoconfiança se baseava na seriedade e no intenso trabalho de pesquisa que realizava — chegou, uma vez, a ter uma distensão muscular por excesso de exercício! —, adotando sempre uma atitude definida e radical, sem nunca ter feito qualquer espécie de concessão comercial. Sua mensagem musical, porém, fora, em muito pouco tempo, compreendida e assimilada e o conteúdo dessa mensagem seria também o marco divisor das águas. De um lado permaneceriam aqueles que possuíam uma visão ampla, viva, progressiva e aberta às novas formas de expressão musical popular e, no outro lado, refugiar-se-iam todos os saudosistas que tentavam apoiar-se em argumentos anacrônicos para justificar sua incapacidade de perceber coisas novas. A juventude, porém, identificou-se imediatamente com o fenômeno, passando logo em seguida a organizar audições dessa música em universidades e em pequenos teatros, ao mesmo tempo que iniciou a prática musical amadorística do novo estilo. O violão passou a ser o instrumento predileto da juventude. O sucesso, o consumo e a militância cada vez maiores delinearam com clareza as pretensões artísticas do movimento, dando-lhe presença estável no cenário brasileiro.

Bíblia da bossa-nova

O impacto, a polêmica e ao mesmo tempo o interesse suscitados com o lançamento do LP "Chega de Saudade" não foram meramente acidentais. Nele se concentravam, da maneira mais rigorosa e dentro do mais refinado bom gosto, os elementos renovadores essenciais que a música popular brasileira urbana exigia naquele exato momento, em sua vontade de assimilação de novos valores. E hoje, podemos observar claramente, que, dentro da faixa BN, aqueles que se distanciaram consideravelmente das idéias sugeridas pelo LP voltaram ao "samba rasgado" ou enveredaram para os caminhos de uma sofisticação de base jazzística, de mil maneirismos vocais, que o próprio *jazz* americano já superou há anos, como veremos em seguida. Seria, portanto, impossível iniciar qualquer análise da BN, sem antes considerar com mais detalhes o conteúdo desse LP.

Se o sucesso do disco despertou a atenção popular para a "figura" do cantor, ao ouvirmos a própria gravação não encontramos uma interpretação que se tenha afirmado com base na demagogia pessoal, em virtuosismos vocais ou recursos extramusicais. Ao contrário, a discrição, a sutileza e o rigor seriam os característicos básicos de sua arte.

O aspecto que de início chamou a atenção do ouvinte foi o caráter coloquial da narrativa musical. Uma interpretação despojada e sem a menor afetação ou peripécia "solística" era parte essencial da revolução proposta pelo disco. Em outros termos, era a negação do "cantor", do "solista" e do "estrelismo" vocal e de todas as variantes interpretativas ópero-tango-bolerísticas que sufocavam a música brasileira de então. Era a vez do cantochão, da melódica mais simples e fluente, da empostação mais natural e relaxada, não raro com trechos em "lá-lá-lá" ou assobiados, onde se percebem, com tuda a clareza, as mínimas articulações musicais e literárias. O acompanhamento, em vez de servir de *background* para o "solista", com grandes introduções e finais sinfônicos, era, ao contrário, camerístico, econômico e muito transparente. Os instrumentos acompanhantes se integravam discretamente ao

75

canto, com intervenções esparsas; às vezes uma única frase nos violinos durante toda uma música, ou um contraponto ao canto executado pela flauta; num momento melódico-rítmico especial, ouve-se um acorde dado pelo piano, que não comparece mais na peça; a entrada de uma segunda voz ou de um coro pianíssimo que canta uma única frase ou um contraponto em terças com o canto e silêncio; às vezes, apenas canto e percussão ou canto puro e assim por diante. Foram evitadas as introduções e finais sinfônicos — às vezes não há introdução nem final, começando ou terminando secamente ou deixando uma frase se repetir indefinidamente cada vez mais piano até desaparecer, evitando sempre perorações demagógicas. Outro aspecto inovador de grande importância e que se tornou popular após o sucesso do disco e do movimento BN, foi o desenvolvimento da linguagem violonística de acompanhamento. Até então se conheciam popularmente os acordes básicos da harmonia tradicional, sobre os quais se faziam as composições. Os acordes que tinham o nome popular de "primeira", "segunda", "preparação" e "terceira" posição, que na realidade eram tônica, dominante, tônica com sétima e subdominante, passaram a ser insuficientes para o acompanhamento dessas composições. Estes eram baseados, em geral, no acorde de tríades perfeitas (dó, mi, sol, por exemplo), e executados quase sempre em posição fundamental, isto é, com a nota principal do acorde (*dó*) no baixo. A partir da BN, passou-se a fazer uso de acordes alterados em grande quantidade, ou seja, acordes com notas estranhas à harmonia clássica, popularmente conhecidos como "dissonantes". Passou-se também a não dar muita importância ao fato de a nota fundamental do acorde estar ou não no baixo, desenvolvendo-se novas "posições" no instrumento em forma de *clusters*, ou seja, blocos de notas com uma determinada "cor harmônica". Essa harmonia mais desenvolvida permitiu também o enriquecimento e a incursão da melódica por outras tonalidades, distantes da original. O uso maior de modulações e acordes alterados exigiu também o desenvolvimento da audição de harmonias e da criação de novos dedilhados ou "posições" instrumentais. Além do aspecto harmônico, também o ritmo foi modificado. Desenvolveu-se muito mais a estrutura rítmica de acompanhamento, que deixou de ser simétrica, possuindo estrutura própria, independente do canto; deixou de ser repetitiva, não sendo paralela ao canto e sempre se antecedendo um mínimo ao tempo forte do compasso. Exemplificando:

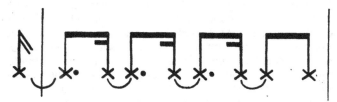

Na percussão afirmou-se também, a partir desse disco, uma nova estrutura básica de acompanhamento, sobre a qual o baterista realiza variações pessoais. A figura rítmica, que se solidificou então, passou a identificar, mesmo em outros países, todas as pretensões (realizadas ou não) no sentido de fazer BN. Ela se resume, em sua maneira mais simples, na repetição de um compasso básico, que é quaternário, diferindo da batida tradicional, binária:

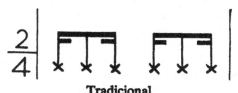

Tradicional

(A figura superior de 16 semicolcheias é, em geral, executada com a "escovinha" sobre a pele da caixa clara (mão direita) e a inferior com a baqueta na borda de metal desse instrumento (mão esquerda).

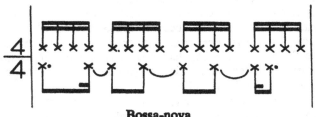

Bossa-nova

Se o sucesso do novo estilo musical traria à cena toda uma nova geração de compositores que a partir de então tiveram *chance* de colocar na prática uma grande quantidade de novas idéias musicais, vamos observar, prosseguindo na análise do LP "Chega de Saudade", que o próprio João se faria presente no disco como autor de duas composições onde ele deixaria claras também suas pretensões artísticas, no sentido da criação — texto e música. Numa época em que faziam sucesso músicas como *Ouça* ou *Risque,* cujo conteúdo musical e literário mais se aproxima dos longos dramas bolero-musicais centro-americanos, chegava o baiano BN com seu baiãozinho simples, concreto e musical, que em tom de blague dizia: "Bim bom, é só esse o meu baião e não tem mais nada não. O meu coração pediu assim", ou então: "Oba-lá-lá, é uma canção. Quem ouvir o Oba-lá-lá terá feliz o coração".

Essa seria, na realidade, a revolução proposta pelo disco e pela BN em seu aspecto mais original. Reduzir e concentrar ao máximo os elementos poéticos e musicais, abandonar todas as práticas musicais demagógicas e metafóricas do tipo "toda quimera se esfuma na brancura da espuma". Evoluir no sentido de uma música de câmara adequada à intimidade dos pequenos ambientes, característicos das zonas urbanas de maior densidade demográfica. Uma música voltada para o detalhe, e para uma elaboração mais refinada com base numa temática extraída do próprio cotidiano: do humor, das aspirações espirituais e dos problemas da faixa social onde ela tem origem. É a música que todos podem cantar, pois nega a participação do "cantor-solista-virtuose"; após o sucesso do movimento, artistas não-cantores, com suas vozes imperfeitas mas naturais, fizeram suas gravações — como o próprio Jobim e Vinicius. Artistas sem grandes recursos vocais, como Nara Leão, Geraldo Vandré, Carlos Lyra e Astrud, também fizeram sucesso como "cantores". Por outro lado, cantores com recursos, como Agostinho dos Santos, ou Maysa, depois do advento da BN, passaram a adotar uma interpretação muito mais despojada e menos "estrelista".

Outro aspecto decisivo proposto pela BN foi a superação do amadorismo musical, não no sentido profissional, mas artístico do termo. A idéia da música popular como *hobby* de hora vaga, semelhante ao jogo de cartas, que consome a atenção apenas no momento de sua prática, deixou de existir. Aqueles que integram o movimento de maneira mais ativa têm, perante a realização musical, um tipo de preocupação constante que abrange não só a pesquisa musical em si e a assimilação de novos recursos técnicos, como um interesse cultural geral que inclui outras modalidades artísticas. O exercício, o estudo instrumental e vocal e a pesquisa sonora através da prática do próprio instrumento ou da audição de discos, ou seja, a busca de informação, passou a ser uma preocupação constante desses músicos.

Verdadeiras origens

Se na época da eclosão do movimento renovador, o acontecimento divisor das águas foi o LP "Chega de Saudade", fato que parece indiscutível, um outro aspecto da BN, aquele que se refere às suas origens, continua sugerindo polêmicas. As tentativas até agora feitas no sentido de buscar as verdadeiras raízes do movimento têm atribuído, na maioria das vezes, a artistas cuja atuação musical antecedia de alguns anos ao advento do novo estilo, a função de "precursores". Sendo a BN uma música de origem popular, não há dúvida de que toda uma plêiade de artistas tomou parte ativa nessa fase de cristalização de idéias. Assim, alguns deles poderiam ser citados como antecessores, considerando-se diversos aspectos de suas contribuições. É o caso, por exemplo, de Johnny Alf. No início da década de 50, ele já nos apresentava composições bastante rebuscadas, tanto melódica como harmônicamente, parte das quais foi utilizada após o advento da BN.

Isto se dava pelo fato de Johnny Alf ser um assíduo praticante do *jazz* e possuir, em conseqüência disso, um sentido harmônico e melódico muito desenvolvido. Sendo o *jazz*, sobretudo o *cool-jazz*, também uma espécie camerística de música, tecnicamente muito desenvolvida, da aplicação de seus recursos a uma temática brasileira resultava uma música "arrojada" para a época. A empostação jazzística de suas músicas, porém, sempre foi claramente perceptível, sobretudo quando ele próprio as cantava. Sua interpretação é cheia de maneirismos, muito ao sabor do *be-bop* e de virtuosismos e afetações vocais típicas do *jazz* americano da década de 40. Outro exemplo, semelhante e digno de nota, é o de Dick Farney. Sendo também um dos bons executantes de *jazz* no Brasil, estabeleceu essa relação, ou emprego de recursos da música americana à brasileira, deixando também sempre clara a influência sinatriana em suas interpretações. Além desses compositores que nos ofereceram músicas que seriam aproveitadas pela BN, pelo seu sentido harmônico e melódico, havia também uma série de cantores, que, por suas interpretações mais discretas e mais próximas do que chamamos de "canto-falado", poderiam também ser apontados como "precursores". É o caso, por exemplo, de Doris Monteiro, Nora Ney, Lúcio Alves, Tito Madi e o próprio Ivon Cury. Suas interpretações eram bastante despojadas e evitavam soluções vocais e virtuosísticas, optando mais pela simplicidade expressiva e sentido do canto quase recitado.

Outro fenômeno significativo da fase imediatamente anterior à BN foi o LP "Canção do Amor Demais", com Elisete Cardoso, onde Jobim e Vinicius, que se tornariam dois dos mais destacados elementos da nova música, estavam reunidos em todas as faixas. LP que deu à intérprete, inclusive, a possibilidade de atingir um dos pontos altos de sua carreira. Se a música popular brasileira, porém, permanecesse nesse estágio, não se teria tido uma idéia do que seria a BN. As músicas eram em geral baseadas na forma da modinha e do recitativo dos mais tradicionais, acrescidas apenas pelos recursos musicais de Jobim, sobretudo por sua imaginação melódica, sem dúvida a mais rica com que a nossa música popular conta em seus últimos anos. Também o acompanhamento e a orquestração eram tradicionais; em geral sinfônicos e com instrumentação carregada. Note-se que o próprio Jobim, que orquestraria o disco do João alguns meses mais tarde, teria uma atitude completamente diferente ao trabalhar ao lado do "baiano bossa-nova", evitando as soluções "melacrinianas" de "mil violinos" e "glissandos" de harpa, recursos tão comumente empregados pelos orquestradores de rotina. Tradicionais no disco eram também os textos de Vinicius, cuja empostação poética mais se aproximava de baladas medievais do que do linguajar simples e espontâneo que veio a caracterizar as letras da BN e as suas próprias contribuições para esse estilo. O mesmo Vinicius que dizia nesse LP: "oh! mulher, estrela a refulgir", diria, após o advento da BN: "ela é carioca, ela é carioca, olha o jeitinho dela. . ." Um detalhe no disco, porém, chamou a atenção dos observadores mais cuidadosos. Era o acompanhamento de um violão que possuía uma "batida" e uma sonoridade *sui generis*. Era o violão de João Gilberto que já se fazia notar, poucos meses antes de ele fazer sua incursão musical inovadora.

Se se quisesse, porém, estabelecer uma relação histórica para apurar as verdadeiras raízes da BN, iríamos encontrar numa outra música, também urbana, popular e cem por cento brasileira, os seus pontos de contato mais evidentes. É a música de Noel. É o samba "flauta-cavaquinho-violão". É a música da Lapa, capital do samba (de "câmara") tradicional, como Copacabana — Ipanema — Leblon são os redutos da BN. É a linguagem sem metáfora, espontânea, direta e popular do "seu garçon faça o favor de me trazer depressa" que foi retomada por Newton Mendonça, Vinicius, Ronaldo Bôscoli e Carlos Lyra. "Eis aqui este sambinha, feito numa nota só", "ah, se ela soubesse que quando ela passa. . .", "se eu não sou João de Nada, Maria que é minha é Maria Ninguém", são expressões que poderiam ser ditas e cantadas por Noel Rosa ou João Gilberto em 1940 ou em 60. Se durante a guerra Noel cantava "com que roupa eu vou?" e "traga uma boa média", hoje se fala em "fotografei você na minha Rolleyflex", em *boîte,* uísque e automóvel, isto é, nada mais que versões atualizadas de um mesmo humor, uma mesma gente, uma mesma bossa. E mesmo na época da eclosão do movimento BN já havia a afirmação de que João Gilberto era o novo Mário Reis, constatação absolutamente certa, pois é à tradição musical que Noel e Mário Reis representavam que João Gilberto pretende dar seqüência. Por essa razão foi buscar nesse repertório canções que, atualizadas e revalorizadas por sua interpretação, se integraram na música popular atual sem o menor atrito. *Morena boca de ouro, Aos pé da santa cruz, A primeira vez, Brigas nunca mais, Bolinha de papel*, foram algumas entre elas.

Músicas & letras

As inovações propostas pela BN não abrangeriam apenas o campo da interpretação, acompanhamento, linguagem instrumental, harmonização e ritmo. Elas forjaram a formação de um novo estilo composicional que incorporou todos os recursos musicais conquistados, baseando-se numa temática literária atual e ligada ao meio que lhe deu origem.

Sabendo-se que essas composições seriam executadas por pequenos conjuntos e ainda mais comumente cantadas por uma única pessoa com acompanhamento de violão ou pequeno grupo instrumental, desenvolveu-se uma técnica composicional orientada para articulações mais sutis e de detalhe, assim como um vocabulário expressivo que prevê um contato direto e íntimo com o ouvinte. Citemos como exemplo o *Desafinado*, música que nasceu e se confunde com o próprio movimento dentro e fora do Brasil. Esta composição possui uma linha melódica longa, muito elaborada, cheia de saltos dificilmente entoáveis, movimenta-se dentro de uma tessitura vocal bastante grande, indo de regiões graves ao agudo numa mesma frase. Possui uma movimentação rítmica toda sincopada, nunca coincidindo os inícios de frase com o tempo forte do compasso e nunca repetindo frases rítmicas; conta com uma estrutura harmônica bastante evoluída que prevê o emprego de acordes alterados, ou "dissonantes", como se diz popularmente; harmonia modulante, passando por várias tonalidades e voltando no fim à tonalidade original. Essas características musicais, típicas da BN, a tornam, como é natural, e como já comentamos, inadequada para ser cantada por grandes massas, prestando-se mais à interpretação de um cantor que, sozinho, está em condições de evidenciar todos os seus detalhes composicionais. Não só a música, mas também o texto. Quando se diz: "robaro a mulhé do Rui", imagina-se uma frase corriqueira sendo dita a toda hora e por todo mundo em tom de "mexerico". Quando se diz "esse é o amor maior que você pode encontrar, viu?", imagina-se que o poeta e o interlocutor (a bem-amada) estejam juntos e ela seja a única pessoa a ouvir essa frase-declaração. Essas seriam, genericamente, as bases que orientaram a composição musical BN. As variantes surgidas serão comentadas adiante através de uma análise mais detalhada.

Letras: Variantes

Existem inúmeras manifestações musicais para canto e acompanhamento onde a importância do texto é secundária. Nas óperas italianas do século passado, por exemplo, grande parte dos libretistas e dos adaptadores nem sequer é citada.

Em obras camerísticas, porém, dá-se o contrário. Schubert, por exemplo, compositor cuja obra mais importante são os *Lieder* para canto e piano, usou textos de Goethe e Schiller ao invés de subliteratura. A mesma coisa ocorre com Bach, que em suas cantatas de câmara recorreu a textos bíblicos, com Hugo Wolf (textos de Michelangelo, Moerike) e com Ravel (textos de Ronsard e Villon). As condições de contato humano oferecidas pelas manifestações musicais de câmara exigem do compositor não só um tratamento musical mais apurado e detalhístico, mas também um maior cuidado na escolha dos textos, pois o seu conteúdo, dada essa estreita relação intérprete-público, se evidencia muito mais.

Por essa razão a importância do texto na BN, manifestação musical originalmente camerística, é idêntica à da música e seria incompleto um estudo desse novo estilo musical se não nos concentrássemos mais demoradamente em sua análise.

Tomemos logo de início o *Samba de uma nota só* de Jobim e Newton Mendonça, sem dúvida um dos textos mais inteligentes que conhecemos em música popular e cuja origem coincide igualmente com a da própria BN. Aqui, a relação texto-música é perfeita. O sentido de um completa o do outro. Texto e música se autojustificam e autocomentam.

Citando mais uma vez a música clássica, é curioso notar que, em 1700 aproximadamente, se passou a adotar uma prática musical conhecida como a "Teoria dos afetos". Ela objetivava uma interligação mais íntima entre texto e música; não só no sentido de o compositor usar os efeitos sonoros do texto como recursos musicais, como no de propor também uma correlação semântica mais direta entre texto-música. Quando Bach musicava um texto que dizia, por exemplo: "subiu às alturas do céu", concentrava em geral os efeitos vocais e orquestrais em regiões agudas; ao contrário, quando musicava uma frase como "desceu às profundezas do inferno", jogava todos os recursos musicais para os registros mais graves da massa coral e sinfônica.

A relação texto-música no *Samba de uma nota só* é semelhante e ainda mais trabalhada. O intérprete diz: "Eis aqui este sambinha feito numa nota só", entoando a frase sobre uma única nota: segue, cantando a mesma nota, mas advertindo: "Outras notas vão entrar, mas a base é uma só". Entoando de repente uma segunda nota, ele comenta: "Esta outra é consequência do que acabo de dizer", e, voltando à primeira nota, abre um parêntese estabelecendo uma relação com seu caso de amor ("como eu sou a consequência inevitável de você"). Seguindo para a segunda parte da música e entoando muitas notas em forma de escalas ascendentes e descendentes, observa: "Quanta gente existe por aí que fala tanto e não diz nada, ou quase nada! Já me utilizei de toda a escala e no final não sobrou nada, não deu em nada. . ."; e, como que decepcionado dos resultados do excesso de notas (e de amores, conclui-se), volta a cantar a nota inicial, comentando: "E voltei pra minha nota como eu volto pra você. Vou contar com a minha nota como eu gosto de você". E, como que para encerrar sua "incursão" musical e afetiva, coloca uma frase-fecho, entoando a mesma nota, que soa como um refrão popular ou como "moral da história", na base do "quem tudo quer nada tem": "Quem quiser todas as notas (ré, mi, fá, sol, lá, si, dó), sempre fica sem nenhuma. Fique numa nota só". Termina secamente sem finais, nem maiores "explicações" sinfônicas. Pertence também a Newton Mendonça o texto de *Desafinado*, onde o mesmo fenômeno acontece. A música, que é de Jobim, possui intervalos melódicos complicados, cheios de saltos (em 59 soava essa melodia mais estranha e difícil do que hoje, pois já foi plenamente assimilada). Na realidade, a música sugeria a idéia de um cantor que aparentava certa insegurança vocal, dada a complexidade harmônica e melódica, e que, como comentava, não se fazia entender nem mesmo pela amada. Mas o próprio texto era claro, descrevendo a figura de um tipo muito lírico, preocupado apenas com novas maneiras de cantar, justificando aquele mal-entendido da seguinte maneira: "se você insiste em classificar meu comportamento de anti-musical, eu, mesmo mentindo, devo argumentar que isto é bossa-nova, que isto é muito natural...". Daí surgiria e se popularizaria o binômio "bossa-nova" como expressão-título da nova tendência. Newton Mendonça, elemento básico na estruturação do movimento, morreu prematuramente, antes mesmo de ouvir suas canções cantadas em algumas dezenas de diferentes idiomas. Excelente músico, pianista de formação clássica, inclusive, foi, não apenas letrista, mas co-autor musical de *Desafinado*, *Samba de uma nota só*, *Discussão* e *Meditação*, sambas dignos de constar na mais sucinta antologia da música popular de nossa época.

A esse tipo de letras de elaboração mais consciente e intencional, pertence grande parte dos textos de Ronaldo Bôscoli. Por ser talvez jornalista, e não poeta, suas letras são, em geral, claras e sintéticas, nunca demagógicas. Faz uso, não raro, de efeitos e artifícios extraídos da literatura de vanguarda — particularmente da Poesia Concreta — fundindo palavras ou evidenciando e valorizando a sonoridade das sílabas como elemento musical. É assim que, ao cantar o Rio, ele resume o tema em poucos dados e na repetição de três fonemas semelhantes: "é sol, é sal, é sul". Mais adiante, usa de um artifício semântico: partindo da repetição de "Rio, só Rio", chega a "Rio, só Rio, sorrio".

Mas, falando em textos revolucionários, não é demais lembrar mais uma vez os textos do próprio João Gilberto, como *Bim Bom* e *Oba-lá-lá*, um misto de humor, *nonsense* e economia verbal, aspectos importantes e inovadores da BN.

85

Cor local

Além do cuidado na elaboração dos textos e certas intenções construtivas mais conscientes e intelectualizadas, existem outros aspectos genéricos também importantes que identificam as letras da BN. Entre esses, um dos mais característicos, é sem dúvida, o tom coloquial da narrativa. É o uso do linguajar simples, feito de elementos extraídos do cotidiano da vida urbana, que revelam uma poética cheia de humor, ironia, *blague*, "gozação" e malícia; às vezes também melancólica, afetiva, intimista; às vezes socialmente participante, em tom de protesto e inconformismo: nunca, porém, demagógica, dramática ou patológica, evitando sempre o chavão poético, as frases feitas, a metáfora ou as palavras de "forte efeito expressivo"...

Dentro dessa linha geral poderíamos dividir em dois tipos básicos os textos conhecidos. Um deles que chamaríamos de "cor local" e outro "participante". O primeiro tipo seria aquele cujo conteúdo descreve ou comenta situações, circunstâncias e fenômenos inerentes à vida citadina e praieira, regiões onde nasceu e circula a BN. A habilidade e originalidade com que esses poetas populares focalizam em suas músicas determinados fenômenos de seu meio social são tão características que nos dão idéia exata da coisa, como se a tivéssemos diante dos olhos. Esse é o caso, por exemplo, do *Lobo Bobo,* de Bôscoli, letrista dos mais significativos dessa linha de textos, sátira ao *playboy* com fome de donzela, onde, em tom de gozação e aparente ingenuidade, é ironizada a sua antropofagia.

> *Era uma vez um lobo mau*
> *que resolveu jantar alguém*
> *estava sem vintém mas se arriscou*
> *e logo se estrepou.*
> *Um chapeuzinho de maiô*
> *ouviu buzina e não parou*
> *mas lobo mau insiste e faz cara de triste*
> *mas chapeuzinho ouviu*
> *os conselhos da vovó*
> *dizer que não pra lobo*
> *que com lobo não sai só.*

Lobo canta, pede, promete tudo, até amor
e diz que fraco de lobo
é ver um chapeuzinho de maiô.
Mas chapeuzinho percebeu
que lobo mau se derreteu
pra ver você que lobo
também faz papel de bobo
só posso lhe dizer
chapeuzinho agora traz
o lobo na coleira
que não janta nunca mais.

Assim são também os textos que exaltam os encantos e a feminilidade da mulher brasileira. Com frases simples, pequenas observações e poucos traços verbais, narram uma realidade passível de ser percebida só sensorialmente. É o caso, por exemplo, de expressões como "balanço Zona Sul" ou "ela é carioca, olha o jeitinho dela"; detalhes como: "cigarrinho aceso em sua mão, toca moderninho um violão"; frases soltas ou comentário, como que ditos a si próprio: "olha que coisa mais linda, mais cheia de graça...", ou "ah! se ela soubesse que quando ela passa..."

Mas, se denominamos "cor local" aos textos que nos revelam na mais refinada poética fenômenos característicos de uma região e uma geração, a eles também pertencem os textos que ilustram as aspirações afetivas e humanas dessa gente. Como que tentando uma reação, a fim de não sucumbir ao determinismo da técnica, à aridez do asfalto, à luta aflitiva pela sobrevivência material, problemas que enfrenta no cotidiano a faixa mais "civilizada" da população, a imaginação poética BN foi encontrar na simbologia do "amor, o sorriso e a flor" a sua fonte de inspiração e energia espiritual. Transcrever o texto de *Minha Namorada* de Vinicius de Morais, poeta que legou a esse tipo de lírica os mais inspirados motivos, e, em geral, na linguagem mais intimista, fazendo-nos sentir essa sede de afetividade, pureza e ingenuidade, é o melhor esclarecimento a dar a esse respeito.

Carlos Lyra, um dos teóricos, mais inteligentes e talentosos músicos do grupo, é, como se sabe, o autor da música:

Se você quer ser minha namorada
ai que linda namorada
você poderia ser.
se quiser ser somente minha
exatamente essa coisinha
que ninguém mais pode ser,
você tem que me fazer um juramento
de só ter um pensamento
ser só minha até morrer.
E também de não perder esse jeitinho
de falar devagarinho
essas histórias de você
e de repente me fazer muito carinho
e chorar bem de mansinho
sem ninguém saber por quê.
Mas se em vez de minha namorada
você quer ser minha amada
mas amada prá valer
aquela amada pelo amor predestinada
sem a qual a vida é nada
sem a qual se quer morrer
você tem que vir comigo em meu caminho
e talvez o meu caminho
seja triste pra você.
Os teus olhos têm que ser só dos meus olhos
os teus braços o meu ninho
no silêncio de depois
e você tem que ser a estrela verdadeira
minha amiga e companheira
no infinito de nós dois.

Participação social

Sendo a BN uma realidade oriunda da faixa urbana da população; tendo essa faixa da população melhores condições materiais e práticas de receber informações, via livros e periódicos; sendo a BN um movimento preponderantemente jovem, constituído, em grande parte, de estudantes; sendo o jovem e o estudante em todo país subdesenvolvido o mais vivo estopim de inflamação político-ideológica, compreende-se o surgimento de uma linha de canções de cunho participante. Mas o próprio sentido musical da BN colaboraria para tal, pois se trata de uma música alheia ao que chamamos de "sentimentalismo" barato, chavões poéticos, virtuosismos vocais, para ser uma manifestação musical concreta e direta. Assim, em sua própria estrutura, ela permite a exteriorização da mais variada temática, que pode ir de um problema individual de amor a um problema coletivo de fome.

Dentro da linha participante da BN encontramos duas diferentes formas de expressão. Uma delas que aborda diretamente os problemas do subdesenvolvimento, como reforma agrária, posse da terra, vazada numa linguagem mais agressiva, e outra que, de maneira não crítica, mais em tom de "lamento", expõe condições subumanas de vida de certas regiões do País, sobretudo no morro e no Nordeste.

O sucesso desta tendência deve-se particularmente à atuação de Nara Leão, cantora sem grandes recursos vocais, mas que se associou à BN pelas características básicas de sua interpretação. Exprimindo-se sempre da maneira mais simples e direta, adotando também a prática do canto quase falado, lançando mão de um repertório de qualidade, despertou, pela sua inteligência e musicalidade, grande interesse popular para com a temática participante. Aparentando pessoal e vocalmente certa fragilidade, Nara lançou um repertório de conteúdo bastante agressivo, numa época, inclusive, em que a manifestação pública de idéias se tornara problemática. O sucesso do repertório "participação" alcançou maiores proporções através do *show* "Opinião" onde Nara era figura de proa. O sucesso do *show* tanto no Rio como em São Paulo sugeriu a encenação de outros na mesma linha — "Liberdade, Liberdade" e "Zumbi" — assim como as suas gravações em disco. Montado sob condições técnico-teatrais das mais primitivas, o espetáculo conseguiu, através dessas músicas, grande contato com o público, que aplaudia no decorrer da apresentação e não raro participava ativamente, cantando junto com os atores. Nessa época surgiu uma série de novas composições, das quais João do Vale e os irmãos Marcos e Paulo Sérgio Valle foram os autores mais destacados. Nelas presenciamos verdadeiros manifestos: "onde a terra é boa o senhor é dono não deixa passar", "o nordestino vai criar coragem pra poder lutar pelo que é seu", "plantar pra dividir? Não faço mais isso não", "quem trabalha é que tem direito de viver, pois a terra é de ninguém", "o dia da igualdade está chegando, seu doutor" etc. Nessa linha, além dos textos do tipo "libelo", existem também aqueles cujo impacto resulta da aridez agressiva do próprio fato narrado: "Carcará/pega, mata e come / Carcará/não vai morrer de fome / Carcará/mais coragem do que homem/ Carcará/pega, mata e come!"

No que toca à interpretação, se as canções do tipo "amor-sorriso-flor" oferecem ao cantor maior liberdade, por se basearem mais na subjetividade afetiva de cada um, as canções que cantam a aridez, o marasmo, o abandono e o tipo vegetativo de sobrevivência de toda uma coletividade, exigiriam do cantor uma interpretação correlata. Uma interpretação ainda mais impessoal, ainda menos "expressiva", sem o menor perfeccionismo vocal e não raro com muita dureza. Assim se explica, por exemplo, a ascensão rápida da cantora Maria Betânia, que, ao substituir Nara no *show* "Opinião", teve sucesso imediato. Possuindo uma voz ainda mais primitiva e rude, sua interpretação conferiu a empostação exata e ainda maior autenticidade ao conteúdo daqueles textos — particularmente o *Carcará*.

Exemplo não menos importante nessa mesma linha foi a parte musical do filme *Deus e o Diabo na Terra do Sol*, feita por Sérgio Ricardo — tanto a composição como a parte vocal, por ele magnificamente interpretada. Oriundo do movimento BN, para o qual legou um de seus mais significativos "clássicos" — *Zelão* — Sérgio Ricardo é atualmente um dos mais sérios pesquisadores da temática nordestina, encarada sob o prisma "participação".

Mas as condições subumanas em que vivem grandes camadas da população no Nordeste inspiraram ainda outra lírica, que, pelo seu próprio conteúdo amargo e desesperançado, é expressa em tom de "lamento", como dissemos anteriormente. A esse segundo tipo de textos-participação pertence a maior parte das composições de Geraldo Vandré e Rui Guerra. Em parceria com Edu Lobo, o cineasta de *Os Cafajestes* pôs em circulação uma série de motivos bem apanhados, cuja expressividade poética reside exatamente na secura da empostação e da linguagem: "vam'borandá que a terra já secou, borandá", "é melhor partir lembrando que ver tudo piorar", "quem não tem nada a perder, só vai poder ganhar", "se o amor não é bastante para vencer, eu já sei o que vou fazer, meu Senhor, uma oração. Se é fraca a oração, mil vezes rezarei".

Vandré, de origem nordestina, mostra-nos em suas próprias interpretações a empostação vocal adequada a esse tipo de música. Uma voz sem acabamento técnico, cheia de arestas, confere a essa temática a gravidade que lhe é característica. Concluindo as canções com longos e intermináveis melismas, sugere-nos ainda mais claramente o sentido dessa angústia e dessa tentativa de fuga e busca sem fim como o próprio canto. Mais importantes ainda são suas próprias composições. Baseadas em geral numa harmonia modal e quase sempre em dois acordes apenas, que se sucedem indefinidamente, ilustram nitidamente uma situação de monotonia e melancolia angustiante, comentada pelo texto. Este, vazado sempre numa linguagem terra-a-terra, sem metáforas ou poetismos, causa impacto exatamente pelo desnudamento expressivo, tanto quando em tom de "lamento", como na *Canção Nordestina* que transcrevemos adiante, como na agressividade de *A hora e vez de Augusto Matraga*. Vivendo já há algum tempo no sul do Brasil, Vandré apanhou também com muita propriedade elementos da linguagem sertaneja, das regiões centro-sul do País, que aplicou em uma "moda de viola" cujo resultado conferiu a esse gênero musical uma força expressiva e um impacto popular que aparentemente ele não comportava. Referimo-nos a *Disparada*, canção que arrebatou o primeiro prêmio do Festival da Música Popular Brasileira, produzido por Solano Ribeiro para a TV Record de São Paulo. Este Festival, aliás, constituiu-se no mais apaixonante acontecimento que já se registrou em torno de assuntos ligados à música popular no Brasil em todos os tempos.

CANÇÃO NORDESTINA

Que sol quente que tristeza
que foi feito da beleza
tão bonita de se olhar?
Que é de Deus e a natureza?
Se esqueceram com certeza
da gente deste lugar.

Olha o padre com a vela na mão
tá chamando pra rezar,
menino de pé no chão
já não sabe nem chorar.
Reza uma reza comprida
pra ver se o céu saberá...
Mas a chuva não vem não
e essa dor no coração, ah!...
quando é que vai se acabar?

Participação: faixa urbana

Dentro do segundo tipo de textos participantes, menos crítico e agressivo e mais em tom de "lamento", como caracterizamos anteriormente, incluem-se, evidentemente, os sambas cuja temática se origina nas condições subumanas em que vive dentro do perímetro urbano das metrópoles — no morro, nos subúrbios — grande parte da população. Essa temática, que não é nova, mas recebeu novo tratamento e que inspirou tantos e tão famosos sambas tradicionais de morro e de carnaval, conta, entre os cultores da moderna música popular, com um interesse bastante grande. Entre estes se destacam duas figuras de compositores que atingiram o mesmo e alto grau de autenticidade expressiva, ainda que possuam origem e formação completamente diversa; grande parte do sucesso deles deve-se igualmente à atuação de Nara Leão, cuja inteligência musical soube identificar e prestigiar o seu valor: Zé Kéti e Chico Buarque. Sambista de morro e compositor de Portela, Zé Kéti teve seu primeiro grande e isolado sucesso há anos atrás com *Eu sou o samba*. Por sua atuação em "Opinião", ao lado de Nara, a intérprete do samba que deu o nome ao *show* e ao disco, Zé Kéti alcançou sucesso estável e as vias de divulgação de suas composições. O outro caso é o do jovem Chico Buarque. Sua produção musical e seu sucesso rápido e fora do comum foram um xeque-mate na lenda que por aí circula de que aqueles que não nasceram no morro ou que vivem em Copacabana não podem cantar os problemas do morro — crítica particularmente endereçada a Nara Leão. Chegou-se mesmo a compor uma música que dizia: "falar de morro morando de frente pro mar, não vai fazer ninguém melhorar". O estudante de arquitetura Francisco Buarque de Hollanda nasceu no Rio, filho de família importante, viveu na Capital de São Paulo a maior parte de sua vida e alguns anos em Roma; fala inglês, italiano e francês; mora atualmente num dos bairros mais aristocráticos da Capital paulista. Chico é um dos artistas que têm compreendido certos problemas humanos dos menos protegidos da sorte, descrevendo-os numa linguagem poética ao mesmo tempo concentrada e plena de impacto emotivo. Cantando a sina do pobre pedreiro Pedro, alcançou um de seus primeiros e grandes sucessos. Poucos compositores atuais de morro ou cidade poderiam chegar a tal resultado poético-musical com tanta eficácia como Chico Buarque o fez. Nota-se o uso consciente dos recursos do texto, que não apenas "significa" mas também "soa". Por ter mantido, como autor da letra e da música, o mesmo nível de exigência criativa em ambos, conseguiu uma inter-relação entre eles como raramente se deu em nosso populário. Extrai, por exemplo, efeitos rítmicos das consoantes, fazendo da voz percussão: "Pedro pedreiro, penseiro", "parece carece", "para o bem de quem tem bem de quem não tem vintém" ou ainda, repetindo insistentemente a palavra "esperando", no sentido de cansar o ouvinte e dar, assim, a idéia das limitações e da monotonia da vida de um trabalhador "suburbano":

> *Esperando*
> *esperando*
> *esperando*
> *esperando o sol*
> *esperando o trem*
> *esperando o aumento*
> *para o mês que vem*
> *esperando um filho*
> *pra esperar também*
> *esperando a festa*
> *esperando a sorte*
> *esperando o dia*
> *de esperar ninguém*
> *esperando enfim*

nada mais além
que a esperança aflita
bendita
infinita
do apito do trem.

Além dessa repetição insistente de "esperando", que, com o tempo, passa a soar na cabeça do ouvinte quase que subliminarmente, Chico Buarque se serve da sonoridade de "que-já-vem", cuja reiteração constante nos dá, onomatopaicamente, a idéia do avanço mecânico do trem, que não corresponde ao nível emotivo, a nenhuma abertura otimista, uma vez que o texto sugere uma esperança continuamente frustrada — um "que já vem" que nunca se concretiza, que nunca vem... Aliás, toda a linguagem poética de Chico Buarque está repassada de nostalgia e de um certo pessimismo, compensados pela beleza e pelo lirismo de suas imagens e formas de expressão, de resto muito ao sabor do bom Noel:

Carnaval, desengano
deixei a dor em casa me esperando
e brinquei e gritei e fui
vestido de rei
quarta-feira sempre desce o pano.

Madalena foi pro mar
e eu fiquei a ver navios...

Rita levou seu retrato,
seu trapo
seu prato
que papel!
Uma imagem de São Francisco
e um bom disco de Noel.
Levou os meus planos
meus pobres enganos
os meus vinte anos
o meu coração
e além de tudo
deixou mudo
meu violão.

Tem samba de sobra
ninguém quer sambar
não há mais quem cante
nem há mais lugar
o sol chegou antes
do samba chegar
quem passa nem liga
já vai trabalhar
e você minha amiga
já pode chorar...

E para meu desencanto
o que era doce acabou
tudo tomou seu lugar
depois que a banda passou
e cada qual no seu canto
e em cada canto uma dor
depois que a banda passou
cantando coisas de amor .

Mas, além da poética de Chico, que a tantos tanto empolgou em tão pouco tempo, há também a rica dimensão melódica de suas músicas; seu canto flui descontraidamente, nas composições mais simples como nas mais pretensiosas. O intimismo de sua linguagem sugere igualmente um tratamento musical de câmara, onde a boa articulação do texto, a clareza melódica e o despojamento interpretativo são aspectos essenciais. Isto justifica o fato de Chico, não sendo *show-man*, nem "cantor", nem sabendo bem, às vezes, como se comportar diante da platéia, conseguir agradá-la imensamente. Ele possui, e isto deixa transparecer claramente em suas atitudes e em suas composições, uma sensibilidade rica, profundamente musical e um espírito cristalino e cheio de autenticidade, características responsáveis pela grande simpatia de que goza e que o transformaram num dos mais interessantes fenômenos artísticos de nossa época. Quando *Sonho de Carnaval, Pedro Pedreiro* e *Olé, Olá* já eram conhecidos, alguns músicos, ao identificarem Antonio Carlos Jobim em meio a papos e *chopps* no seu barzinho predileto em Ipanema, assim o saudaram: "Olá, Tom! Que é que há de novo?" Ao que o gênio de uma nota só, em um só tom, respondeu: "Chico Buarque de Hollanda!"

95

O Caso Juca Chaves

Como vimos afirmando, a BN caracterizou-se originariamente como uma forma de música de câmara popular com base no canto-falado, numa manifestação musical contida, não demagógica nem patológica, sem apelar para virtuosismos gratuitos, e discreta quando sentimental. Dissemos também que seu linguajar evita metáforas ou construções poéticas sentimentalescas, optando pela linguagem simples e pelo tom coloquial e direto da narrativa, que lhe permite o uso da mais variada temática, inclusive a *blague*, o humor, assim como a participação político-social. Considerando-se estes dados, poderíamos dizer que falta alguém na BN: a figura do "menestrel maldito" Juca Chaves. Se vários aspectos de sua música colocavam-no, na época, à margem daquele movimento em eclosão, pelo fato de suas composições serem mais conservadoras como forma, baseadas nos tipos da modinha tradicional, ao invés de incluírem a pesquisa melódica, harmônica, rítmica e literária, elementos básicos da mais autêntica BN, outros aspectos de sua personalidade musical faziam-se elemento de vanguarda e revolução na música brasileira. E hoje isto se torna ainda mais facilmente perceptível através da visão de conjunto que o passar do tempo nos oferece.

As "duas faces de Juca Chaves" possuíam características peculiares, que se manifestavam em diferentes direções, vivas e atuantes na época de seu aparecimento. Uma delas, a sentimental e intimista, expressava-se através de uma linguagem simples, de uma ingênua beleza, cujo despojamento muito a relacionava com as tendências da época sugeridas pela BN, razão pela qual, popularmente, ele era confundido com os integrantes daquele movimento renovador.

A outra "face" de Juca Chaves, que lhe permitia contato direto com grandes massas, era a da gozação, da *blague*, da ironia, do humor através da qual falsos valores políticos e sociais eram ridicularizados. Este outro aspecto de sua composição, que é indiscutivelmente, uma forma de "participação" — e a prova de sua eficiência estava nos constantes chamados à polícia por ele recebidos... — era vazado igualmente na lin-

96

guagem clara e direta do canto-falado, nas soluções melódicas mais simples, no tom coloquial da narrativa, o que contribuía sobremaneira para o efeito e impacto ainda maior do conteúdo de sua manifestação musical.

Além do aspecto puramente musical, Juca Chaves foi também responsável, ao nível popular no palco e na TV, pelos primeiros *happenings* — para usar a expressão atual. Tanto a agressividade de suas opiniões como a sua presença física em público, apresentando-se descalço, sentado no chão e cabeludo, foram precursoras dessas atitudes de rebeldia juvenil contra tabus e preconceitos, espécie de necessidade de auto-afirmação de uma geração perante a anterior, que anos depois o fenômeno *beatle* veio representar internacionalmente. Juca Chaves foi, dentro das condições e características brasileiras, uma verdadeira "brasa", *avant la lettre!*

Discografia e Novas Gráficas

Tendo a BN se caracterizado como um movimento musical voltado contra o "estrelismo" e contra o culto do "solista", desenvolveria, por outro lado, o sentido do trabalho de equipe. Se anteriormente, numa gravação, o importante era o "cantor" — sua foto, seu nome e seus gemidos... —, sendo todos os trabalhos restantes entregues à rotina mais impessoal, após o advento da BN, estilo musical originalmente voltado para o detalhe, todos os participantes de uma realização musical gravada passaram a ter suas funções valorizadas e a serem nominalmente citados. Daí surgiu o que se passou a chamar de "Ficha técnica". Dela começaram a constar não apenas os músicos participantes (solistas, orquestrador, regente, atuações especiais em determinadas faixas etc.), mas também os responsáveis técnicos pela feitura do disco: produtor, técnico de gravação, engenheiro de som, fotógrafo, *layoutman* etc. Isso não se prende, porém, a razões de justiça profissional ou coleguismo, e sim ao fato de que, a partir da BN, todos esses aspectos, anteriormente secundários, foram muito mais valorizados. O nível técnico das gravações elevou-se consideravelmente. Não só se passou a captar mais e melhor pequenos detalhes e articulações solísticas e de acompanhamento, como se deu tratamento mais aprimorado ao *tape* e melhor uso ao *play-back*. Se, anteriormente, a ordem era "abaixar" o *play-back* e "soltar" o cantor, para evidenciar suas peripécias rouxinolescas, hoje procura-se um equilíbrio muito maior entre ambos.

Outra das revoluções propostas pela BN foi a apresentação gráfica dos discos. Aquelas tão famosas fotos pousadas e tremendamente retocadas, de pessoas, de flores, ou de pôr de sol, e mil outras ilustrações simbólicas, relacionadas com motivos ou temas de melodias constantes da gravação, foram substituídas pela mais discreta motivação ilustrativa. Não raro apresenta-se um LP apenas com uma forma geométrica ou abstrata. Abandonando-se o excesso de cores, passou-se ao uso comum do branco e preto; às vezes, apenas um perfil ou o negativo de uma foto num fundo branco ou em "alto-contraste" — um dos primeiros e expressivos exemplos dessa linha foi a capa do LP de João Gilberto, "O amor, o sorriso e a flor", idealizada por César Gomes Vilela. Fez-se inúmeras vezes o uso de colagens, assim como o de montagens gráficas e fotográficas.

Não apenas a parte gráfica das gravações sofreu radical modificação. Desenvolvendo-se mais conscientemente o tratamento técnico da realização musical, a vontade de racionalização dos problemas e o espírito de pesquisa, a própria nomenclatura modificou-se em função dessas características. Vejam-se os nomes dos LPs: "Samba nova concepção", "Novas estruturas", "Nova dimensão do samba", "Samba esquema novo", "Evolução", "Movimento 65", "Esquema 64", "Idéias". Mas além desses LPs que receberam nomes técnicos e paracientíficos, existem aqueles que demonstram o espírito consciente de renovação e vanguarda, como: "Avanço", "Revolução", "Impacto", "Vanguarda", "Opinião", "É hora de lutar" etc. Mesmo aqueles que possuem nomenclatura mais lírica, relatando um estado de espírito ou uma situação afetiva, revelam uma terminologia bastante simples e discreta, feita, às vezes, de uma única palavra, uma frase solta. Assim, são os seguintes exemplos: "Inútil paisagem", "O amor, o sorriso e a flor", "Sem carinho, não..." "Oh!...", "Afinal", "Chega de saudade", "Wanda vagamente", "Baden à vontade", "Tudo azul", "O fino..." e assim por diante. A exploração mais consciente das possibilidades e recursos da gravação, suas novas bases de tratamento como coisa em si e não como registro passivo da execução musical, sugeriu a criação de novas firmas especializadas, que, voltadas inteiramente para os principais eventos da BN, conquistaram o mercado com base no comércio da qualidade musical. A primeira delas, e sem dúvida a mais importante, é a gravadora "Elenco". Fundada em 1963, arregimentou em seu *cast* parte dos mais importantes músicos atuais como Tom Jobim, Astrud, Baden Powell, Vinicius de Morais, Quarteto em Cy, Roberto Menescal, Sílvia Telles, Sérgio Ricardo, Edu Lobo, Nara Leão, Norma Benguel, Rosinha de Valença, Dick Farney e outros, além do Caymmi de sempre. Aloysio de Oliveira, músico ativo dos tempos de Carmen Miranda e hoje um dos maiores empresários de música brasileira no exterior, é o idealizador e diretor da Elenco. Além destes, cabe-lhe mais um grande mérito: foi como diretor da Odeon que Aloysio de Oliveira produziu e lançou em 1959 o LP "Chega de saudade", que, pela sua importância histórica, já foi aqui tantas vezes citado e analisado.

Outro acontecimento importante no campo da discografia popular contemporânea foi o surgimento da "Forma". Dirigida por Roberto Quartin e Wadi Gebara, esta etiqueta caracterizou-se pelo alto teor artístico-experimental de suas produções e pelo cuidado dispensado a todos os detalhes técnicos de seus discos. Em São Paulo, surgiu também a "Som Maior", hoje uma das etiquetas da gravadora RGE dirigidas por Júlio Nagib, dedicando igualmente a maior parte de suas produções ao repertório BN e tendo em seu elenco vários dos mais importantes músicos desse gênero, como Alaíde Costa, Geraldo Vandré, César Camargo Mariano e seu conjunto Som 3 e outros. Destaquemos, nos discos da Som Maior, a participação de Hector Sapia, autor das mais arrojadas e inteligentes capas de discografia atual.

Mais um fenômeno curioso vem a calhar em nossas observações com relação à apresentação gráfica dos discos BN: cada uma das três firmas gravadoras acima citadas possuem, como símbolo comercial, uma simples figura geométrica.

Bossa-nova nos Estados Unidos

Como se sabe, a divulgação internacional de música popular liga-se diretamente a grandes máquinas promocionais; a *trusts*, monopólios, empresas de divulgação, gravação, radiodifusão, filmes etc. Em qualquer parte do mundo, por exemplo, ouve-se a pior e a melhor música norte-americana, simplesmente pelo fato de se tratar de um país rico e contar com as melhores condições e recursos promocionais. Se hoje, numa *trattoria* de Palermo, na Sicília, ou na mais fina *botte* de Paris, num clube de intelectuais de Praga ou num *music-box* de Tóquio, ouvem-se dezenas de vezes por dia *Desafinado*, *Samba de uma nota só*, ou *The girl from Ipanema*, não significa que o mundo, de uma hora para outra, por perspicácia ou interesse pelo Brasil tenha-se apercebido da qualidade da nossa música popular. O que houve foi o simples fato de que, tendo a música brasileira penetrado no mercado norte-americano, foi imediatamente exportada para toda parte em meio a *twists, hully gully, jazz* e outras bossas. Basta dizer que as traduções realizadas em outros países das músicas BN são feitas a partir do texto inglês e não do português — inclusive as de língua espanhola ou italiana. É preciso que se diga que é a segunda vez que isso acontece. Quando, durante a última guerra, os E.U.A. estavam, por motivos óbvios, interessados em manter boas relações com o Brasil, Bing Crosby cantava *Brazil*, Ethel Smith executava os chorinhos de Zequinha de Abreu, e Walt Disney desenhava *Você já foi à Bahia?* Esse fato trouxe a essas músicas tamanha popularidade que ainda hoje fazem parte do repertório internacional.

Em todo caso, exportar nossa "bossa" para um país que possui mercado musical auto-suficiente e dos mais ricos, senão o mais rico do mundo e vê-la reexportada, significa uma das melhores credenciais para a nossa música.

100

Mas o mais importante, acentue-se, é o fato de não termos apenas penetrado, como também modificado a música popular daquele país, como veremos em seguida.

A aceitação da música brasileira nos E.U.A. deu--se por etapas. Na fase anterior ao sucesso definitivo, já excursionava por todo o país o Trio Tamba. Tendo viajado para lá em caráter de intercâmbio cultural, o conjunto fez um sucesso tão grande que se multiplicaram os convites para apresentações em lugares de grande importância, as quais foram terminantemente proibidas por entidades sindicais de defesa do artista norte-americano. Laurindo de Almeida, violonista brasileiro de há muito radicado nos E.U.A. e que tem seu nome registrado na história do *jazz* americano, também fazia, com artistas locais, apresentações esporádicas com grande sucesso. Um interesse maior despertou-se definitivamente quando vieram ao Brasil músicos como Herbie Man, Charlie Byrd, Stan Getz, Zoot Sims e outros, levando na algibeira as chaves principais da BN.

Dessas primeiras audições e gravações, de muita repercussão nos E.U.A. e na Europa, surgiu a hipótese da formação de uma embaixada musical brasileira que mostraria *in loco*, para os norte-americanos, o que era BN. Para tratar dessa possibilidade, veio ao Brasil o sr. Sidney Frey, diretor da Audio Fidelity, que logo empresou um concerto de BN no Carnegie Hall de Nova Iorque, realizado no dia 21 de novembro de 1962. A essa apresentação seguiu-se uma segunda, em Greenwich Village, principal ponto de encontro, em Nova Iorque, dos melhores músicos americanos, e uma terceira no Lisner Auditorium, de Washington, com grande público e a presença da esposa do então presidente Kennedy.

Essas três apresentações marcaram mais uma das decisivas etapas da penetração da BN nos E.U.A. Ainda que a primeira delas, a do Carnegie Hall, tenha sido superada em meio a incidentes dos mais variados e não ligados a questões de qualidade musical, a BN continuou sua trajetória de conquista daquele mercado e subseqüentemente do internacional. Mas convém dedicar algumas linhas de esclarecimento àqueles incidentes, pois isso tem dado, aqui no Brasil, aos chamados "pichadores" da BN, oportunidade para depreciá-la. Sendo essa música, em sua manifestação mais pura, um gênero estritamente camerístico, fazer um recital num auditório para 3 000 pessoas já constituía um empreendimento arriscado. Era preciso, portanto, que os produtores tratassem de criar artificialmente condições de concentração e contato entre artistas e público, semelhantes às propiciadas pelos pequenos ambientes. O cuidado deveria ser ainda maior, pois se tratava de uma música praticamente desconhecida naquele país, de público tão exigente em termos de música popular. Sidney Frey, mais preocupado com a gravação do acontecimento, descuidou-se da própria retransmissão local e de outros recursos cênicos, resultando uma certa dificuldade de contato entre os jovens cantores e a platéia. Esse fato, porém, não criou grandes problemas à BN no sentido da sua compreensão. O povo norte-americano, que possui sensibilidade auditiva extremamente desenvolvida — lembre-se que o *jazz* é o gênero de música popular mais refinado do mundo! — soube identificar na BN uma série de elementos positivos, que assimilaria imediatamente. Soube, apesar da desorganização do festival, identificar na pessoa de João Gilberto o intérprete mais rigoroso e representativo — já ficando com ele por lá —, assim como as músicas de maior conteúdo inventivo: *Desafinado* e *Samba de uma nota só,* que se tornaram sucesso imediato, sendo ambas de autoria do principal compositor de BN no Brasil: Antonio Carlos Jobim.

Mas é preciso que se compreendam as razões que levaram os músicos e o povo norte-americano a se interessarem por essa música, uma vez que tal interesse não provém da interferência de nossas "máquinas promocionais", que, tocadas a Cruzeiro, têm poucas possibilidades de influir num mercado cuja linguagem é o *US Dollar.*.. Por outro lado, ela não foi também "encomendada", como no exemplo que citamos há pouco, por táticas oficiais de "boa vizinhança" ou qualquer outro tipo de "aliança", exercendo sua penetração por vias inteiramente privadas.

A verdade é que o *jazz,* em sua evolução, abandonou o sentido de música de dança ou *entertainment,* caminhando cada vez mais no sentido da "música pura", tecnicamente muito evoluída, acabando por penetrar, em várias de suas manifestações, na seara da melhor música erudita norte-americana.

O *cool-jazz*, que pretendia ser a corrente musical da vanguarda, do rigor, do avanço controlado, evoluiu, porém, no sentido de uma improvisação exacerbada, auto-suficiente, às vezes contraída e quase alienada, na qual, não raro, o ouvinte permanecia incapacitado de acompanhar o desenrolar musical. Foi nessas circunstâncias que a presença de João, Astrud e Jobim se fez notar claramente no cenário musical norte-americano. Eles demonstraram, da maneira mais natural e descontraída, o verdadeiro sentido do *cool* musical. Se Astrud não possui recursos vocais, se qualquer garota carioca poderia cantar como ela, isso não importa: o importante é que mostrou à música norte-americana as versões mais simples, espontâneas, menos artificiosas e mais *relaxed* de canções, em torno das quais os grandes músicos do *jazz* construíam verdadeiros cavalos-de-batalha. De todas as versões de *Garota de Ipanema,* que ultrapassam a uma centena, não resta a menor dúvida de que a versão de Astrud, João e Jobim, presente no disco "Getz-Gilberto", é a mais despojada, a mais "enxuta". Outro aspecto interessante dessa gravação é a participação de Stan Getz. Após ouvi-la atentamente, percebe-se que a atuação do maior *sax-tenor* americano é o único toque, digamos, "demagógico": as suas improvisações abandonam, por vezes, aquele tom coloquial da narrativa musical, apelando, em certos impulsos, para o virtuosismo instrumental. Como se vê, ainda que Stan Getz seja o músico norte-americano mais interessado e mais esforçado no sentido de atingir o verdadeiro sentido da autêntica BN, torna-se para ele difícil permanecer naquela atmosfera de "comentário" ou "bate-papo" musical descontraído que são as interpretações de Astrud, João e Jobim nesse disco. Esse seu esforço nota-se ainda mais claramente pelo fato de ele não intervir com seu *sax* enquanto João canta e toca, ou de colocar, muito discretamente em pianíssimo, uma ou outra nota de contraponto ao canto de Astrud. Como se conclui, é difícil permanecer *cool*. Parece que o afã virtuosístico do *jazz* atual lhe tirou essa capacidade. Mas, qual é, na realidade, o primeiro e maior exemplo de música popular brasileira moderna despojada, ou *cool*, se não o disco "Chega de saudade"?

Ou ainda, voltando ao disco "Getz-Gilberto", qual das versões de *Garota de Ipanema* é mais econômica e concentrada (mais *cool*) que o piano de Jobim nessa gravação? Foi por tocar essa sua composição com um único dedo ou, nos acordes mais simples, com uma única mão, que os melhores músicos lhe tiraram o chapéu, chamando-o de "maestro de um dedo só", prendendo-o nos E.U.A. por dois anos e levando-o de volta mais uma vez. Como se vê, o *jazz* sofisticado moderno não é a base da autêntica BN — e é preciso que isto fique bem claro. Quem quiser compreender o seu sentido exato, não deverá consultar nem Getz, nem Gillespies, nem Brubecks, e sim comprar o disco editado pelo Museu da Imagem e do Som do Rio de Janeiro, de nome "Noel canta Noel", onde encontrará na própria música brasileira e da mais autêntica — há quem o negue? — os mais expressivos exemplos básicos. Era aquele canto de Noel, que dizia, quase falando, da maneira mais simples, as coisas mais profundas, que João, Astrud e Jobim foram mostrar à música mais rica do mundo (simplicidade quer dizer despojamento de linguagem e não pobreza técnica ou musical) — fazendo-a parar, ouvir e aprender.

Essa foi, na realidade, a verdadeira revolução proposta pela autêntica BN à música americana. E se hoje a BN *made in USA* ainda é retórica ou demagógica como dissemos, não nos podemos queixar, pois eles a importaram há pouco (o *jazz* feito por brasileiros é bom porque já o importamos há 40 anos, no mínimo...). O importante é que eles já entenderam o seguinte (lembrando mais uma vez Newton Mendonça, "já me utilizei de toda a escala e no final não deu em nada"): a ordem é diminuir as notas e aumentar a tensão!

Bossa-nova na Europa

O problema da divulgação e assimilação da BN na Europa é completamente diferente. Lá ela se tornou realmente conhecida e executada após o seu sucesso nos Estados Unidos. E se lá chegou por vias indiretas, outras razões contribuiriam para que fosse mal executada e compreendida. Ou seja, no cansado continente europeu não existem condições para que ela seja assimilada integralmente, ou se torne popular como no Brasil e nos E.U.A. Da mesma forma que o melhor e mais avançado *jazz* é apresentado na Europa em teatros, como se fosse música clássica, ou em círculos reduzidos e fechados (a música americana realmente popular na Europa são as danças: *twists, rocks* e, por incrível que pareça, ainda o *charleston*!), a BN, uma música camerística e refinada, ficaria à margem dos interesses populares.

Em outros termos, a sensibilidade popular européia é pesada. Lá só triunfam as manifestações musicais que se baseiam no estardalhaço, no grito, nas letras, nas melodias, nas harmonias, nos ritmos mais primitivos. Mesmo no seio da música iê-iê-iê as diferenças são sensíveis: no Brasil, o seu ídolo máximo, Roberto Carlos, permanece parado em frente do microfone, cantando muito discretamente as suas canções; já na Europa, os ídolos da juventude, que têm nos Beatles sua expressão máxima, atiram-se ao chão com guitarras e microfones, emitem os mais incríveis ruídos, deixam crescer os cabelos e promovem outros e semelhantes escândalos para se fazerem perceber pela massa, dando-nos não raro a idéia de que a Jovem Guarda brasileira é que pertence a um país supercivilizado e que aqueles músicos cabeludos, barbados, sujos, mal vestidos, urladores, é que pertencem a um país de bárbaros ou subdesenvolvidos. Mas saindo da faixa dos beatlemaníacos a coisa não muda muito. Se as dezenas de Ritas Pavone e Pepinos de Capri apresentam postura mais discreta, vence sempre aquele que mais grita e mais geme. Na Europa, em geral, tirando as manifestações folclóricas, já congeladas, como o flamenco, o fado, algumas danças e cantos até medievais dos países eslavos, as marchas alemãs (cantadas em testas, inclusive pela juventude), ou as canções de caça e de passeio à floresta, editadas em breviários e invariáveis há séculos, assim como as *chansons françaises* que pouco diferem das renascentistas, pouco há de criativo. O sentido de evolução, pesquisa e detalhe, presentes na BN e no *jazz* americano, não o encontramos em nenhuma música popular européia. Se nas canções francesas, para citar um exemplo, deparamos com alguns textos mais inteligentes, como os de Brassens, Brel, ou os referentes aos problemas da juventude, cantados por Françoise Hardy, não há dúvida que musicalmente não há nada de novo em suas músicas e que, com apenas três acordes de uma única tonalidade (tônica, dominante e subdominante), poderíamos acompanhar todas as canções e os gemidos dessa francesinha simpática e todos os *rock-balladas* de seus conterrâneos.

Nessas condições, a penetração da BN nesse continente teria que sofrer uma série de modificações para ser assimilada. Em primeiro lugar criou-se uma forma de dançá-la. Liquidaram-se, portanto, todas as suas inflexões de detalhes e seu sentido de música de câmara rebuscada. Fizeram-se traduções (a partir do inglês) imbecis e que nada têm a ver com o original, criou-se uma base rítmica ruidosa que mais se aproxima da rumba ou do baião, absolutamente quadrada; além disso, é ela interpretada por cantores que fazem de sua linha melódica, simples e evidente, mil variações no sentido de chamar a atenção para a sua figura e demais afetações próprias do estrelismo vocal. Na França, já pela tendência mais intimista do povo, ela foi melhor ouvida, notando-se também um maior esforço de assimilação. João Gilberto é muito admirado e seus discos são tocados diariamente na Rádio Difusão Francesa, gozando de grande popularidade. Em todo caso, as perspectivas de uma penetração da BN na Europa, com suas características mais importantes, ainda são muito pequenas, pois todo o seu refinamento — seja da composição, seja do texto ou interpretação — exigem um longo período de assimilação, assim como uma perspicácia auditiva que não percebemos em nenhum país europeu, haja vista a natureza de suas músicas. Sim, pois gostar de Beethoven, ou identificar os temas de suas sinfonias, não significa nem perspicácia nem musicalidade popular, visto que tais sinfonias se repetem centenas de vezes por dia em rádios e teatros e isto há mais de 150 anos... E que dizer, então, dos países da América Espanhola, onde os dramas "pel-mexicanos" de seus tangos, guarânias e boleros dominam totalmente o interesse popular pela música?

P.S. — Ao fecharmos este capítulo chega às nossas mãos o catálogo deste ano do famoso Festival de Berlim, o mais importante acontecimento artístico

106

anual da Alemanha. As apresentações do Festival, do qual fazem parte apenas os mais importantes artistas internacionais, são concorridíssimas e a venda de bilhetes — sabemos por experiência própria — esgota-se em questão de horas (grande parte das entradas é vendida com antecedência de um ano, em outras cidades ou países, para aqueles que viajam a Berlim especialmente para assistir ao Festival). Do programa geral constam ciclos de óperas, de concertos sinfônicos, de concertos de câmera, de recitais, de *ballet,* de teatro e um ciclo de quatro dias dedicados ao mais avançado *jazz.* No segundo dia desse ciclo, chamado *Berliner Jazztage,* figura a seguinte apresentação: — 4-11-66, 20,30 horas, *Saal der Philharmonie* (a recentemente inaugurada e mais moderna sala de concertos do país, especialmente construída para a Filarmônica de Berlim): "Stan Getz Quartett und Astrud Gilberto, "Bossa Nova do Brasil" — *Eine authentische Dokumentation".*

Bossas, Jazz etc.

Ainda que muitos afirmem o contrário, a BN foi um movimento que provocou a nacionalização dos interesses musicais no Brasil. Como se sabe, a BN reavivou e reformulou um sem-número de antigas formas musicais brasileiras; trouxe para a prática musical urbana uma série de motivos do nosso folclore; refreou, após o seu sucesso popular, a importação de artistas do exterior, e assim por diante. Mas, a nosso ver, a sua principal contribuição foi o fato de ter substituído — não de todo, é claro — a prática das antigas *jam sessions,* e das preocupações dos jovens instrumentistas pelo *jazz* moderno, pelas reuniões informais privadas e em pequenos teatros, cuja preocupação e tema são: música brasileira moderna. A inexistência de uma música brasileira "progressiva" levava os jovens músicos, sedentos de novas experiências, à prática do *jazz,* uma vez que esta era a única música popular que dava ao músico a mais plena liberdade de invenção, de improvisação, de busca de sonoridade, harmonia e ritmos raros. Não há dúvida também que os jazzistas de antes é que se transformaram em alguns dos principais "bossa-novistas". Isso, porém, não se deu acidentalmente e sim pelo fato de ambas as músicas possuírem inúmeros pontos em comum, uma vez que as origens das músicas brasileiras e americanas se encontram no mesmo lugar: na África. Assim, a influência mútua entre ambas as músicas é tão admissível como é inconcebível a influência do *jazz* ou da BN sobre outras manifestações musicais latino-americanas, como o tango, o bolero, ou a guarânia paraguaia — excetuando-se naturalmente o mambo, que influenciou e recebeu influência do *jazz*, e que é também de origem africana — ou sobre manifestações musicais européias, como a canção francesa, o operismo quase histérico dos Pepinos de Capri e de toda a Itália, ou sobre a melancolia estática das manifestações musicais populares dos países escandinavos. Além do mais, como já dissemos, se a música folclórica se caracteriza por permanecer estática e não ser influenciável, a música urbana de qualidade afirma-se por seu aspecto evolutivo, compreendendo a assimilação de elementos exteriores.

Incorporar, portanto, experiências positivas de outras músicas à nossa prática composicional, não representa, em si, nada de negativo. Saber digeri-las aqui e aplicá-las criativamente — lembre-se da "antropofagia" sugerida por Oswald de Andrade! — isto sim é que constitui o principal problema da invenção artística. Acreditamos que, nos dias atuais, a nacionalidade de uma nova realidade espiritual é um aspecto que vem *a posteriori* e não *a priori* em relação à sua manifestação e afirmação.

Quarteto Os Cariocas

Se anteriormente falamos em música popular brasileira "progressiva" e em "precursores" da BN, caberia também neste "balanço" uma nota especial pela sua atuação já de mais de 20 anos, dedicada ao conjunto vocal Os Cariocas. Esse quarteto, que se formou como muitos outros conjuntos vocais masculinos há anos atrás — Anjos do Inferno, Bando da Lua, por exemplo — permanece até hoje, com as características básicas que lhe imprimiu o seu fundador, o saudoso Ismael Neto, compositor de tantos sucessos, como *Mar-*

108

ca na parede, Canção da Volta e *Valsa de uma cidade.* Preocupado, inicialmente, em estender para vozes as harmonias e os efeitos que se obtinham instrumentalmente, o conjunto, já no início de suas atividades, chamava a atenção de Villa-Lobos, que recomendava a seus alunos e colegas para observarem o que vinham fazendo aqueles "quatro rapazes" da Rádio Nacional do Rio. Ouvindo recentemente algumas das últimas realizações do conjunto, tivemos a oportunidade de constatar que os "quatro rapazes" chegaram a realizar experiências vocais arrojadíssimas, como o próprio Villa, o maior compositor brasileiro e que só compunha música para "eruditos", jamais se atreveu a escrever para quatro vozes. Ouça-se, por exemplo, o arranjo de *Insensatez* do LP "Mais Bossa com Os Cariocas" (Philips P. 632.177 L), ou *Tema para Quatro* do LP "A Grande Bossa dos Cariocas" (Philips P. 632.710 L), ou ainda, na década de 50, o arranjo de Ismael Neto para sua composição *Dá-me um último beijo* do LP da Columbia (LP CB 37.012) "Os Cariocas a Ismael Neto".

Se nem todos os arranjos possuem a concentração e sentido experimental dos exemplos citados, o conjunto sempre revela um elevado nível de realização musical, que já pertencia à sua rotina de trabalho. Integrado por Severino Filho — orientador musical, e irmão de Ismael Neto — Badeco, Quartera e Luís Roberto, entoa as mais intrincadas harmonias, realiza as mais sutis articulações de fraseados e ritmo, com tal liberdade e homogeneidade que se julgaria tratar-se de um só cantor ou de um só instrumento. Mesmo nos mais rebuscados efeitos, o conjunto permanece uniforme, atacando, terminando e respirando claramente o texto, qualidades raras inclusive nos domínios da música clássica.

Mas o importante é que, no Brasil, um conjunto com tais características e qualidades tem origem e atuação no terreno popular. Todos os seus integrantes são de formação improvisada e autodidata, dirigindo-se a um público de não "iniciados", que lhes consumiria os discos, fenômeno que seria impossível de se dar na Europa, por exemplo. Um conjunto como Les Swingle Singers, o mais importante grupo vocal europeu, é constituído por músicos de formação erudita: alguns deles, cantores da Ópera de Paris, interpretam música de Bach — contraponto e harmonia já assimilados há 250 anos — e dão uma empostação jazzística não de vanguarda, mas nos moldes de 20 e 30 anos atrás, extraída de um literatura interminável deixada pelos cantores negros americanos — Fitzgeralds, Jacksons etc. Por essa razão é que, fazendo certa vez na Alemanha uma palestra sobre música popular brasileira, ao tocarmos a versão dos Cariocas de *Insensatez,* acima citada, enfrentamos a incredulidade dos assistentes, pois, para os habitantes do "berço da cultura ocidental", era incompreensível que uma realização musical tão arrojada fosse fruto da manifestação popular de um país por eles denominado de "subdesenvolvido".

Hoje possui a música popular brasileira outros conjuntos similares, com o MPB-4, O Quarteto, 004, o Quarteto em Cy. Este último, formado por quatro jovens baianas, numa gravação recente da Forma, com arranjos vocais de Luís Eça, atingiu padrões de realização vocal dos mais inusitados. Aos Cariocas, porém, deixamos aqui esta constatação-homenagem, pois, há 20 anos, antes mesmo do advento da BN e de uma música brasileira "progressiva", eles já se lançavam no campo de uma música popular de caráter altamente experimental.

Piano-baixo-bateria: Zimbo-Trio-Tamba

As primeiras e conseqüentes tentativas no sentido de substituir a prática do *jazz* moderno por um samba moderno já datam de uns 10 anos atrás, época em que a BN se encontrava em suas últimas fases de cristalização e próxima ao salto qualitativo que a tornou definitivamente popular em 1959: o sucesso do LP "Chega de Saudade". Reuniam-se em pequenos grupos e apresentavam-se para auditórios de iniciados, elementos como Ronaldo Bôscoli, Roberto Menescal, Carlos Lyra, Iko, Leo e Oscar (os irmãos Castro Neves), Bebeto, Chico Feitosa, Caetano Zamma, Sílvia Telles, Sérgio Ricardo, um misto de compositores-instrumentistas-cantores na borda dos 20 anos, que se tornariam, mais tarde, os principais elementos do movimento. A esse grupo, lastro ativo da BN, pertencia também um

110

musicista digno de nota e consideração especial: o pianista Luís Eça. A ele se deve a formação do Trio Tamba, o primeiro conjunto estável de música instrumental BN e que exerceria substancial influência nos padrões de execução musical fora do canto e violão. Através dos arranjos de Luisinho, como é conhecido nos meios musicais, o Trio Tamba trouxe à nossa música popular o sentido da pesquisa e da elaboração preciosística, acostumando o público a perceber detalhes de construção musical mais rebuscados. A partir daí abandonou-se a idéia do conjunto instrumental que toca música "de fundo", de dança, originando-se a prática, na música popular, da audição musical em forma de recital. Através do uso de microfones pendurados no pescoço, eles tornaram mais audíveis as realizações vocais, podendo entrar em contato mais facilmente com platéias maiores, assim como através de seus discos, que se tornaram populares, lançaram em circulação uma variedade dos mais refinados efeitos de execução musical, contribuindo sensivelmente para o desenvolvimento da perspicácia auditiva do grande público.

A qualidade musical dos arranjos, porém, não se deve apenas à sua inteligência e imaginação ilimitada. Mais do que um talento extraordinário, digamos, possui Luís Eça uma experiência e uma militância absolutamente exemplares para a música brasileira. Não foi apenas tocando samba ou *jazz* no piano que ele chegou a esses resultados. Seu interesse musical estende-se por todas as formas e fases da música. Como tenor de um quarteto vocal que só se dedicava às mais puras harmonias renascentistas, apresentou-se nos Festivais Internacionais de Teresópolis; preocupado com as sutilezas da interpretação mozartiana, foi a Viena e a Salzburgo entrar em contato com a fonte dessa música; por ser virtuose e dominar completamente a técnica pianística, se identificaria mais com a música de Chopin e Debussy, os compositores que melhor escreveram para o seu instrumento. Por essa razão, seus arranjos vão desde o samba de morro até os efeitos colorísticos da mais pura harmonia impressionista.

Mas o sucesso do trio deve-se também às qualidades musicais de seus outros integrantes: o contrabaixista Bebeto e o baterista Helcio, agora substituído por Ohana. Bebeto, um dos mais curiosos exemplos de mu-

111

sicalidade espontânea que já conhecemos, percebe, cria e realiza as melhores coisas sem conhecer uma nota de música — talvez seja esta a sua força. Toca contrabaixo, flauta, saxofone, clarineta, violão — temos a impressão de que, se tiver em mãos um aspirador de pó, conseguirá fazer música com ele... — canta, tudo descontraída e espontaneamente, com o mais profundo sentido musical. Seus solos de flauta ao *sax*, nas gravações, não revelam qualquer preocupação com perfeccionismos instrumentais ou com uma sonoridade "clássica"; manipula seu instrumento e articula suas frases com se estivesse realmente falando. Ohana, baterista que pertenceu por muito tempo a conjuntos instrumentais de dança, tem agora seu lugar adequado na percussão do trio. Possui larga experiência, tendo viajado muito pelo exterior, mantendo-se sempre atento a tudo que apresentava interesse no seu setor. No conjunto, demonstra uma qualidade rara, importante na música de câmara, que é a de ouvir os outros elementos do grupo, integrando-se a eles sempre equilibradamente. Quando realiza seus solos, sem se alterar em nada ou lançar mão de efeitos extramusicais ou sensacionalistas, revela uma gama interminável de recursos, que vão dos mais impetuosos virtuosismos aos mais delicados e refinados detalhes, sem nunca repetir dois compassos ou figuras rítmicas.

Trabalhando nessas condições, o Trio Tambá, que no momento excursiona pelo Exterior, já se encontra em outro ciclo de sua atividade conjunta. Abandonando aquela fase de fazer arranjos de três minutos para as doze faixas de um disco, caminha agora no sentido de uma elaboração musical ainda mais ambiciosa. Num *show* que realizou na *boite* "Zum Zum" do Rio, deu algumas das mais expressivas mostras de sua pesquisa atual, usando, em verdadeiras variações em torno de músicas conhecidas, que ultrapassavam 15 minutos de duração, os mais diversos recursos musicais, sobretudo os da própria música erudita. Parte importante do acontecimento foi a participação do Quinteto Villa-Lobos, grupo jovem, constituído dos melhores e mais sérios instrumentistas clássicos do Rio, daí resultando pistas das mais proveitosas no sentido de um maior e mais consciente intercâmbio de elementos clássicos e populares, bem como a evolução e incursão de nossa música por caminhos do experimentalismo musical, contribuindo para afastá-la cada vez mais do amadorismo inconseqüente.

Seria, porém, uma falha e uma injustiça se, falando em música instrumental na base piano-baixo-bateria, não citássemos um conjunto paulista que veio qualitativamente se colocar ao lado do conjunto de Luisinho Eça: o Zimbo Trio. Ambos, além de cultivarem mútua admiração, completam-se musicalmente, poderíamos dizer. Se o trio formado na praia do Leblon apresenta uma tendência sempre mais lírica e impressionista em suas versões musicais, o conjunto paulista orienta-se mais no sentido do clássico. Hamilton Godoy, pianista de formação erudita, portador de inúmeros prêmios, emprega em seus arranjos uma técnica de execução impecável. Nas passagens mais virtuosísticas percebe-se, pela clareza das articulações, o nível de sua capacidade instrumental, que é aplicada a um arranjo próprio de música popular, como poderia satisfazer as exigências de um estudo de Chopin. Luís Chaves, o contrabaixista do trio, é o maior instrumentista brasileiro nessa especialidade. Dominando o baixo completamente, demonstra em vários arranjos uma série de novos recursos e efeitos até então ignorados nos domínios desse instrumento. Além de tocar piano e fazer arranjos orquestrais, Luís Chaves possui uma ampla cultura musical que, associada à de seu colega Hamilton Godoy e à técnica do baterista-virtuose Rubem Barsoti, fez do Zimbo Trio um dos maiores conjuntos brasileiros, de nível internacional.

Walter Silva no Teatro Paramount

Nascida na intimidade dos pequenos apartamentos de Copacabana, como se costuma afirmar (pejorativamente ou não), a BN foi-se expandindo em suas relações com maiores públicos; inicialmente através de gravações, rádio e TV, e, em seguida, em contato direto com auditórios. Antes mesmo de sua afirmação definitiva no cenário musical brasileiro, realizou-se um sem-número de apresentações em pequenos auditórios, a maioria delas organizadas por estudantes (Teatro de Arena da Faculdade Nacional de Arquitetura, auditório da

Escola Naval, auditório do Jornal *O Globo,* no Rio; e na Faculdade de Arquitetura e Urbanismo, Teatro de Arena, Universidade Mackenzie, em São Paulo, para citar alguns exemplos). Essas reuniões possuíam, porém, um caráter mais limitado, mais camerístico, mais íntimo. As primeiras e verdadeiramente conseqüentes experiências que se fizeram no sentido de entregar a BN a grandes platéias e no da criação de um público interessado em acompanhar de perto e mais ativamente sua evolução, foram organizadas em São Paulo pelo popular *disc-jockey* Walter Silva. Igualmente assessorado por estudantes universitários, produziu no Teatro Paramount de São Paulo *shows* que ficaram famosos — registrados em discos, inclusive — e que levavam os curiosos nomes de "Primeira denti-samba", "O remédio é samba", "Mens sana in corporis samba", de acordo com a faculdade patrocinadora, e "O fino da bossa", título que seria aproveitado pela TV-Record de São Paulo para o seu programa de música popular brasileira moderna, transformado no porta-voz nacional da BN. Homem de grande militância, no rádio e na TV, Walter Silva foi um dos primeiros produtores de programas que contavam com grandes índices de audiência — "Pick-up do Pica-pau" — a se identificar com a BN e a propagá-la efusivamente, inclusive em épocas em que as mais confusas considerações se faziam em torno dela. Os *shows* por ele organizados no Teatro Paramount foram verdadeiros acontecimentos em que se presenciava, como talvez em nenhuma outra audição popular, total identidade espiritual-musical entre artistas e público. Aí se tornou possível a relação mais íntima è direta entre 3 000 pessoas e uma única cantora, de voz pequena e frágil, realidade que anteriormente só parecia possível entre quatro paredes de pequenos ambientes. Através dessas realizações conseguiu-se que uma grande massa juvenil, que se acotovelava nas dependências da velha casa de espetáculo, permanecesse imóvel e concentrada como num templo, a ouvir Alaíde Costa cantar uma melodia simples, pura como um canto gregoriano, sem acompanhamento e em tom quase ingênuo: "hoje a noite não tem luar, eu não sei, onde te encontrar..." O sucesso desses *shows,* que se repetiram inúmeras vezes e por onde passaram todos os principais elementos da BN, provocou verdadeiras metamorfoses na música brasileira atual. Em primeiro lugar, abriu um contato amplo e direto entre a BN e o grande público, sem que aquela declinasse de suas características principais: uma música de elaboração e detalhe. Representou um convite ao diálogo entre os artistas e o público, pois este deixou de assistir a semelhantes espetáculos passivamente, reagindo, aplaudindo, cantando, acompanhando, enfim, participando ativamente da realização musical. Da vitalidade desse diálogo, desse contato íntimo artista-público, surgiu também o interesse de registrar tais acontecimentos em discos, os quais se tornaram *best-sellers* por longo tempo, como "O Fino da Bossa", "Bossa no Paramount", "2 na Bossa" (este, o mais vendido disco da história do LP no Brasil!) e outros, lançando, ao mesmo tempo, a prática das gravações ao vivo, com palmas, assobios etc. O sucesso das apresentações, que ressuscitou, praticamente, o velho teatro, voltou as atenções gerais para a música popular brasileira. A partir daí, outros teatros e estações de rádio e TV passaram a organizar espetáculos semelhantes, fato que refreou a importação de artistas estrangeiros, pois dava prejuízo. Essa solicitação de música nacional injetou alta dose de autoconfiança no artista brasileiro, provocando, inclusive, o ressurgimento e o novo sucesso de artistas da velha geração, que foram trazidos novamente à baila. Mas a principal conseqüência de tais espetáculos foi o seu encampamento por parte da TV-Record, que colocou assim seus principais elementos em função de um programa próprio, regular, de auditório e televisionado, assessorado por grande patrocinador, gravado em *video tape*, com distribuição nacional, dando pela linguagem da TV, o mais poderoso meio de comunicação de massa atual, o último toque de popularização a esse estilo musical, que, oriundo da intimidade dos pequenos apartamentos, depois de um longo percurso, pleno de experiências, voltaria à intimidade doméstica através de sua industrialização pela TV. Como dissemos anteriormente, o sucesso das grandes apresentações de BN para grandes auditórios e TV concentraria um interesse popular ainda maior na música brasileira, que se estendeu para fora da faixa da BN, atingindo manifestações musicais que já pertenciam à história. Dessa maneira, com a volta da atenção popular para os nossos "clássicos",

115

a própria TV-Record se encarregaria de produzir mais um programa de música brasileira dedicado a eles, que levaria o nome de "Bossaudade" e seria apresentado pela "divina" Elisete Cardoso. Dois fatos se fazem também dignos de nota: foi no "Primeiro denti-samba", de 23-11-64, que Elis Regina conquistou seu primeiro grande sucesso perante o público de São Paulo e foi também Walter Silva quem chamou pela primeira vez a atenção popular, com insistência e entusiasmo, para a obra de um jovem compositor, inteiramente desconhecido na época, que ele apresentava em todos os seus shows como uma das maiores promessas da música popular brasileira: Francisco Buarque de Hollanda.

Um "Jet" caiu no samba

"Anteriormente, quando um cantor se apresentava num palco de TV, era necessário distrair a atenção visual do telespectador com mil outros recursos, não raro com *ballet* ou filmes. Atualmente, o cantor brasileiro evoluiu nesse sentido a tal ponto, movimentando-se, gingando, variando as expressões faciais, obtendo, enfim, uma presença interessante no palco, que nos permite deixar uma câmara fixa sobre ele, sem que isso se torne monótono", comentava certa vez Maurício Scherman, um dos mais conceituados produtores de *shows* e espetáculos da TV brasileira.

Com a predominância em nossa época dos meios de comunicação de massa, da imagem em movimento — TV, filme —, a música deixou de ser uma realidade apenas auditiva para ser também visual. Assim, na TV e no cinema, como nos *shows* de teatro e *boîte*, a movimentação cênica do cantor passou a ser mais cuidadosa e conscientemente tratada ou artificialmente forjada, pois ela faz parte do espetáculo vídeo-musical. Se o carnaval, um dos espetáculos mais ricos — e realmente populares — do mundo era, digamos, completo, pois ritmo, canto e coreografia nele se confundem inseparavelmente; se Hollywood e a Broadway nos dão, há anos, um interminável número de exemplos no sentido da mais variada coordenação musical-coreográfica, só mais recentemente é que a música popular brasileira urbana vem explorando mais nitidamente esse aspecto.

E foi dentro do desenvolvimento da linha da BN que ele veio evidenciar-se. Quando a BN, música originalmente camerística, ganhava mais uma dimensão, a do espetáculo, seus artistas aprendiam, ao mesmo tempo, a ter uma postura adequada perante o grande público e perante as câmaras, ao invés de, mumificados, se esconderem atrás do microfone. Mas a abertura da música BN para o espetáculo, que se deu de maneira definitiva através das realizações do Teatro Paramount, depois incorporadas e ainda mais ampliadas pelo vitorioso programa de TV "O Fino da Bossa", coincidiu com um fato *sui generis*, que, pela importância, se torna digno de nota: a chegada ao Brasil de um dos integrantes do grupo dos Jets de *West Side Story*, que, identificando-se de chofre com nosso país, nossa gente, nossa música, caiu de corpo e canto no samba, provocando verdadeira revolução no campo da música popular brasileira urbana de espetáculo. Referimo-nos ao coreógrafo, bailarino e cantor Lennie Dale. De sua longa e rica experiência de palco em diversos estilos e modalidades coreográficas, aplicada ao temperamento de nossa música, resultou uma nova e curiosa plástica, um misto de canto e movimento, que em muito pouco tempo influenciou consideravelmente toda uma geração de cantores e intérpretes. Entre eles inclui-se e destaca-se a figura *mignon* de uma cantora gaúcha, "Pimentinha" na intimidade e Elis Regina para o público e para os novos destinos da música popular brasileira.

BN Espetáculo

Na época em que as reuniões de BN no Teatro Paramount faziam sucesso, multiplicando-se e tornando mais populares os responsáveis por essa música, surgiu na TV-Excelsior de São Paulo o primeiro Festival Nacional da Música Popular Brasileira que revelaria ao público, ou melhor, consolidaria definitivamente, o prestígio da cantora Elis Regina. Sua ascensão rápida e sucesso fora do comum levaram os produtores da TV-Record a confiar-lhe a apresentação do novo programa dedicado à música nova brasileira, "O Fino da Bossa", que, estruturado na base dos *shows* do Paramount produzidos por Walter Silva, transformou-se em QG das últimas atividades da BN. A Elis se deve grande parte do sucesso, não apenas do programa, mas também do interesse popular por essa música. Ela se projetou não só como uma cantora de boas qualidades vocais e grande imaginação, mas também dinamizou a música popular de palco, de *show* e TV, através de sua viva personalidade, que se manifesta artisticamente, não apenas pelo canto, como por uma coreografia temperamental e contagiante que lhe dá grande poder de contato com as massas. A dinâmica de sua interpretação, que influenciou um grande número de cantores, sugeriu também novas possibilidades na composição BN. Após o enorme sucesso de Elis e de *Arrastão*, música de Edu Lobo por ela levada à vitória no Festival da Excelsior, surgiu uma quantidade de composições semelhantes, que permitiam tanto versões camerísticas mais no sentido original da BN, quanto interpretações mais aparatosas e extrovertidas, adequadas para as manifestações musicais de cena e para grandes públicos. A música *Canto de Ossanha*, de Baden e Vinicius, para exemplificar, é interpretada pelo Trio Tamba de maneira intimista, digamos, elaborada e construtiva; Elis a interpreta em "O Fino...", mais dramaticamente, entrando na segunda parte da música de corpo e alma, na mais rasgada batucada e no terreno do autêntico "sambão". Nessa nova fase afirmaram-se três novos compositores, cujas obras vieram satisfazer as exigências desse período de expansão, em que a música nova se abriu para grandes contatos populares: Baden Powell, Francis Hime e Edu Lobo. O sucesso de "O Fino da Bossa" trouxe ao palco da Record toda uma plêiade dos mais importantes músicos brasileiros, permitindo muitas novas experiências, cruzando mil interpretações, assim como estabeleceu um elo histórico com a música tradicional, pois lá desfilaram vários elementos da bossa clássica, que, por serem recebidos com entusiasmo nessa reaparição pública, sugeriram a idéia de um novo programa: o "Bossaudade". Assessorada pela alta qualidade musical do Zimbo Trio e acompanhada pelo *charme*, pela simpatia e pela espontaneidade crioula de Jair Rodrigues, Elis conquistou a audiência da TV em seu horário, mantendo lotado o auditório do antigo Cine Rio da Rua da Consolação, de São Paulo.

Rebalançando

Considerando, porém, mais criticamente os acontecimentos que vêm norteando as mais recentes manifestações tidas como BN, iríamos notar uma série de metamorfoses, relacionando-se às características, propósitos e conquistas da fase inicial e seu estado atual. Para tal, seria suficiente tomar como termômetro o próprio programa "O Fino..." Partindo dele, podemos constatar que as últimas tendências se abrem cada vez mais na direção de dois diferentes campos que já em nada se relacionam com o sentido original da BN, que havia revolucionado a música brasileira e a havia feito música de vanguarda no Exterior. A primeira dessas tendências é a que, deixando-se seduzir pelo sucesso empolgante e nacional do programa, foi apelando, nesse desejo de conquistar cada vez mais as massas, para espetáculos quase carnavalescos. Elis e Jair, após o sucesso dos seus *pot-pourri*, voltam-se cada vez mais para o samba rasgado, para a batucada, para as orquestrações com instrumentos de metal gritantes, relançando sucessos que pertenciam anteriormente ao público de Jorge Goulart, como *Eu Sou o Samba*, e outros grandes sucessos carnavalescos, como *Tristeza, Não me Diga Adeus, Carnaval, Guarda a sandália dela* e outros.

Por outro lado, cantores como Wilson Simonal, Leny Andrade, Peri Ribeiro, Wilson Miranda, enveredaram mais para o campo de um virtuosismo vocal exacerbado, imitativo da improvisação instrumental do *jazz* e dos *be-bops* americanos, artificioso, ultra-sofisticado, pleno de afetações e maneirismos que fazem das músicas mais simples verdadeiros labirintos melódicos. Simonal, sem dúvida alguma o mais bem dotado e seguro dessa tendência, poderia interpretar da mesma maneira *Mangangá da Barriga Amarela* ou *Cigarrinho Aceso em sua Mão*, pois tanto a música como o sentido do texto são para ele secundários. As peripécias rouxinolescas, os jogos de cena teatrais, o *charme* pessoal, o estrelismo, as pretensões a *showman*, enfim, passaram a ser os aspectos preponderantes dessa tendência.

A própria Elis Regina, recebida tão simpaticamente pelo grande público, que prestigiou suas atuações com enorme entusiasmo, foi, com o tempo, perdendo aquela naturalidade e espontaneidade que lhe eram características, transformando aquéle seu gingado tão musical e gracioso numa gesticulação quase declamatória e, às vezes, até melodramática. Em certas interpretações mais românticas, como *Aprender a ser só* ou *Zumbi*, ela parece nos dar a idéia de estar entrando em transe. Em sua gravação "2 na Bossa", vol. 2, quando interpreta *Canto de Ossanha*, ao pronunciar "vai, vai, vai, não vou", o faz em meio a gemidos e soluços, concluindo a música com um grito quase desesperado de "vai", como se fosse seu último arranque de vida. Seu programa "O Fino..." adotou um certo ecletismo, deixando de servir à idéia de uma música de vanguarda e progressiva, para se transformar gradualmente num apanhado de *hits* da música popular brasileira. Foi nessa altura que um fenômeno de TV, palco e espetáculo, provocou verdadeiro alvoroço nos redutos musicais de "O Fino...": a intervenção do iê-iê-iê. Enquanto a turma de "O Fino..." entrava em pânico, motivado pela queda de prestígio, os meninos da "Jovem Guarda" apresentavam-se cada vez mais à vontade, sem lançar mão de nenhuma peripécia vocal; contavam suas historinhas da maneira mais simples e, se formos realmente coerentes, chegaremos facilmente à conclusão de que as interpretações de Roberto Carlos são muito mais despojadas, mais "enxutas" e, por incrível que pareça, aproximam-se mais das interpretações de João Gilberto do que os gorjeios dos que se pretendem sucessores do "bossanovismo". Aliás, aqueles que se recusam a reconhecer esse fenômeno ou que tapam os ouvidos para a música iê-iê-iê por considerá-la uma heresia subversiva de lesa-samba, devem ter provavelmente mudado de idéia ao ouvirem Roberto Carlos cantar *Amélia* ou *Flor Maior* no Festival da Record; o chamado ídolo máximo do iê-iê-iê, pela sua discrição e força expressiva, através de um canto quase falado, sem apelar para sentimentalismos ou qualquer outro subterfúgio "estrelista", deu um verdadeiro *show* de interpretação em termos de música brasileira.

Na realidade, aquela música BN que caracterizamos de "música camerística", "progressiva" "de pesquisa", "de elaboração", "música de detalhe, econômica, refinada, vanguardista, literariamente de alto nível, de *blague*, humor, sentimental, mas discreta, de linguagem simples e de rua", aquela música *relaxed* e desinibida, aquela linguagem, às vezes, ingênua que dizia "ah! se ela soubesse que quando ela passa...", que tanto lembrava o linguajar de Noel, parece que deixou de atuar, pois o frenesi do sucesso trouxe a demagogia, o estardalhaço patológico: se não se tomar cuidado, estaremos reeditando todas as versões do be--bopismo americanos — que nem sequer é o mais avançado *jazz* —, caminharemos no sentido de uma sofisticação da música carnavalesca, que, em sua forma mais simples, aplicada ao espetáculo de rua, torna-se um fenômeno artístico-social dos mais raros e ricos do mundo — e estaremos outra vez às margens do bolero e às voltas com os gemidos típicos da música centro-americana.

Em todo caso, não chamaríamos de "negativas" as experiências feitas pelos "simonais" e "rouxinóis" do meu Brasil e de todos os sambistas sofisticados, pois achamos importante a variedade, a versatilidade e a coexistência de diferentes tendências numa mesma música. Um fato parece-nos, porém, muito claro: foi expressando-se de forma mais simples, e numa fase de autoconscientização técnica e musical, reduzindo ao âmago e ao essencial um vasto mundo de experiências — rítmicas, melódicas, harmônicas, timbrísticas e interpretativas — que a música brasileira se tornou vanguarda aqui e no exterior. Foi tocando piano com um dedo só que Jobim conquistou o novo e o velho mundo. Foi interpretando *Garota de Ipanema* como qualquer menina de Copacabana, sem segredos nem artifícios, que uma cantora improvisada como Astrud triunfou num país superexigente em matéria de música como os E.U.A. e marcou sua presença internacionalmente. E foi com o seu canto *cool*, com o seu violão bem articulado, com suas harmonias precisas e sua "batida" clara e inconfundível, tudo feito da maneira mais despojada e sutil, que João Gilberto, depois de revolucionar a música brasileira, pôs em xeque vários aspectos da música popular norte-americana, chegando a criticá-la criativamente através de suas interpretações — e quem o afirma é a própria revista *Down Beat*, o mais credenciado e especializado periódico do

121

jazz americano: "há 40 anos ninguém influenciara a música americana como hoje o faz João Gilberto".

E foi Caetano Veloso, um baiano de pouco mais de 20 anos, quem definiu, com clareza de mestre, em entrevista publicada no n.º 7 da *Revista Civilização Brasileira*, alguns dos principais problemas de criação no contexto da música popular urbana atual [1]. Caetano, um exemplo típico de musicalidade intuitiva, pessoa simples, modesta, muito jovem ainda, se fosse profundamente versado em "teoria da informação", teria usado exatamente as mesmas palavras: "A informação da modernidade musical utilizada na recriação"; "só a 'linha evolutiva' pode nos dar a organicidade para selecionar e ter um juízo de criação". Caetano viu bem! É essa chamada à conscientização dos recursos técnicos e artísticos atuais que vai conferir à música popular brasileira moderna o seu verdadeiro lastro criativo. Se um habitante de morro, em sua necessidade de expansão temperamental através da música, por falta de condições materiais, é levado a fazer uso de uma frigideira, chegando com isso aos melhores resultados artísticos, o músico urbano, que tem possibilidades materiais e meios para fazer uso de instrumental e técnica musical modernos, assim como as vias de informação — discos, partituras, livros — tem por obrigação cultivar uma modalidade de música com base nesses recursos. Essa conscientização e esse espírito de "evolução" intencional é que dá ao músico urbano a "organicidade de seleção". Só ele o fará identificar a oportunidade do emprego, em dado momento, de um sutil efeito eletrônico de gravação, assim como o conteúdo humano que possa ter um simples canto ou frase dita por um analfabeto de morro, que se tornam a matéria-prima de sua criação artística. Essa foi a realidade proposta pela mais autêntica BN. Se, no decorrer desta análise, citamos tantas vezes João Gilberto, assim como Caetano o fez, não significa que todos os músicos devam compor ou cantar música como ele. O que existe de positivo e exemplar na obra de João é a sua atitude perante os problemas da criação artística. Foi utilizando-se do rico elemento telúrico, da tradição musical brasileira e conferindo-lhes

(1) Cf. "Boa Palavra Sobre a Música Popular", pág. 47 deste livro.

122

um tratamento novo dentro do mais evoluído nível técnico, com base numa pesquisa por ele desenvolvida de rigor quase científico, que a música brasileira, por seu intermédio e da BN, deu o decisivo "salto qualitativo" que a transformou em verdadeira "arte de exportação". Foi nesse exato momento também que ela impôs suas características e se distinguiu de todas as outras manifestações musicais latino-americanas. Enquanto o bolero, o chá-chá-chá e a música havaiana nos E.U.A. e na Europa Central e do Norte não ultrapassam o interesse do exótico, atingindo a uma camada de músicos que tocam em festinhas escolares ou em *boites* à meia-luz, espécie de ópio ou masturbação espiritual para sugerir paraísos perdidos nos mares do Sul, a BN entrou no mercado internacional via Carnegie Hall de Nova Iorque e Saal der Philharmonie de Berlim; por outro lado, a faixa de músicos que dela se ocupou foi a dos mais importantes, tecnicamente mais evoluídos e artisticamente mais conscientes e conseqüentes da música americana de vanguarda — entre eles Bruebeck, Monk, Bernstein, Getz, Gillespie, Modern Jazz Quartet, Gil Evans e outros (diga-se de passagem, Gil Evans, sem sombra de dúvida, uma das mais importantes figuras do *jazz* americano dos últimos anos, principal revolucionário nos dias atuais da arte do arranjo e da orquestração, prepara um LP em parceria com João Gilberto).

Definindo toda uma estética de rigor, clareza e condensação máxima de elementos, João Gilberto propunha, numa de suas poucas composições conhecidas, a trilha exata da autêntica BN: como que a chamar a atenção para o fato de que, no momento, criativamente, o mais importante em música é tocar menos e fazer-se ouvir mais, o "baiano bossa-nova" lançava a sua equação "rara e clara" que parece sempre válida e merece ser meditada por quantos se dedicam conscientemente à criação de uma música em progresso. Nada melhor do que terminar com ela; sem mais, estas considerações: "Bim bom. É só isso meu baião. E não tem mais nada não".

(1966)

FESTIVAL DE VIOLA E VIOLÊNCIA

AUGUSTO DE CAMPOS

Terminou o 3.º Festival de Música Popular Brasileira, de São Paulo. Há muitas lições a tirar desta que pode ser considerada a quarta experiência séria e organizada em matéria de certames do gênero. As anteriores foram os festivais promovidos pela TV-Excelsior de São Paulo (o primeiro classificou *Arrastão* de Edu e Vinicius e revelou Elis Regina; o segundo, *Porta-Estandarte*, de Lonas e Vandré) e o da TV-Record, nos quais se consagraram *A Banda* e *Disparada*. Dispenso-me de falar, nesse contexto, dos Festivais Internacionais da Canção. Em matéria de empresariamento da música popular, a palma continua com São Paulo. Rio e Bahia ainda são os celeiros da música, mas São Paulo já deixou há muito de ser "o túmulo do samba" e é, hoje, a grande concha acústica, o "ouvido" mais experto para o que se passa na música popular em todas as suas faixas. Quem não participa, de algum modo, das audições e espetáculos musicais realizados em São Paulo está literalmente "por fora" do panorama musical brasileiro.

Uma primeira indagação a fazer diz respeito aos pressupostos da organização e dos critérios dos certames da espécie. Observe-se, inicialmente, que já no 2.º Festival realizado pela TV-Excelsior, em junho de 1966, o número de músicas concorrentes chegava a 2 779. No da Record, realizado pouco depois, eram 2 635 as canções inscritas. Este ano, o número ascendeu a mais de 3 000. As 36 músicas que o público ouviu representam, assim, apenas 1% das concorrentes. Considerando-se que os festivais, à parte as apregoadas finalidades de incentivo à nossa música, têm inequívocas características promocionais, é inevitável que esse 1% seja preenchido quase que totalmente pelos cartazes em voga, deixando mínima possibilidade para os compositores amadores, inéditos, desconhecidos do grande público. Pode-se afirmar, portanto, que os festivais, tal como se apresentam até aqui, não preenchem, senão muito limitadamente, o objetivo de estimular valores novos, restringindo-se, quase sempre, a consagrar a obra de autores profissionais já conhecidos, embora jovens. Esta é uma falha que só poderia ser sanada se fosse modificado o regulamento dos festivais de forma a dar maior oportunidade aos compositores não-profissionais, o que se poderia conseguir dividindo-se em grupos diferentes profissionais e amadores.

A competição para valer, nos festivais, se passa, em suma, entre valores já conhecidos e mais ou menos sempre os mesmos. Os prêmios têm girado, pois, em torno de Edu Lobo, Vinicius, Vandré, Chico Buarque, Gilberto Gil, Baden Powell, Vera Brasil, Paraná etc. e os certames assumem, cada vez mais, as características de um torneio entre os melhores dentre os profissionais atuantes da música popular brasileira.

Por isso mesmo não se compreende — a não ser nas proporções do gigantismo paulistano, comensuradas ao caráter promocional dos festivais — o vulto pecuniário dos prêmios, embolsados por um grupo reduzido de compositores já consagrados, que se beneficiam ainda das repercussões do certame no mercado do disco e de altos contratos na televisão. O Festival da Record ofereceu, este ano, NCr$ 52 000,00 de prêmios em dinheiro, além das violas de ouro e de prata. O Governo do Estado, que oficializou o Festival, adicionou-lhes sabiás de ouro e de prata. E o Prefeitura Municipal, para não ficar pra trás, apressou-se em acrescer a essa enormidade NCr$ 21 000,00. Note-se que os prêmios em dinheiro do Festival Internacional da Canção somam, ao todo, NCr$ 35 000,00 — cerca da metade da quantia total do de São Paulo. Além de exagerados, os prêmios do festival paulista ficaram mal distribuídos. Basta que se diga que, enquanto ao 1.º colocado (*Ponteio*) coube a importância de NCr$ 37 000,00, mais viola & sabiá de ouro, ao 2.º (*Domingo no Parque*) foi atribuída apenas a importância de NCr$ 16 000,00 mais sabiá de prata, ao 3.º (*Roda Viva*), NCr$ 10 000,00 e ao 4.º (*Alegria, Alegria*) tão-somente NCr$ 5 000,00. Qualquer que seja a opinião pessoal do observador — e do autor destas linhas é a de que a classificação deveria ter seguido a ordem inversa, com *Alegria, Alegria* em 1.º, *Domingo no Parque* em 2.º e *Ponteio* em 3.º —, é fora de dúvida que não há, entre as primeiras colocadas, diferenças de categoria que justifiquem tão abismais distâncias na premiação efetiva dos concorrentes.

Não sou contra esses prêmios elevados, mormente quando partem da própria empresa organizadora do Festival, embora ache que o excesso de atrativo pecuniário possa conduzir a uma deformação da mentalidade do compositor, levando-o a compor música "para ganhar festival", ou seja, às concessões, à comercialização, à fórmula "festivalesca" (expressão de Chico Buarque), como já tem acontecido. Todavia, quando se pensa no pouco que fazem os Poderes Públicos em prol de outras manifestações menos populares, mas não menos importantes, da cultura, chega-se a estranhar tanto exagero de estímulo e de proteção a esse pobre desamparado: o astro de televisão... Para ficar só na música, penso nos compositores de vanguarda, relegados ao completo desamparo, enquanto em países civilizados podem florescer os Stockhausen, os Boulez, os Luigi Nono, os Cage, e enquanto em Buenos Aires se completa a instalação, no Instituto Di Tella, do primeiro estúdio de música eletrônica da América Latina.

Eis alguns dos problemas que sugere, direta ou indiretamente, o espetáculo do festival que acaba de acontecer. Mas ele pode ser considerado, ainda, sob outros ângulos. Um deles é o da participação do público. A música popular brasileira tem em São Paulo um grande auditório, que começou a se formar ainda antes dos festivais oficiais, nos espetáculos de música promovidos por Walter Silva, no Teatro Paramount, com público essencialmente jovem e universitário. Ampliando a milhões de espectadores essa audiência, a princípio restrita e especializada, e dando à música organização empresarial de notável eficiência publicitária, através de uma série variada de programas — "O Fino da Bossa", "Pra Ver a Banda Passar", "Disparada", "Ensaio Geral", "Esta Noite se Improvisa..." etc., a televisão guindou muitos dos compositores e intérpretes à categoria de "mitos" da arte de consumo, como os astros de cinema e os jogadores de futebol.

Por isso tudo, um público apaixonado, em pequena parte de conhecedores de música popular e, na maioria, de torcedores hipno-TV-tizados, acompanhou, telespectante, a classificação das 12 dentre as 36 músicas que foram apresentadas. Com uma ferocidade que até aqui só ocorria nas competições de futebol e da política. Fora do teatro, as reportagens diárias dos jornais, as fofocas do rádio, os palpites e os "bolos". Dentro, um público de torcedores — plebiscito vivo —, julgando as músicas, os intérpretes e o júri, através do "sim" e "não" do aplauso ou do apupo.

A vaia constituiu um capítulo à parte e quase transformou o festival — como se disse pelos jornais — em "festivaia". Na verdade, houve dois tipos de vaia, que, às vezes, se superpuseram — a vaia preconcebida, ao intérprete, e a vaia de desagrado à composição ou à classificação da música. Com a primeira, o público, parece que predominantemente estudantil e

128

universitário, quis castigar alguns "valores consagrados", como Hebe Camargo, e, ainda, dirigidamente, fustigar os intérpretes da música da jovem guarda que este ano acorreram ao Festival (Roberto `e Erasmo Carlos, Ronnie Von, Demetrius, os Mutantes e os Beat Boys) e que a torcida da "linha dura" do samba, num ressentimento cego e irracional, não quer admitir nem mesmo como intérpretes ou compositores de músicas ostensivamente nacionalistas. Mas a excelente interpretação de Roberto Carlos, assim como a força e a qualidade das composições de Caetano Veloso e Gilberto Gil, que se fizeram acompanhar de conjuntos de iê-iê--iê, conseguiram se impor e triunfar sobre as vaias--tabu dessa espécie de guarda-rósea juvenil contra a jovem guarda. As vaias de desagrado às composições e classificações atingiram o auge durante a execução da fraquíssima e xaroposa *Volta Amanhã*, de Fernando César, interpretada por Hebe Camargo, do irreconhecível *Samba de Maria*, de Hime e Vinicius e de *Bom Dia*, de Nana Caymmi e Gilberto Gil (esta, uma composição de bom nível, mas o público preferia *O Combatente* de outro baiano, Walter Santos), e chegaram a provocar um sério incidente, quando da derradeira execução de *Beto Bom de Bola*, de Sérgio Ricardo.

O autor da música de *Deus e O Diabo na Terra do Sol* foi muito bem recebido, da primeira vez, ao entrar no palco. Mas a sua composição que parte de uma idéia interessante (combinar, numa espécie de samba-enredo versatilizado, a música e a semântica futebolística) se perdeu, em parte por falta de arranjo adequado e interpretação mais segura, e em parte por insuficiência melódica. O fato é que o resultado soou frio, desarticulado e incomunicável. E o público recorreu à vaia para expressar o seu desagrado e a sua discordância com a classificação da música. Impedido, praticamente, de cantar em sua última apresentação, Sérgio tentou dialogar de todas as formas com a platéia; pediu que ouvissem a composição, informando que lhe dera um arranjo diferente, recorreu ao humor ("Minha música vai passar a se chamar Beto Bom de Vaia"), provocou a lucidez dos apupadores, afirmando que êles estavam vaiando a si próprios, mas o público permaneceu insensível e até recrudesceu na assoada. Sabe-se então o que aconteceu: — o compositor parou de cantar e exclamou pateticamente: "Vocês venceram. Isto é Brasil. Isto é país subdesenvolvido. Vocês são uns animais!" Em seguida, quebrou o seu violão e o atirou à platéia. A direção do Festival, que não teve uma palavra de admoestação para o comportamento cruel e massacrante do público, desclassificou imediatamente o compositor, seguindo a prática comercial de que "freguês sempre tem razão". Pessoalmente, acho que Sérgio Ricardo, entregue às feras, como foi, não tinha obrigação nenhuma de bancar o bonzinho. Pagou grossura com grossura e, como o seu próprio Beto Bom de Bola, "deu o seu recado, enquanto durou a sua história". O público se excedeu. Não vaiou, apenas. Vetou brutalmente a composição e o compositor. Mas interpretar o ocorrido afirmando, como o fez, depois, Sérgio, que foi vaiado por uma platéia que "representa tão-somente a pequena burguesia brasileira decadente" não convence, mesmo porque, no intervalo após a sua primeira apresentação, o compositor, entrevistado, aprovara as vaias dadas a outros cantores e compositores como manifestação de lucidez e de amadurecimento da mesma platéia... É o que mais acentua a dramaticidade desse inesperado *happening* do último dia do Festival — o confronto doloroso da mútua incompreensão entre o público e o compositor, um expoente da linha nacionalista-participante da música popular, culminando na explosão e no *blow up* simbólico do violão quebrado. Não teria, por acaso, Sérgio Ricardo superestimado as virtualidades comunicativas de um tema popularesco (o futebol) e descurado dos aspectos de elaboração formal do seu trabalho?

Para um festival com tantas violas e violências, além da saudável sacudidela na música brasileira, o saldo de contribuições novas não foi grande. *Ponteio*, a grande vencedora, é uma composição agradável, bem estruturada e equilibrada, campeã-nata de festivais, mas não dá um passo à frente na produção de Edu Lobo; é antes um passo na direção de *Disparada*. Sem deixar de ter a categoria das obras de Chico Buarque, *Roda Viva* também pouco acrescenta ao que ele já fez. Enquanto que a tentativa de Vandré, no sentido de fazer render o sucesso de *Disparada*, substituindo o efeito da queixada pelo da busina, e compensando a redundância com o recurso ao comportamento físico agressivo e ao discurso demagógico, não convenceu ninguém, ou só convenceu de que o grito não compensa. Em matéria de letras, ressalvadas as de Caetano Veloso e Gilberto Gil, e algumas paronomásias ("Violência, viola, violeiro", em *Ponteio;* "passo, penso e peço", "meu pranto é pau, é pedra, é pó", "desafio e desafino", em *A Estrada e o Violeiro,* a melhor das "violetras", ou "Maria somente, Maria semente", em *Maria, Carnaval e Cinzas*), não há grande coisa. A essa enxurrada de violas e marias, prefiro, ainda, com toda a sua simplicidade, a letra do "partido alto" de Martinho José Pereira, essa *Menina-Moça* espetacularmente dessacralizadora no alegre realismo com que, em pouco tempo, passeia, flerta, namora, noiva, casa, desquita, separa, amiga, desama e chora.

Inovação mesmo, e corajosa, no sentido de desprovincianizar a música brasileira, tal como já o fizera um grande baiano, João Gilberto, é essa que os novos baianos Caetano Veloso e Gilberto Gil apresentaram no Festival, com *Alegria, Alegria* e *Domingo no Parque,* lutando contra barreiras e preconceitos do público, do júri, dos companheiros de música popular, e superando-se a si próprios. Mas este é um assunto que pede exame mais demorado e ao qual pretendo voltar, num próximo estudo, dedicado à obra de Caetano Veloso, o mais musical — no sentido em que um Tom Jobim é essencialmente musical — dos jovens compositores brasileiros.

(1967)

DE COMO A MPB PERDEU A DIREÇÃO
E CONTINUOU NA VANGUARDA

GILBERTO MENDES

O recente 3.º Festival da Música Popular Brasileira definiu, muito mais rapidamente do que se esperava, o caminho que ela deverá seguir. E nos dá mais uma oportunidade para expor o que ainda não foi dito sobre o pretendido e desejado falecimento da bossa--nova.

Novamente os baianos, agora "capitalizados" em São Paulo, salvam a MPB. Dez anos atrás, João Gilberto, desta vez Gilberto Gil, Caetano Veloso e, de certo modo, Nana Caymmi, indicam a saída para um impasse surgido com mais uma volta às "fontes da nacionalidade".

Para fazer frente ao mau gosto do iê-iê-iê brasileiro vitorioso, urgia liquidar com o bom gosto de todas as conquistas renovadoras da BN e retornar ao sambão gritado, quadrado. E com os festivais, os produtores abriram os olhos: como haviam perdido dinheiro até então, o que rendia mesmo era a velha batucada! A queda de qualidade das músicas de festival para festival foi assustadora. "Praças" com "bandas" em "disparada" representaram lamentável passo atrás. Nenhuma contribuição trazia esse súbito saudosismo, embora um respeitável professor de música tenha até visto na música de Theo "uma sanidade primitiva indiferente às tricas da harmonia e às futricas do contraponto. Não queremos, porém, fazer o elogio da ignorância..." Não queria mas fez. O mais grave ainda, compositores que se afirmavam de protesto e contra o subdesenvolvimento ganhavam uma nota sentida com a exploração de um gosto popular subdesenvolvido, subestimando as possibilidades que o povo tem de apreciar trabalhos mais elaborados. Mesmo a pesquisa folclórica bem intencionada de *Disparada* foi efetuada num campo já esgotado.

Na verdade, fora trazida para a MPB a mesma questão que dividira, quatorze anos antes, a música erudita brasileira entre nacionalistas e dodecafonistas (vanguarda da época), motivada por dois manifestos: de Zdanov, na Europa, e de Camargo Guarnieri no Brasil. O simples transporte da velha luta contra o internacionalismo artístico "decadente, burguês".

Mas na música popular as coisas não correm lentamente como nas salas de concerto. Os auditórios não entram em discussões estéreis e acadêmicas. Querem uma música ou mudam de opinião e está acabado, doa a quem doer. O mesmo público que vibrou com a simplicidade de *A Banda*, um ano depois delira com músicas elaboradíssimas, "alienadas", "cosmopolitas"; e poda impiedosamente as realizações populistas.

O processo é fácil de ser compreendido do ponto de vista dos estudos da comunicação coletiva. A música popular é cultura de massa; opera, portanto, na faixa da "comunicação persuasiva", pretendendo convencer o ouvinte com base naquilo que ele já conhece, deseja, quer ouvir. Confirma o ouvinte nas suas opiniões e convenções (Umberto Eco). Mas no círculo vicioso da comunicação compositor-ouvinte, há um momento em que, pela resposta (*feedback*) do ouvinte, o compositor se cientifica de que tudo vai indo muito bem; e que ele pode, com segurança, valer-se de sua personalidade já vitoriosa, líder, e impor uma pesquisa nova. É o momento em que o artista, consciente de sua responsabilidade frente ao povo, aproveita para elevá-lo em seu gosto, oferecendo-lhe algo mais elaborado que o force a participar com mais inteligência na sua apreciação. Uma gravação altamente inventiva como *Sgt. Peppers* jamais seria aceita pela massa se não fosse imposta pela personalidade dos Beatles.

Essa consciência tiveram Caetano e Gil, que souberam sentir o momento exato em que a própria massa espera que o artista não se repita. Essa consciência faltou a Vandré, por exemplo, a quem escapou este paralelo com sua própria estória: assim como o boiadeiro troca o cavalo pelo caminhão, o violeiro também acaba seduzido a trocar a viola pela guitarra elétrica. O mesmo processo, a mesma progressão, até na mesma direção de São Paulo, hoje Meca dos retirantes nordestinos e capital da música baiana.

A contribuição do grupo baiano foi decisiva e representou a abertura de uma etapa nova para a MPB. É feita na base do levantamento da tradição viva, pela recriação dos elementos folclóricos em termos atuais-atuantes, via Mutantes e Beat Boys. O *make it new* poundiano. E ainda teve a virtude de liquidar rápida e definitivamente a velha pendência nacionalismo-cosmopolitismo existente na música erudita, provando, na própria área popular, que não há barreiras na criação artística, que estamos todos diante de um mercado comum de significados, de um verdadeiro internacionalismo artístico.

A velha questão desaparece e fica a compreensão exata da existência unicamente de duas faixas de trabalho e comunicação, sem meio termo possível: a comunicação de massa, "persuasiva", e a "comunicação aberta", ou seja, a arte de vanguarda, que acima de

135

tudo é ambígua (Eco), não tende a definir a realidade de modo unívoco, definitivo. Nesta operam (a classificação é de Ezra Pound), os artistas "inventores", homens que descobriram um novo processo ou cuja obra dá o primeiro exemplo conhecido de um processo. Na "comunicação persuasiva" operam os "mestres", homens que combinaram um certo número de tais processos e que os usaram tão bem ou melhor que os "inventores".

Os artistas populares são os verdadeiros "mestres", manipuladores dos significados tornados "belos" pelo uso ("o belo é o significado, o significado é o uso, o uso é a comunicação" — Décio Pignatari). Os nacionalismos da música erudita pretendem um meio termo impossível; diluem o material criado pelos "inventores", sem atingirem o "belo" da grande comunicação de massa, que é, sem o perceberem, seu verdadeiro objetivo. Na realidade, fazem uma música popular encasacada para Teatro Municipal. Seu objetivo, no entanto, só pode ser alcançado no plano mesmo da música popular. Nenhum ponteio de toda a suposta "escola brasileira" erudita supera em força expressiva e "beleza" o de Edu Lobo. Seu *Ponteio* tem todo o cuidado de fatura e acabamento de uma música erudita nacionalista, com a grande vantagem de ser popular, realizado, autêntico.

O impasse da "escola brasileira" está exemplarmente ilustrado pela recente participação de um Edino Krieger (fuga e antifuga) no Festival da Canção, do Rio de Janeiro. Esse compositor nacionalista sentiu, e certo, que poderia concorrer a um festival popular. Ele e seus companheiros de credo acabarão compreendendo que seu verdadeiro lugar é na música popular, única saída do beco em que se encontram.

No contexto musical do nosso tempo só podem se distinguir o "inventor" e o "mestre", aquele criando o material a que este vai dar significado popular pelo uso. Só o artista popular sabe receber e transfigurar ao nível do consumo de massa o fruto de uma pesquisa artística de laboratório. É a sua função e não poderemos esperar que vá muito além, quando também experimenta, porque já estaria então em plena elaboração da obra aberta, sem comunicação imediata ("o público comum não reconhece o 'belo' no signo novo"). Por isso seu avanço vai sempre até certo ponto, mantendo grande distância com relação aos "inventores". Veja-se que só depois de mais de dez anos de *pop'art*, ela irrompe em nossa MPB. Sem desmerecimento para os artistas populares, porque eles são os "mestres". Ao analisarmos um trabalho seu, temos de levar em conta que o resultado foi obtido com signos velhos, usados: é quando dizemos de uma música que ela não tem nada de novo, mas é extraordinariamente "bela", como o *Cantador*, de Dori Caymmi.

E resta a questão inicial. Morreu a BN? Um passo atrás, desde *Arrastão*, *Banda* e *Disparada*, agora dois gigantescos passos à frente, e a MPB retoma dialeticamente a linha evolutiva da BN, o que Caetano Veloso já preconizara no ano passado em entrevista à *Revista Civilização Brasileira*. A MPB se desnorteara frente ao iê-iê-iê, mas passou novamente à vanguarda, retornando ao espírito de pesquisa que caracterizou o período da BN. Nunca ele esteve tão presente. Até mesmo em Chico Buarque, sempre preocupado com a volta a Noel: jamais teria composto sua admirável *Roda Viva* se não fosse a introdução do cromatismo em nossa MPB pela BN. A grande força, a classe de *Ponteio* emana principalmente do clima nostálgico deixado por aquela dramática nona maior sobre tríade menor com sétima aumentada, repetida um tom abaixo — o que também não teria sido concebível sem a introdução do acorde dissonante em nossa MPB pela BN. A leveza rítmica, a mobilidade de *O Cantador*, com aquela explosão num arrebatador transporte meio tom acima, meio tom abaixo da mesma frase melódica final, também não teriam sido possíveis sem o uso que a BN fez das modulações distantes. Sua contribuição também se fez sentir na maneira de cantar, de "arranjar" as melodias. Tudo isso determinou a enorme superioridade dessas músicas acima citadas sobre *Samba de Maria* ou *Maria, Carnaval e Cinzas*, simplesmente bonitas músicas.

Mas a contribuição fundamental da BN foi a integração do samba no mundo atual, sem fronteiras, no qual, mais do que nunca, a comunicação é o processo social básico. E comunicação quer dizer troca de influências (Norbert Wiener), sem a qual não há vida, quanto mais arte. É exatamente ao se expor às influências de outras artes que uma arte firma seu caráter; conforme provou o nosso samba sob influência do *jazz*, formando a BN. Àqueles que consideram que "bossa-nova é *jazz*", perguntamos: que espécie de *jazz* é esse cuja "batidinha" característica nenhum músico norte-americano consegue dar, e que, além disso, passou a influenciar a própria música norte-americana? Não havendo troca de informações, a arte resulta sem interesse, morta. A invenção artística deve somar as mais variadas experiências.

A atual retomada da linha evolutiva da BN parte do que ela legou à MPB sem, no entanto, repetir, conforme requer uma verdadeira evolução. O que a gente hoje sente e está por todo o mundo admitido como BN é determinada estrutura de música popular que já se isolou, marcada pela presença do mar, reflexo de um ambiente geográfico (como também o são as canções alpinas, das planícies, dos *fjords* no norte da Europa) delimitado pelas praias de Fortaleza, Natal (a música de um Hilton Accioli, compositor ainda não devidamente reconhecido em seu valor), passando por Itapoã (o velho Caymmi foi um precursor), Ipanema (Jobim, Menescal, Marcos Valle) até às praias de Santos (com a "Bossa na Praia", de Geraldo Cunha). É sal, é sol, é sul nas modulações harmônicas, no balanço "ondulatório" em cuja percussão se ajustaram tão bem os acordes dissonantes, assim como estes ao modalismo nordestino. As sétimas, nonas, décimas-primeiras já evocavam o mar em Debussy. João Gilberto compreendeu o sentido exato que deveria dar ao seu uso, à sua assimilação pela MPB. Sentido completamente oposto ao que lhes dá o *jazz*, usando-as duramente, em secas marteladas. Na BN se desfazem em acordes águas, em flutuações ao sabor das vagas e da vertigem dos horizontes longínquos, em doce imprevisto. O mar, o sorriso, um homem, uma mulher (o filme BN que o cinema novo não quis, não soube fazer...).

Nova alegria, alegria, como também "novos sons, não conformistas e dramáticos surgem em contraposição à tonalidade afetiva e sensual que caracterizava a BN", declarou no Rio o compositor norte-americano, Bronislau Kaper, presente ao Festival da Canção. Kaper soube sentir bem a nossa BN, porque ele foi um bossa-nova da década dos trinta, em sua terra. (Quem ainda não se lembra do seu famoso *Gone, like the wind you are gone?*)

Mas essa espécie de música praieira precisa continuar sendo feita (mesmo porque se tornou de exportação, com Jobim, Sérgio Mendes, Pierre Barouh), coexistindo com as novas tendências trazidas pelos festivais, com o "som universal" de Caetano e Gil. Pelo menos, para aqueles que continuam desejando ouvi-la. Mas, como dizia o "velho" samba, chega de saudade, porque estou me tornando um saudosista da BN e é bom parar por aqui.

(1968)

As três fases rítmicas do samba

NOTA — Em clichê as três fases rítmicas mais características por que passou o samba. A primeira, segundo o próprio Mário de Andrade, provavelmente oriunda da Habanera espanhola (e é essa coisa "tão brasileira!"), que deu o tango na Argentina e, no Brasil, os tanguinhos de Levy, de Nazareth. Na segunda fase encontramos uma maior elasticidade na permanente pulsação em semicolcheias (é o samba de morro carioca, variando-as entre cuíca, tamborim e frigideira — exemplo A), sobre a percussão fundamental (exemplo B); esses ritmos já existiam no chorinho, porém executados de um modo marcado, quadrado.

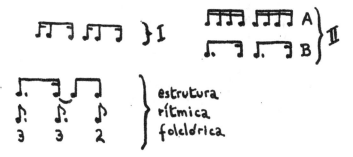

A terceira fase, em potencial na segunda e na rítmica folclórica, desse complexo foi extraída por João Gilberto, que isolou e remontou certos elementos para a criação de sua famosa "batida" de violão, nos acordes, característica da marcação básica da BN.

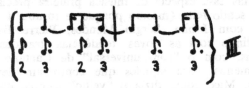

Seguem-se variantes dessa marcação, numa predominância de dimensões ternárias contra a divisão binária (alguns confundem com rumba), escrita também sem ligadura (como faria Bela Bartok), para sua maior compreensão. Daí partiram os grandes bateristas e violonistas do momento para uma riqueza, uma plasticidade rítmica ainda não superada, base do samba moderno, queiram ou não queiram.

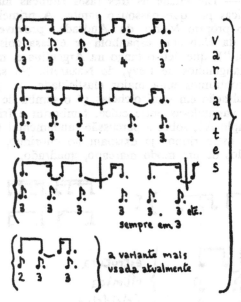

O PASSO À FRENTE DE
CAETANO VELOSO E GILBERTO GIL

AUGUSTO DE CAMPOS

Em dois artigos que escrevi, há mais de um ano atrás, "Da Jovem Guarda a João Gilberto" e "Boa Palavra sobre a Música Popular", previ, de certa forma, as transformações mais recentes da música popular brasileira e o papel relevante que nelas haveria de ter um jovem sobre o qual pouco se falava então: Caetano Veloso.

Numa época em que os pruridos dos puristas do samba estavam à flor da pele devido ao sucesso da jovem guarda, chamei a atenção — no primeiro daqueles artigos — para alguns aspectos positivos desse movimento musical. Mostrei, por exemplo, que enquanto a música popular de raízes nacionalistas, apelando à teatralização e a técnicas derivadas do *bel canto*, descambava para o "expressionismo" interpretativo e voltava a incidir no gênero grandiloqüente, épico-folclórico, de que a bossa-nova parecia ter-nos livrado para sempre, a jovem guarda de Roberto e Erasmo Carlos estava muito mais próxima, sob o aspecto da interpretação, da sobriedade de João Gilberto e conquistava o público, descontraidamente, usando "só a lâmina da voz", "sem a arma do braço".

Desenvolvi o tema no segundo artigo, para afirmar a inocuidade da "guerra santa" que muitos moviam ao iê-iê-iê, sem perceberem a lição que esse fato novo musical estava dando, de graça, para a música popular brasileira.

Como disse naquela oportunidade, os novos meios de comunicação de massa, jornais e revistas, rádio e televisão, tem suas grandes matrizes nas metrópoles, de cujas "centrais" se irradiam as informações para milhares de pessoas de regiões cada vez mais numerosas. A intercomunicabilidade universal é cada vez mais intensa e mais difícil de conter, de tal sorte que é literalmente impossível a qualquer pessoa viver a sua vida diária sem se defrontar a cada passo com o Vietnã, os Beatles, as greves, 007, a Lua, Mao ou o Papa. Por isso mesmo, seria inútil preconizar uma impermeabilidade nacionalística aos movimentos, modas e manias de massa que fluem e refluem de todas as partes para todas as partes. Marx e Engels já o anteviam: "Em lugar do antigo isolamento de regiões e nações que se bastavam a si próprias, desenvolve-se um intercâmbio universal, uma universal interdependência das nações. E isto se refere tanto à produção material como à produção intelectual. As criações in telectuais de uma nação tornam-se propriedade comum de todas. A estreiteza e o exclusivismo nacionais tornam-se cada vez mais impossíveis; das inúmeras literaturas nacionais e locais, nasce uma literatura universal".

Era difícil encontrar, àquela altura, quem concordasse com essas idéias. Era o momento pós-protesto da *Banda* e da *Disparada*. Saudades do interior.

Saudades do sertão. Crise de nostalgia dos bons tempos d'antanho. Pode ter servido para tonificar, momentaneamente, a abalada popularidade da nossa música popular. Mas eu já adivinhava que a solução não poderia ser voltar para trás. *A Banda* e a *Disparada* passariam e deixariam tudo no seu lugar, como estava: Chico, por certo, um grande compositor (já o era antes), e a jovem guarda com seu prestígio inalterado. Impossível fazer o novo com o velho. Pois o novo ainda era Tom & João. E foi justamente por não temer as influências e por ter tido a coragem de atualizar a nossa música com a assimilação das conquistas do *jazz*, até então a mais moderna música popular do Ocidente, que a bossa-nova deu a virada sensacional na música brasileira, fazendo com que ela passasse, logo mais, de influenciada a influenciadora do *jazz*, conseguindo que o Brasil passasse a exportar para o mundo produtos acabados e não mais matéria-prima musical (ritmos exóticos), "macumba para turistas", segundo a expressão de Oswald de Andrade.

Numa entrevista de Caetano Veloso para a *Revista Civilização Brasileira*, n.º 7 (maio 66), descobri o que me pareceu ser a mais lúcida autocrítica da música popular brasileira, naquele impasse: "Só a retomada da *linha evolutiva* — dizia Caetano — pode nos dar uma organicidade para selecionar e ter um julgamento de criação".

Tão justas me pareceram as palavras de Caetano Veloso que quis fazer delas o lema e o tema do meu artigo, intitulado, por isso, "Boa Palavra sobre a Música Popular", em alusão à música *Boa Palavra* com que o compositor concorrera ao 2.º Festival de Música Popular, na TV-Excelsior de São Paulo. "É preciso saudar Caetano Veloso — escrevi — e sua oportuna rebelião contra a 'ordem do passo atrás'."

A atualidade dessas considerações justifica — espero — a sua revivescência, agora que as músicas apresentadas por Caetano e Gil no recente Festival da Record vêm confirmar as minhas previsões, operando o salto para a frente prometido na "boa palavra" do jovem compositor. Pois *Alegria, Alegria* e *Domingo no Parque* são, precisamente, a tomada de consciência,

143

sem máscara e sem medo, da realidade da jovem guarda como manifestação de massa de âmbito internacional, ao mesmo tempo que retomam a "linha evolutiva" da música popular brasileira, no sentido da abertura experimental em busca de novos sons e novas letras.

Ainda antes do "fato musical" do último Festival, um evento que passou meio despercebido ao grande público, o LP "Gal e Caetano Veloso", saído este ano, confirmava, a meio caminho, a posição sempre lúcida do compositor baiano. Falando de Gal Costa — essa excepcional cantora que ainda não teve a oportunidade de aparecer como merece —, Caetano voltava a denotar sua preocupação com o novo: "Gal participa dessa qualidade misteriosa que habita os raros grandes cantores do samba: a capacidade de inovar, de violentar o gosto contemporâneo, lançando o samba para o futuro, com a espontaneidade de quem relembra velhas musiquinhas". E, mais adiante: "Acho que cheguei a gostar de cantar essas músicas porque minha inspiração agora está tendendo pra caminhos muito diferentes dos que segui até aqui. (...) A minha inspiração não quer mais viver apenas da nostalgia de tempos e lugares, ao contrário, quer incorporar essa saudade num projeto do futuro". Nesse disco, que engloba as primeiras composições de Caetano ao lado de algumas mais recentes, como *Um Dia*, e de outras de Edu, Gil e Sidney Miller, aparece já bem nítida, para quem souber ouvir, a grande personalidade musical do futuro autor de *Alegria, Alegria*, sob o signo geral da "saudade da Bahia". Aliás, o que se verifica não é um corte brusco, mas uma verdadeira continuidade entre as letras das músicas *É de Manhã*, *Um Dia* e *Alegria, Alegria*, todas elas com uma semântica itinerante, definida pelos temas-refrões que têm como dominante o verbo "ir": de "vou pela estrada / e cada estrela é uma flor etc." (*É de Manhã*) e "vou voltando pra você", "vou voltando como um dia" (*Um Dia*) ao singelo "Eu vou" de *Alegria, Alegria*. Denotando a influência de João Gilberto, Jobim e Caymmi, o jovem baiano se notabiliza pelos achados de suas letras e por uma incomum invenção melódica. *Um Dia*, a mais madura das composições do disco (onde há

144

outras coisas definitivamente belas como *Meu coração vagabundo* e *Quem me dera*), tem achados desta qualidade: "no brilho longo dos trilhos", "entre avencas verde brisa", "como um dia numa festa / realçavas a manhã / luz de sol, janela aberta / festa em verde o teu olhar".

Embora premiado nos Festivais da Excelsior e da Record, com *Boa Palavra* e *Um Dia* (prêmio de letra), Caetano Veloso só se tornou popular mesmo, em São Paulo, por um acidente: a participação no programa "Esta Noite se Improvisa", onde o seu conhecimento musical e a sua simpatia, o seu "coração de criança", lhe granjearam uma estima pessoal do público, repetindo-se o que acontecera com Chico Buarque de Hollanda. Dessa conquista individual, partiria o compositor para a conquista musical do auditório, assumindo todos os riscos do desafio explosivo de sua *Alegria, Alegria*. Caetano não foi o vencedor do Festival. Mas venceu todos os preconceitos do público, acabando com a "discriminação" musical entre MPB e jovem guarda. *Alegria, Alegria* estabeleceu uma "ponte de amizade" entre essas manifestações da nossa música jovem; e, mais ainda; sendo, com *Domingo no Parque*, a mais original, acabou também como a mais popular das composições laureadas do Festival.

(1967)

DOMINGO NO PARQUE

Gilberto Gil

o rei da brincadeira — ê josé
o rei da confusão — ê joão
um trabalhava na feira — ê josé
outro na construção — ê joão

a semana passada no fim da semana
joão resolveu não brigar
no domingo de tarde saiu apressado
e não foi pra ribeira jogar

capoeira
não foi pra lá pra ribeira
foi namorar

o josé como sempre no fim da semana
guardou a barraca e sumiu
foi fazer no domingo um passeio no parque
lá perto da boca do rio
foi no parque que ele avistou
juliana
foi que ele viu
juliana na roda com joão
uma rosa e um sorvete na mão
juliana seu sonho uma ilusão
juliana e o amigo joão
o espinho da rosa feriu zé
e o sorvete gelou seu coração

o sorvete e a rosa — ê josé
a rosa e o sorvete — ê josé
ôi dançando no peito — ê josé
do josé brincalhão — ê josé
o sorvete e a rosa — ê josé
a rosa e o sorvete — ê josé
oi girando na mente — ê josé
do josé brincalhão — ê josé
juliana girando — ôi girando
ôi na roda gigante — ôi girando
ôi na roda gigante — ôi girando
o amigo joão — joão

o sorvete é morango — é vermelho
ôi girando e a rosa — é vermelha
ôi girando, girando — olha a faca
olha o sangue na mão — è josé
juliana no chão — è josé
outro corpo caído — è josé
seu amigo joão — è josé

amanhã não tem feira — è josé
não tem mais construção — è joão
não tem mais brincadeira — è josé
não tem mais confusão — è joão

ALEGRIA ALEGRIA

CAETANO VELOSO

*caminhando contra o vento
sem lenço sem documento
no sol de quase dezembro
eu vou
o sol se reparte em crimes
espaçonaves guerrilhas
em cardinales bonitas
eu vou*

*em caras de presidentes
em grandes beijos de amor
em dentes pernas bandeiras
bomba ou brigitte bardot*

*o sol nas bancas de revista
me enche de alegria e preguiça
quem lê tanta notícia
eu vou*

*por entre fotos e nomes
os olhos cheios de cores
o peito cheios de amores
vãos*

eu vou

por que não? por que não?

*ela pensa em casamento
e eu nunca mais fui à escola
sem lenço sem documento
eu vou*

*eu tomo uma coca-cola
ela pensa em casamento
uma canção me consola
eu vou*

por entre fotos e nomes
sem livros e sem fuzil
sem fome sem telefone
no coração do brasil

ela nem sabe até pensei
em cantar na televisão
o sol é tão bonito
eu vou

sem lenço sem documento
nada no bolso ou nas mãos
eu quero seguir vivendo
amor

eu vou

por que não? por que não?

A EXPLOSÃO DE *ALEGRIA, ALEGRIA*

AUGUSTO DE CAMPOS

Alegria, Alegria, de Caetano Veloso, parece-me assumir, neste momento, uma importância semelhante a *Desafinado*, como expressão de uma tomada de posição crítica em face dos rumos da música popular brasileira. Ao fazer a defesa do "comportamento antimusical" do "desafinado", Newton Mendonça & Tom Jobim (via João Gilberto) puseram naquela composição a teoria & prática do movimento: o desabafo sentimental do "desafinado" (muito bem afinado, por sinal) era, bem compreendido, um manifesto contra os preconceitos da harmonia clássica que bloqueavam a receptividade da suposta interlocutora (ou do próprio público, àquela altura), impedindo-os de aceitar como "afinadas", isto é, como familiares ou "musicais", as harmonias dissonantes da BN. A explosão de *Alegria, Alegria* soa como um novo desabafo-manifesto, mais do que necessário, ante a crise de insegurança que, gerando outros preconceitos, tomou conta da música popular brasileira e ameaçou interromper a sua marcha evolutiva. Crise que se aguçou nos últimos tempos, com a sintomatologia do temor e do ressentimento, ante o fenômeno musical dos Beatles, sua projeção internacional e sua repercussão local na música da jovem guarda.

Recusando-se à falsa alternativa de optar pela "guerra santa" ao iê-iê-iê ou pelo comportamento de avestruz (fingir ignorar ou desprezar o aparecimento de músicos, compositores e intérpretes, por vezes de grande sensibilidade, quando não verdadeiramente inovadores, como os Beatles, na faixa da "música jovem"), Caetano Veloso e Gilberto Gil, com *Alegria, Alegria* e *Domingo no Parque*, se propuseram, oswaldianamente, "deglutir" o que há de novo nesses movimentos de massa e de juventude e incorporar as conquistas da moderna música popular ao seu próprio campo de pesquisa, sem, por isso, abdicar dos pressupostos formais de suas composições, que se assentam, com nitidez, em raízes musicais nordestinas.

Pode-se dizer que *Alegria, Alegria* e *Domingo no Parque* representam duas faces complementares de uma mesma atitude, de um mesmo movimento no sentido de livrar a música nacional do "sistema fechado" de preconceitos supostamente "nacionalistas", mas na verdade apenas solipsistas e isolacionistas, e dar-lhe, outra vez, como nos tempos áureos da bossa-nova, condições de liberdade para a pesquisa e a experimentação, essenciais, mesmo nas manifestações artísticas de largo consumo, como é a música popular, para evitar a estagnação.

Mas é *Alegria, Alegria* que tem, estampada na própria letra, a consciência verbal dessa postulação crítica. Por isso mesmo, no contexto maior da música popular brasileira, aquele "Por que não?" do estribilho tomou características de um desabafo-desafio. E

152

foi com esse sentido que o compositor, na primeira apresentação da música, triunfando sobre o desagrado com que um público preconcebido recebera o conjunto acompanhante dos Beat Boys, terminou, ao final, por exclamar, braços abertos à platéia conquistada: "Por que não?"

Furando a maré redundante de violas e marias, a letra de *Alegria, Alegria* traz o imprevisto da realidade urbana, múltipla e fragmentária, captada, isomorficamente, através de uma linguagem nova, também fragmentária, onde predominam substantivos-estilhaços da "implosão informativa" moderna: crimes, espaçonaves, guerrilhas, cardinales, caras de presidentes, beijos, dentes, pernas, bandeiras, bomba ou Brigitte Bardot. É o mundo das "bancas de revista", o mundo de "tanta notícia", isto é, o mundo da comunicação rápida, do "mosaico informativo", de que fala Marshall McLuhan. Nesse sentido, pode-se afirmar que *Alegria, Alegria* descreve o caminho inverso de *A Banda*. Das duas marchas, esta mergulha no passado na busca evocativa da "pureza" das bandinhas e dos coretos da infância. *Alegria, Alegria*, ao contrário, se encharca de presente, se envolve diretamente no dia-a-dia da comunicação moderna, urbana, do Brasil e do mundo.

Da mesma forma que a excelente letra de Gilberto Gil para *Domingo no Parque*, a de Caetano Veloso tem características cinematográficas. Mas, como me observou Décio Pignatari, enquanto a letra de Gil lembra as montagens eisenstenianas, com seus *closes* e suas "fusões" ("O sorvete é morango — é vermelho / Ói girando e a rosa — é vermelha / Ói girando, girando — é vermelha / Ói girando, girando — Olha a faca / Olha o sangue na mão — ê José / Juliana no chão — ê José / Outro corpo caído — ê José / Seu amigo João — ê José"), a de Caetano Veloso é uma "letra-câmara-na-mão", mais ao modo informal e aberto de um Godard, colhendo a realidade casual "por entre fotos e nomes".

Os adversários do "som universal" de Caetano e Gil têm colocado mal o problema da inovação nestas composições. Não se trata meramente de adicionar guitarras elétricas à música popular brasileira, como

153

um adorno exterior. O deslocamento dos instrumentos da área musical definida da jovem guarda para o da MPB já tem, em si mesmo, um "significado" que é "informação nova" e tão perturbadora que houve muita gente que se confundiu auditivamente a ponto de não perceber em que ritmo estava sendo tocada *Alegria, Alegria*. As sonoridades eletrônicas ampliam o horizonte acústico do ouvinte para um universo musical onde são comuns a dissonância e o ruído. Por outro lado, embora simples, a melodia de *Alegria, Alegria* não deixa de fazer uso dos largos e inusitados intervalos musicais que são uma característica inovadora das músicas de Caetano (*Boa Palavra, Um Dia*). Já *Domingo no Parque* joga com uma complexidade maior no arranjo musical: na gravação definitiva, a composição é uma verdadeira *assemblage* de fragmentos documentais (ruídos do parque), instrumentos "clássicos", ritmo marcadamente regional (capoeira), com o berimbau se associando à maravilha aos instrumentos elétricos e a vocalização típica de Gil contraponteando com o acompanhamento coral da "música jovem" — montagem de ruídos, palavras, sons e gritos.

E aqui deve ser lembrada a contribuição do arranjador, Rogério Duprat, no caso, essencial, e em si mesma um marco para a música popular brasileira. Marco de uma colaboração que muitos julgariam impossível entre um compositor de música popular e um compositor de vanguarda (embora Rogério não goste de ser chamado assim, seus conhecimentos e sua prática de alta cultura musical contemporânea não suportam outra classificação). Esse encontro, tão bem sucedido, mostra que já não há barreiras intransponíveis entre a música popular e a erudita. Pois o guitarrelétrico Paul McCartney não descobriu o "eletrônico" Stockhausen? Embora a música popular, pela necessidade, que lhe é inerente, de se comunicar com um largo auditório, tenha que laborar essencialmente na faixa da redundância (que, em termos de teoria da informação, é o contrário da inovação), ela não escapa à lei geral da "estética das formas", definida por A. Moles como uma dialética banal/original, previsível/imprevisível, redundante/informativa. Portanto, a aproximação com a música erudita de vanguarda (que, ao contrário, trabalha exclusivamente com a informação original) só pode ter efeitos benéficos, no sentido de tornar mais exigentes compositores e ouvintes de música popular, dando a esta um significado maior do que o de mero entretenimento.

Numa entrevista a Dirceu Soares ("Música é Gil é Pop, Música é Pop é Veloso", *Jornal da Tarde*, 20-10-67), Gilberto Gil procurou definir a nova linha das suas composições e das de Caetano como "música pop". A expressão é discutível, porque a *pop'art* já tem uma semântica definida, no quadro das artes plásticas, e poderia fazer supor uma dependência que, realmente, não existe, embora haja algumas afinidades. Mas a explicação de Gil demonstra que ele sabe muito bem o que quer. Vale a pena repeti-la: "Música pop — diz ele — é a música que se consegue comunicar de maneira tão simples, como um cartaz de rua, um *outdoor*, um sinal de trânsito, uma história em quadrinhos". *Domingo no Parque* joga palavras, música, som, idéia, numa montagem dentro dos moldes da comunicação moderna: o *layout, a arrumação, a arte final*. Segundo observa Gil, em *Alegria, Alegria* "as palavras com sentido de atualidade e interesse — guerrilha, Brigitte Bardot, coca-cola, caras de presidentes, espaçonaves — despertam e encaminham a percepção das pessoas para o sentido total das coisas que estão sendo ditas. E a familiaridade, o senso de participação na criação de Veloso tornam *Alegria, Alegria*, de repente, uma canção da consciência de toda uma classe-média urbana latino-americana".

Posta nestes termos, a posição de Caetano e Gil os aproxima muito das manifestações artísticas da vanguarda brasileira. E especialmente das postulações da Poesia Concreta, intimamente relacionada, de resto, com a música de vanguarda de São Paulo, que tem em Rogério Duprat, Damiano Cozzella, Willy Corrêa de Oliveira e Gilberto Mendes os seus mais dotados compositores. No manifesto publicado por Décio Pignatari, em 1956 (Nova Poesia: Concreta), já estava sob o signo antropofágico de Oswald de Andrade:

> *américa do sul*
> *américa do sol*
> *américa do sal*

155

> *uma arte geral da linguagem. propaganda, imprensa, rádio, televisão, cinema. uma arte popular.*
>
> *a importância do olho na comunicação mais rápida: desde os anúncios luminosos até as histórias em quadrinhos. (. . .) a colaboração das artes visuais, artes gráficas, tipográficas. a série dodecafônica (anton webern) e a música eletrônica (boulez, stockhausen), o cinema. pontos de referência.*

Não faltarão, por certo, como não faltaram, quando surgiu a bossa-nova, quando surgiu a poesia concreta, os conselhos e as admoestações das "linhas duras" de todos os tempos para advertir contra os riscos da aventura criativa de Caetano e Gil. Há pouco, li um artigo cujo título é sintomático: "É perigoso ter alegria, alegria". Vieram-me à mente aqueles juízes deprimidos do poema de Maiakóvski, que quiseram "encerrar num círculo de incisos / os pássaros, as mulheres e o riso".

É precisamente contra isso, contra essa espécie de temor, que a música-manifesto de Caetano Veloso manda a sua mensagem. No estágio de desenvolvimento de nossa música, a discriminação proposta pelos "nacionalistas" só nos poderá fazer retornar à condição de fornecedores de "matéria-prima musical" (ritmos exóticos) para os países estrangeiros. Foi a bossa-nova que pôs fim a esse estado de coisas, fazendo com que o Brasil passasse a exportar, pela primeira vez, produtos acabados de sua indústria criativa, e a ter respeitados, como verdadeiros mestres, compositores como Jobim e intérpretes como João Gilberto.

Tivessem esses renovadores dado ouvidos aos conselheiros de então, que advertiam sobre os perigos de ser desafinado, desafinado, e só viam na bossa-nova a jazzificação da nossa música, e continuaríamos até hoje exportando "macumba para turistas", como diria Oswald.

É preciso acabar com essa mentalidade derrotista, segundo a qual um país subdesenvolvido só pode produzir arte subdesenvolvida. A produção artística brasileira (que não exclui, num país de camadas sociais tão diversificadas, o elemento regional, autêntico, e não mimetizado por autores citadino-sebastianistas) já adquiriu maturidade, a partir de 1922, e universalidade, desde 1956. Não tem que temer coisa alguma. Pode e deve caminhar livremente. E para tanto não se lhe há de negar nenhum dos recursos da tecnologia moderna dos países mais desenvolvidos: instrumentos elétricos, montagens, arranjos, novas sonoridades. Não creio que seja preciso, por ora, quebrar o violão, que o de João Gilberto ainda é o lema e o leme de toda a nossa música. Mas que se quebrem umas tantas tradições e tabus é o de menos. "Larga-me, deixa-me gritar", já dizia o velho anúncio, redescoberto e transformado em *happening* por Décio Pignatari, Damiano Cozzella, Rogério Duprat e Sandino Hohagen. Deixemos a nossa música andar. Sem peias e sem preconceitos. Sem lenço e sem documento.

(1967)

VIVA A BAHIA-IA-IA!

AUGUSTO DE CAMPOS

"Nego-me a folclorizar meu subdesenvolvimento para compensar as dificuldades técnicas", disse Caetano Veloso numa entrevista. Enquanto outros compositores jovens já se deixam institucionalizar, fazendo média com a T.F.M. (Tradicional Família Musical), Caetano parte radicalmente para a invenção, e assume, com Gil e o Grupo Baiano, a vanguarda de nossa música popular.

Se formos aplicar a classificação de Pound ("Inventores", "Mestres", "Diluidores" etc.), restritamente, ao quadro atual da música popular brasileira, é possível que a Chico Buarque de Hollanda caiba o título de um jovem "mestre". Mas o risco e a coragem da aventura ("A poesia — toda — uma viagem ao desconhecido", como queria Maiakóvski), estes pertencem a Caetano e Gil, "inventores", como pertenceram antes a Tom e a João. E a música brasileira nunca precisou tanto de "inventores" como agora, quando o espírito de inovação da bossa-nova vai sendo amortecido e amaciado pelos eternos mediadores, mantenedores do "sistema".

Por isso mesmo, me parece que, em vez de se preocupar tanto com a "roda viva" da engrenagem fabricadora de ídolos televisíveis — tema já cediço e muito explorado —, Chico Buarque deveria atentar mais para certos aspectos negativos da "chicolatria" que o rodeia, em especial a "roda morta" e que o querem colocar os velhaguardiões do passado. O Chico menos exigente de *Carolina* está sendo usado, muito mais do que pelos mecanismos da comunicação de massa, por uma crítica superada, presa a uma visão tímida e saudosista de nossa cultura musical, e que quer fazer dele o último baluarte contra a evolução da música popular, coisa que ele não merece ser.

É significativo que os compositores que defendem o "tradinacionalismo" musical lancem mão de Mário de Andrade: "O artista que procura se expressar na arte universal corre o risco de, de repente, se surpreender fazendo arte de outra nacionalidade que não a sua". Seria o caso de dizer: e daí? Desde quando a arte tem carteira de identidade? Qual a nacionalidade de Stravinski: russo, francês, americano ou simplesmente humano? Foi justamente o cacoete nacionalista (a miragem da tal "gramatiquinha da fala brasileira") o que mais envelheceu na obra de Mário de Andrade: hoje sabemos que seria melhor que ele não tivesse escrito "milhor". Ao próprio Mário, no fundo, repugnava a estreiteza do ideário nacionalista. É o que demonstram as cartas que o criador de *Macunaíma* escreveu em 1935 a Sousa da Silveira, somente dadas à publicidade em 1964, e nas quais se declara "um homem-do-mundo": "Me chamaram de nacionalista em todos os tons... Mas sou obrigado a lhe confessar, por mais que isto lhe penalize, que eu não tenho nenhuma noção do que seja pátria política, uma por-

160

ção de terra fechada pertencente a um povo ou uma raça. Tenho horror das fronteiras de qualquer espécie, e não encontro em mim nenhum pudor patriótico que me faça amar mais, ou preferir, um Brasileiro a um Hotentote ou Francês". E — cumpre não esquecer — foi um nacionalismo supernacionalistificante que gerou o Integralismo em política e o Verdeamarelismo em literatura, os quais, felizmente, deram com antas, papagaios e galinhas na água.

Significativo é, por outro lado, o entusiasmo que Oswald de Andrade suscitou em Caetano Veloso: "Atualmente eu componho, depois de ter visto *O Rei da Vela*. O espetáculo é a coisa mais importante que eu vi". Oswald foi o inimigo n.º 1 do nacionalismo ufanista, fechado e fanfarrão. Não se enganem com a poesia Pau-Brasil. É a primeira História Nova do Brasil. Uma Anti-História. Ao invés do nacionalismo tacanho e autocomplacente, um nacionalismo crítico e antropofágico, aberto a todas as nacionalidades, deglutidor-redutor das mais novas linguagens da tecnologia moderna. Pois foi com formas inéditas, de procedência estrangeira — futurismo, cubismo, dadaísmo: por que não? — que Oswald se instrumentou para redescobrir o Brasil e descobrir a própria poesia sufocada pelo peso massacrante das "tradições" e das "fórmulas" nacionalistas, ou antes nacionalóides, e, de resto, no caso da poesia — vide parnasianismo — muito mais francesas que brasileiras. Oswald: "A poesia para os poetas. Alegria da ignorância que descobre. Pedr'Álvares". "Nenhuma fórmula para a contemporânea expressão do mundo. *Ver com olhos livres.*"

Oswaldiano, antropofágico, desmistificador, é o novo LP de Caetano (Philips — R 765.026 L). É o que há de mais inventivo na música popular brasileira desde João Gilberto. E outras insurreições sonoras estão para acontecer, como os LPs de Gilberto Gil e de Gal Costa, que nos promete para logo a Revolucionária Família Baiana, acampada em São Paulo e incentivada por Guilherme Araújo, o seu jovem e inteligente empresário.

O LP de Caetano não tem aquela "unidade" bem comportada que é meta dos discos comuns. É "obra aberta". Explosivamente aberta à experiência e à inovação. E, ao mesmo tempo, rigorosa. A obra de um artista exigente consigo mesmo, que, de dentro dos veículos de massa, é capaz de dizer ainda: "Quando entro para cantar, acredito no que canto, porque só canto coisas sérias". Ou: "A mim, quem quiser me aceitar, me aceita como sou, ou então... *azar*"! Um corolário dessa exigência foi a participação, nos arranjos, de músicos de vanguarda como Júlio Medaglia, Sandino Hohagen e Damiano Cozzella. É lamentável, aliás, que a gravadora não se tenha dado ao trabalho de fornecer uma verdadeira ficha técnica (musical) do LP. Medaglia fez os arranjos de *Tropicália, Clarice* e *Onde Andarás*. Hohagen, o de *Anunciação, Clara* e *Ave Maria*. Cozzella, o de *Paisagem Útil*. Colaboraram, ainda, relevantemente, nos acompanhamentos, o Musikantiga (*Clara* e *Anunciação*), os Beat Boys (*Alegria, Alegria; No dia em que eu vim-me embora; Soy Loco por ti, America*), os Mutantes (*Eles*) e o RC-7 (*Superbacana*). De outra parte, é uma pena que não tenham seguido o exemplo dos dois últimos LPs brasileiros de João Gilberto e do "Sgt. Pepper's", colocando na contracapa o texto das letras. Entre elas, há algumas fundamentais [1]. Seria utilíssimo, inclusive do ponto de vista da comunicação com o público — já que, em sua maioria, se trata de letras longas e complexas —, que se tivesse encontrado uma solução para estampá-las ao lado do belo texto do próprio Caetano, o qual, não querendo explicar nada, diz tudo no seu não dizer: "quem ousaria dedicar este disco a João Gilberto?"

Caetano vai, propositadamente, de um extremo ao outro dos padrões musicais populares. Do bom ao mau gosto (mas um mau gosto intencional, crítico, como nas criações da *pop' art*). Montagem. Da música fina à cafona. Baião ou beguín. Bolero e latim. Berimbau e beatles. Bossa e Debussy. E ousa até a "mistura" bilíngüe (em "portunhol", ou antes, em "brasilhano") e polirrítmica (mambo-cumbia-rumba-samba). Tudo a partir de um baião básico e subliminar, em torno do qual giram as composições.

Tropicália, a primeira faixa do LP, é também a nossa primeira música Pau-Brasil, homenagem inconsciente a Oswald de Andrade, de quem Caetano ainda

---

(1) Para a melhor compreensão deste estudo crítico, transcrevem-se, ao final, as letras de *Tropicália, Clara* e *Superbacana*.

não tinha conhecimento, quando a escreveu. Pau-Brasil: "Contra a argúcia naturalista: a síntese. Contra a cópia: a invenção e a surpresa". Alguns estruturalóides falaram em "alienação" a propósito de *Alegria, Alegria*. O que eles não entenderam é que *Alegria, Alegria* não descreve, "escrevive", como diria José Lino Grünewald. Lá, como aqui, em *Tropicália*, há uma presentificação da realidade brasileira — não a sua cópia — através da colagem criativa de eventos, citações, rótulos e insígnias do contexto. É uma operação típica daquilo que Lévi-Strauss denomina de *bricolage* intelectual: a construção de um conjunto estrutural não com uma técnica estereotipada, mas com uma técnica empírica, sobre um inventário de resíduos e fragmentos de acontecimentos. Em suma, embora ainda se utilize da linguagem discursiva, Caetano não a usa linearmente, mas numa montagem de "fotos e nomes", numa justaposição de frases-feitas ou numa superposição de estilhaços sonoros. Essa linguagem — que é a linguagem própria da poesia — não entra, é claro, na cabeça dos que querem reduzir tudo a esquemas, perdão, a "estruturas" quadradas e *slogans* bífidos, do tipo alienação/participação, ainda que, por uma estranha ironia, Caetano seja um dos nossos compositores mais "participantes", como o comprova este disco.

O texto algo *nonsense* de *Tropicália* — que me lembra um pouco o humor estrambótico da *Canção Para Inglês Ver*, fox-charge de Lamartine Babo, gravado por Joel — tem uma extraordinária pertinência com o ambiente nacional. É um monumento *pop* ("de papel crepon e prata") ao pensamento bruto brasileiro. O Brasil Pau-Brasil, como o sonhou Oswald: "Bárbaros, crédulos, pitorescos e meigos. Leitores de jornais. Pau-Brasil. A floresta e a escola. O Museu Nacional. A cozinha, o minério e a dança. Vegetação. Pau-Brasil". O sonho (ou pesadelo) de uma noite de verão brasileira, em que entram como componentes a guerrilha e Brasília, a bossa e a palhoça, a mata e a mulata, Iracema e Ipanema, a fala pura das crianças e a fala falsa dos políticos, a velha e a jovem guarda, Carmen Miranda e a Banda. Um poema joco-sério, recheado de paródias e citações ("os olhos verdes da mulata", "o luar do sertão", "na mão direita tem

163

uma roseira", "Viva Maria", "O Fino da Bossa", "que tudo mais vá pro inferno", "A Banda" etc.). As enfiadas de rimas e a repetição em eco das sílabas finais do estribilho ritmado dão uma sonoridade única a *Tropicália*. Caetano joga também com um recurso inusitado na música popular urbana, possivelmente derivado do cancioneiro nordestino, e ligado mais remotamente ao canto gregoriano: frases longuíssimas, que parecem romper a quadratura estrófica, seguidas de versos curtos, em que o substantivo emerge, subitamente valorizado: "e nos jardins os urubus passeiam a tarde inteira entre os girassóis".

A partir de um cantochão puramente delineado, Caetano cria, já nas primeiras linhas, um clima de *suspense*, que chega ao ápice naquele "nariz" apontando fisiognomicamente contra os chapadões. A expectativa, que se prolonga, numa ambiência de guerrilha, até a linha "eu organizo o movimento", começa a se alterar com a inserção da palavra "carnaval", até que tudo se resolve, afinal, no baião-estribilho, que metamorfoseia o suspeitoso "movimento" num hino festivo à bossa e à palhoça. Todo o texto será marcado por esse confronto entre o sério e o derrisivo, esse contraste entre a miragem revolucionária e a carnavalesca molecagem nacional (Viva Maria × Viva a Bahia), na qual têm soçobrado, tropicalmente, os nossos mitos e as nossas ideologias.

Júlio Medaglia compreendeu muito bem o material que tinha nas mãos e fez para *Tropicália* um excelente arranjo, com uma pequena orquestra em que entram pistões, trombones, vibrafone, bateria comum, bongó, tumbadora (espécie de atabaque), agogô, chocalho, triângulo, violões, viola caipira e baixo elétrico, além dos "clássicos" violinos, violas e violoncelo. Predominam os sons vibrantes e violentos. As próprias cordas se integram, como "ruídos", no clima tropical que Medaglia quis criar para responder à provocação do texto, com aquela "imitação dos pássaros" do início, obtida através de improvisações de cada grupo das cordas (toques atrás do cavalete, glissandos e pizzicatos nas regiões mais agudas dos instrumentos). A percussão também contribui para esse clima, saturando de ruídos "tropicais" a faixa orquestral e incentivando o *suspense* desde a marcha stravinskiana da abertura.

Os metais e o vibrafone pontuam, entre os cantos, o ritmo, mantendo a tensão permanente. Uma idéia esplêndida foi a de incluir a "falação" do baterista Dirceu ("Quando Pero Vaz Caminha" etc.) como introdução ao texto de Caetano. Nasceu do acaso: ao testar o som do microfone, após as primeiras notas, Dirceu — que não conhecia o texto de Caetano — saiu-se com aquele arremedo de discurso sobre a descoberta do Brasil, a que a "tirada" anacrônica ("...e o Gauss na época gravou") dá um ar francamente gozativo. Com a sua experiência de música aleatória, Medaglia incorporou logo o improviso, que contribuiu para realçar o humor oswaldiano de *Tropicália* (lembre-se que *Pau-Brasil* começa com uma montagem de textos de Pero Vaz Caminha).

Outra faixa extraordinária do LP é *Clara* — do ponto de vista melódico, talvez a coisa mais ousada que se fez entre nós, desde *Desafinado*. *Clara* se inicia com modulações incomuns na música popular brasileira. Modulações sem um centro tonal definido, onde os sons de cada palavra, cada sílaba parecem propor uma harmonia diferente. O texto, que é também dos mais avançados, participa dessa atomização sintática, chegando ao recurso "concreto" da espacialização (no caso, sonora) de vocábulos (calma, alta, clara, água, alma, lava, alva), numa constelação de vogais abertas, em "a", reforçada por coincidências fônicas ("alva" e "lava" são formas anagramáticas, "calma" e "alma", rimas aditivas, "alma", "alta" e "alva", parônimos com permutação de uma só consoante). A participação de Gal Costa — que outra cantora poderia interpretar com tanta precisão instrumental essa melodia de "tonalidade evasiva"? — cria uma espécie de eco-resposta à voz de Caetano, integrando-se funcionalmente ao texto e à música. Sandino Hohagen fez o arranjo, com instrumentos antigos (flautas doces, trompas e viola-de-gamba), violão e baixo, secundados por uma percussão agressiva (reco-reco, caxixi e bateria), criando uma atmosfera ao mesmo tempo ascética e enervante e articulando os instrumentos à voz, numa estrutura césar-franck-debussyana, onde as flautas e a viola se harmonizam em quintas paralelas com a melodia modal da primeira parte.

Com base orquestral semelhante, instrumentos medievais e renascentistas (flautas doces, *krumhorn, kortholt*, cornetos), e mais piano-preparado, pratos e vibrafone, Hohagen elaborou outro arranjo importante, o de *Anunciação*. Para o belo e estranho texto de Rogério Duarte — o delírio-exortação do homem à mulher ante a visão do filho que vai nascer, resolvendo-se, sempre, na reiteração do nome feminino — Caetano realizou uma composição igualmente estranha e bela, onde o nome de Maria, escandido em quatro sílabas (com a repetição da última vogal), aparece numa melodia modalizante, que rompe a tensão rítmica do texto e deixa em suspenso o discurso musical. O arranjo de Hohagen é instigador. Na parte rítmica, o vibrafone em *ostinato* cria o clima angustiante requerido pelo texto. Nos seis momentos em que intervém o nome de Maria, a melodia é harmonizada paralelamente, em quintas, com os instrumentos antigos mudando de altura e de timbre (exceto na primeira e na última vez, para insinuar o *moto perpétuo* da estrutura melódica). Os pratos entram na penúltima aparição da palavra Maria, sublinhando o clímax da tensão, antes das palavras mais candentes do texto ("Maria não te iludas / com pílulas ou outros métodos").

De Hohagen, ainda, é o arranjo para a *Ave Maria* cantada em latim por Caetano Veloso, em ritmo baiano-cubano (baião-guajira). A curiosa combinação orquestral (2 guitarras, baixo elétrico, 2 pistões, 2 trombones, percussão e piano-preparado) foi estruturada em três partes. Na primeira (de "Ave Maria" até "Pecatoribus"), destacam-se as intervenções do piano-preparado e do pistão pontilhista que apenas denuncia a presença dos metais; a segunda (de "Nunc et in hora" até "hora") é um interlúdio tranqüilo e despojado, sem instrumentos rítmicos, com acompanhamento de um único violão; por fim, o "tutti" instrumental com os metais berrantes (desde "Hora mortis nostrae"). O texto latino é cantado por Caetano numa versão livre, com o "achado" da repetição em eco das palavras ("ave", "tecum", "tu-u", "Jesu", "hora", "amen") e o da terminação interrompida na vogal "a" (do "amen" final e do inicial "ave"), recurso que só encontraremos na poesia de vanguarda (em Cummings

166

e nos poetas concretos), com o mesmo intuito de sugerir uma continuidade infinita.

Se me detive, exemplificativamente, em alguns dos arranjos, foi para mostrar que, no tipo de música que fazem compositores como Caetano e Gil, é cada vez mais importante o agenciamento total dos elementos da composição: o acompanhamento é já menos "fundo", menos "acompanhamento", e muito mais integrado estruturalmente à melodia, fato que, aliás, precisaria ser melhor entendido pelos técnicos de estúdio, sob pena de se desprezarem ou se atenuarem elementos musicais relevantes na gravação. (os discos dos Beatles, nesse sentido, são exemplares).

Mas o LP de Caetano tem muitas outras surpresas que merecem análise detalhada.

Com *Ave Maria*, as canções *Clarice* e *Paisagem Útil* são as mais antigas do LP (compostas cerca de um ano e meio antes de *Alegria, Alegria*). De autoria de Capinam é o texto de *Clarice*, o mais "narrativo" do LP, e, no entanto, inegavelmente sensível no seu lento desvendar do "mistério" dessa Clarice "pequena no jeito de não ser quase ninguém". É a passagem mais lírica e "comovente" de todo o disco. Mas de um lirismo contido, uma "comoção" sem concessões. Dois momentos altos: a suspensão reiterativa da frase "entre os meninos e os peixes / do rio" e a surpresa do baião na estrofe de rimas uníssonas ("Soldado fez continência / O coronel reverência / O padre fez penitência" etc.). Ritmo misto: bolero-baião-seresta.

Paisagem Útil (título-réplica a *Inútil Paisagem* de Jobim), com música e letra de Caetano Veloso, já inaugura uma outra linha na obra do compositor baiano. O lirismo natural da paisagem carioca, expresso em sonoridades suaves e rimas toantes ("Olhos abertos em vento/Sobre o espaço do Aterro/ .../O mar vai longe do Flamengo/O céu vai longe suspenso / Em mastros firmes e lentos") começa a entrar em conflito com a poética urbana da "paisagem útil", insinuada na linha "frio palmeiral de cimento". Esse conflito se acentua na segunda parte — um interlúdio sem ritmo que rompe a andadura de marcha-rancho, introduzindo as imagens do "cinema" e do "teatro", e irrompe, abruptamente, na arrancada dos "automóveis" que "parecem voar". A partir de então, retornando ao compasso marcado, a letra toma um acento paródico de seresta tradicional. A "lua" que "se acende e flutua" no texto de Caetano não é nem mesmo aquela lua-satélite, "desmetaforizada, desmitificada, despojada do velho segredo de melancolia" do poema de Bandeira. É menos que isso: uma pseudolua "oval, vermelha e azul", isto é, "uma lua oval da Esso" que, ironicamente, "comove e ilumina o beijo / dos pobres tristes felizes / corações amantes do nosso Brasil". O tom de paródia é reforçado pela admirável interpretação de Caetano, que entoa as linhas finais, a partir de "Mais já se acende e flutua", na "persona" de Orlando Silva, o supremo invocador da lua mítica (*Última Estrofe*), e canta, na sua própria "persona", a linha desmitificadora "Uma lua oval da Esso". O arranjo de Damiano Cozzella segue de perto o texto, provendo-o de uma pequena antologia-estereótipo de marchas-rancho.

Efeito análogo busca o compositor-cantor em *Onde Andarás*. Neste caso, porém, o pastiche assume uma feição mais integral, já que todo o contexto é o de uma composição "cafona" e o texto de Ferreira Gullar (talvez voluntariamente) insalvável, salvo "o acaso / por mero descaso". A letra tipo "dor-de-cotovelo" se engasta em ritmos típicos de uma fase crepuscular de nossa música pré-bossa-nova (beguin, samba-canção) e em clichês orquestrais, especialmente preparados por Medaglia. E o processo de utilização consciente do mau gosto atinge pleno nível crítico na interpretação de Caetano, quando emposta a vocalização e a pronúncia típicas de Nelson Gonçalves, no trecho "Meu endereço... Perdi meu amor".

Das melodias em que entra o "som universal", nas execuções dos Beat Boys, dos Mutantes e do RC-7, é interessante notar que *No dia em que eu vim-me embora* e *Eles* (a primeira, anterior a *Alegria, Alegria*) têm uma profunda radicação na música nordestina. *No dia em que eu vim-me embora* (letra de Caetano, música dele e de Gil) versa um tema caymmiano característico — a emigração para o Sul —, mas de um modo diferente, sem aquele dengo de *Peguei um ita no norte* ou *Saudade da Bahia*. A poética de Caetano é muito menos lírica, de uma tragicidade seca e realística, nua e crua: "No dia em que eu vim-me embo-

168

ra / Minha mãe chorava em ai, / Minha irmã chorava em ui / E eu nem olhava pra trás, / No dia em que eu vim-me embora / Não teve nada demais. / Mala de couro forrada / Com pano forte e brim cáqui, / Minha avó já quase morta, / Minha mãe até a porta, / Minha irmã até a rua / E até o porto meu pai, / O qual não disse palavra / Durante todo o caminho / E quando eu me vi sozinho / Vi que não entendia nada / Nem de pro que eu ia indo, / Nem dos sonhos que eu sonhava, / Sentia apenas que a mala / De couro que eu carregava, / Embora estando forrada / Fedia, cheirava mal". A bravura desta última linha, some-se aquela perfeita equação do desarraigamento familiar nos versos precedentes: "Minha *mãe* até a *porta*... E até o *porto* meu *pai*", onde o parentesco fônico das palavras "porta" e "porto" é utilizado em simetria com o gênero das palavras "mãe" e "pai" para exprimir, com uma precisão epigramática, a semântica da separação e da partida. Musicalmente, a exploração da técnica reiterativa de texto e melodia atinge aqui o seu momento mais agudo, inclusive com a solução final: a linha "sozinho pra capital" repetida 8 vezes, enquanto recrudesce o tumulto da bateria, acentuando o impacto da solidão na multidão.

Eles (letra de Caetano, música de Gil) combina, como *Domingo no Parque*, a capoeira aos instrumentos elétricos, o berimbau aos *beatleniks*. São notáveis as improvisações, da abertura hindu-indeterminada às vocalizações dissonantes do fim, passando por "achados" como o das intervenções do órgão que aparece e recede, em bruscos contrastes de intensidade. A letra de Caetano, proposta e interpretada à maneira dos cantadores nordestinos, com nasalações típicas nas sílabas terminais, é uma das mais contundentes sátiras à burguesia, seus códigos de moral e seus preceitos de bem viver, já apresentada em textos de nossa música popular: "Em volta da mesa / Longe da maçã / Durante o Natal / Eles guardam o dinheiro / O Bem e o Mal / Pro dia de amanhã". A mania de segurança e previdência da classe média é implacavelmente dissecada: "Eis o que eles sabem: o dia de amanhã / Eles sempre falam no dia de amanhã / Eles têm cuidado com o dia de amanhã / Eles cantam os hinos do dia de amanhã // Eles tomam o bonde no dia de amanhã / Eles amam os filhos no dia de amanhã // Tomam táxi no dia de amanhã / É que eles têm medo do dia de amanhã / Eles aconselham / O dia de amanhã / Eles desde já / Querem ter guardado / Todo o seu passado / No dia de amanhã". Num crescendo delirante, uma colcha-de-retalhos de provérbios e ditos do bom senso popular: "Eles choram aos sábados / Pelo ano inteiro / E há só um galo em cada galinheiro / E mais vale aquele / Que acorda cedo / E farinha pouca meu pirão primeiro // E na mesma boca sempre o mesmo beijo / E não há amor / Como o primeiro amor / Que é puro e verdadeiro / E não há segredo / E a vida é assim mesmo / E pior a emenda do que o soneto / Está sempre à esquerda / A porta do banheiro / E certa gente se conhece no cheiro". Como em *No dia em que eu vim-me embora*, ao evocar a mala que cheirava mal, Caetano não hesita em violentar, além do "bom senso", o "bom gosto" das "belas letras". É mais um tabu derrubado em suas canções.

Gilberto Gil é também o autor da música de *Soy Loco por Ti, América*, que tem letra de Capinam (o nome de Torquato Neto, o letrista de *Louvação* e de outras composições de Gil e de Caetano, aparece no selo da gravação por engano). Fundindo vários ritmos latino-americanos, inclusive a cumbia colombiana, Gilberto Gil, com a colaboração de Capinam, realizou esplendidamente um projeto acalentado por Caetano: o de criar uma música que integrasse toda a Latino-América, com a sua problemática comum. Tropicalismo anti-Monroe: a América para os Latino-Americanos. Essa integração é realizada através da fusão de ritmos e do entrelaçamento da letra, onde português e castelhano passam de um para o outro como vasos comunicantes, numa justaposição temática de todas as faixas sociais, que se expressa em alternativas como a morte "de susto, de bala ou vício", "de bruços", "nos braços da camponesa, guerrilheira, manequim, ai de mim". Tudo sob a invocação épica do "nombre del hombre muerto" que "ya no se puede decir", tendo "el cielo como bandera". Menos gratuita do que parecem prefigurar seus ritmos ligeiros, *Soy Loco por Ti, América* lembra certas canções cubanas, escondendo na aparente ingenuidade e dormência de suas ondulações rítmicas, uma mensagem grave e mordente.

170

Quanto aos pseudopuristas que fingem horrorizar-se com o hibridismo da composição, seja-me permitido recordar-lhes *O samba e o tango*, de Amado Regis, com Carmen Miranda (Odeòn 11462, abril de 1937), onde o samba "faz convite ao tango pra parceiro" e eles se dão as mãos em ritmo e letra: "Hombre yo no sé porque te quiero / Y te tengo amor sincero / Diz a muchacha do Prata. / Pero, no Brasil é diferente / Yo te quiero simplesmente. / Teu amor me desacata".

Superbacana (música e letra de Caetano Veloso) é mais uma sátira-colagem do folclore urbano. O principal agenciador dessa fonomontagem é o prefixo "super" que une os Super-heróis das histórias em quadrinhos aos supertudo publicitários e passa da mitologia consumista à realidade "supersônica" da Era Tecnológica. Para tais superposições, Caetano se vale de recursos superpoéticos: jogos amagramáticos ("*Superbacana*" e "*Copacabana*"), cadeias de rimas e assonâncias ("Longe muito longe / O sol responde / O tempo esconde / O vento espalha / E as migalhas / Caem todas sobre / Copacabana / Me engana" ou "...espinafre biotônico /... avião supersônico /... parque eletrônico/...poder atômico/...avanço econômico"), um mundo de estilhaços sonoros que vai "explodir colorido no sol, nos cinco sentidos". Depois de uma citação de *Alegria, Alegria* ("nada no bolso ou nas mãos"), a explosão se suspende com um irônico cumprimento ao programa superquadrado de Flávio Cavalcanti ("Um Instante, Maestro"), para desatar, afinal, numa nova seqüência da "supers".

Feita essa apreciação geral sobre as composições do desafiante LP de Caetano, uma palavra ainda deve ser dita sobre a interpretação do compositor-cantor. Já o conhecíamos como o intérprete sóbrio e sensível de *Coração Vagabundo, Quem me Dera, Domingo* e outras canções da "nostalgia de tempo e lugares", do LP anterior, ao lado de Gal — a cantora da nova geração que mais se aproxima da interpretação "instrumental" de João Gilberto. O Caetano Veloso de *Alegria, Alegria* acrescentara algo mais à sua personalidade vocal, dando uma interpretação diferente, original e polêmica à sua composição. Agora, pode-se dizer que Caetano se revela totalmente como cantor, com um virtuosismo insuspeitado, que lhe permite transitar da interpretação *cool* a João Gilberto, para as mais "quentes", gênero jovem guarda; das inflexões de cantador nordestino para as dos intérpretes típicos de ritmos hispano-americanos, incorporando ainda, como citação, as "imitações" líricas ou irônicas de cantores da velha guarda. Uma tal versatilidade faz de Caetano Veloso, além de compositor, um intérprete de considerável importância.

Com esse disco, e mais o de Gilberto Gil, prestes a ser lançado com a colaboração dos Mutantes e de Rogério Duprat nos acompanhamentos e nos arranjos, abrem-se inexplorados caminhos para a nossa música popular. Algo de novo está acontecendo: a retomada da linha evolutiva de João Gilberto; a superação do impasse entre Música Popular Brasileira e Jovem Guarda; e uma possível atenuação dos conflitos entre a Música Popular Moderna em geral e a Música Impopular Moderna (*i.e*, a música erudita de vanguarda), cuja falta de assimilação por um público mais largo constitui uma das mais sérias lacunas da cultura de nosso tempo.

(1968)

P.S. GIL — Quando termino a elaboração deste livro, sai o LP de Gilberto Gil (Philips R 765.024 L). Na capa pop-brasil de Rogério Duarte + Antonio Dias + David D. Zingg, o compositor baiano desafia, sonsorrindo, de fardão e machado-de-assis. Com Gil estão neste disco Torquato Neto (responsável pelas letras de *Domingou* e *Marginália II*), Rogério Duprat, de regente-arranjador, e os Mutantes, mudando tudo na música nacional. A fusão de instrumentos elétricos com os ritmos brasileiros é aqui consolidada de maneira definitiva. Novos efeitos de sonoridade e timbrística são descobertos. Da implacável *Coragem pra Suportar* ao *happening* delirante de *Pega a Voga, Cabeludo*, dos metais ágeis e gozativos de *Marginália II* (mais um viva a Oswald!) à paisagem urbanístico-sonora de *Luluza*, e outras bossas, haveria muito que falar. Trato de entregar logo os originais. Porque a RFB (Revolucionária Família Baiana) não pára e se eu parar para ouvi-la, acabo não concluindo nunca o volume...

A. C.

TROPICÁLIA

CAETANO VELOSO

sobre a cabeça os aviões
sob os meus pés os caminhões
aponta contra os chapadões
meu nariz

eu organizo o movimento
eu oriento o carnaval
eu inauguro o monumento
no planalto central
do país

viva a bossa-sa-sa
viva a palhoça-ça-ça-ça-ça } bis

o monumento é de papel crepon e prata
os olhos verdes da mulata
a cabeleira esconde atrás da verde mata
o luar do sertão

o monumento não tem porta
a entrada é uma rua antiga estreita e torta
e no joelho uma criança sorridente feia e morta
estende a mão

viva a mata-ta-ta
viva a mulata-ta-ta-ta-ta } bis

no pátio interno há uma piscina
com água azul de amaralina
coqueiro, fala e brisa nordestina
e faróis

na mão direita tem uma roseira
autenticando eterna primavera
e nos jardins os urubus passeiam a tarde inteira entre os
girassóis

viva maria-ia-ia
viva a bahia-ia-ia-ia-ia } bis

no pulso esquerdo um bang-bang
em suas veias corre muito pouco sangue
mas seu coração balança a um samba de
tamborim

emite acordes dissonantes
pelos cinco mil alto-falantes
senhoras e senhores ele põe os olhos grandes
sobre mim

viva iracema-ma-ma ⎫
viva ipanema-ma-ma-ma-ma ⎬ bis
⎭

domingo é o fino da bossa
segunda-feira está na fossa
terça-feira vai à roça
porém

o monumento é bem moderno
não disse nada do modelo do meu terno
que tudo mais vá pro inferno
meu bem
que tudo mais vá pro inferno
meu bem

viva a banda-da-da ⎫
carmem miranda-da-da-da-da ⎬ bis
⎭

174

CLARA

CAETANO VELOSO

quando a manhã madrugava
calma
alta
clara
clara morria de amor.

faca de ponta
flor e flor
cambraia branca
sob o sol

cravina branca
amor
cravina
amor
cravina e sonha

a moça chamada clara
água
alma
lava
alva cambraia no sol.

galo cantando
cor e cor
pássaro preto
dor e dor
um marinheiro
amor
distante
amor
e a moça sonha só

um marinheiro
sob o sol
onde andará
o meu amor
onde andará
o amor
no mar
o amor
no mar ou sonha

se ainda lembra o meu nome
longe
longe
longe
onde estiver
numa onda
num bar
numa onda que quer
me levar
para um mar de água
clara

clara
clara
clara
ouço meu bem me chamar

faca de ponta
dor e dor
cravo vermelho
no lençol
cravo vermelho
amor
vermelho
amor
cravina e galos

e a moça chamada clara
clara
clara
clara
clara
alma tranqüila de dor

SUPERBACANA

Caetano Veloso

toda essa gente se engana
então finge que não vê
que eu nasci
pra ser o superbacana
superbacana
superbacana
superhomem
superflit
supervinc
superhist
superbacana
estilhaço sobre copacabana
o mundo em copacabana
tudo em copacabana
copacabana
o mundo explode
longe muito longe
o sol responde
o tempo esconde
o vento espalha
e as migalhas
caem todas sobre
copacabana
me engana
esconde o superamendoim
e o espinafre biotônico
o comando do avião supersônico
do parque eletrônico
do poder atômico
do avanço econômico
a moeda n.º 1 do tio patinhas
não é minha
um batalhão de cowboys
barra a entrada
da legião dos super-heróis
e eu superbacana
vou sonhando
até explodir colorido
no sol, nos cinco sentidos

nada no bolso ou nas mãos
superhomem
supervinc
superhist
superviva
supershell
superquentão

INFORMAÇÃO E REDUNDÂNCIA NA MÚSICA POPULAR

AUGUSTO DE CAMPOS

A década de 1950 se assinala por uma série de surtos revolucionários no mundo da técnica e da cultura. Pausa para reflexão e síntese, depois do flagelo da guerra, momento propício a um balanço radical de tudo-o-que-fora-feito na primeira metade do século, impunha-se um "recommencer à zero". E assim foi. Do Após-Bomba, com a revolução do *be-bop*, vinham já o LP e a TV. Depois do *Bop* veio o *Bip*. São dessa década os primeiros Sputniks. O XX Congresso e a Destalinização. A Revolução Cubana. Brasília. A Poesia Concreta. A Música Eletrônica. A Bossa Nova.

Sim, a bossa-nova foi uma revolução na música popular, e não apenas na brasileira. Segundo a revista *Down Beat,* há 40 anos ninguém influenciava a música americana como o fez João Gilberto. Hoje, quando a BN está mais ou menos institucionalizada, com um Antonio Carlos Jobim respeitado como mestre, e um João Gilberto convertido numa figura legendária, talvez muitos tenham esquecido, ou finjam esquecer, os difíceis caminhos trilhados pelo movimento que começou a se cristalizar por volta de 1958. É necessário lembrar a obstinada resistência que lhe opuseram, àquela altura, muitos sobrevivos da velha guarda e a crítica, ainda hoje morta-viva, da T.F.M. brasileira. Foi preciso o sucesso internacional — Carnegie Hall, 1962, e gravações norte-americanas de Getz a Sinatra — para que, depois do aval estrangeiro, fosse reconhecido o valor dos novos compositores e intérpretes brasileiros. E, assim mesmo, ainda se encontram alguns renitentes que menosprezam esse sucesso (como se fosse um crime ser conhecido além-fronteiras) e insistem, contra toda a evidência, em querer desqualificar a interpretação funcional e inovadora de João Gilberto como mera questão "fisiológica"...

Mas que fizeram os músicos da BN de tão provocativo, para despertar tal animosidade e tantos adversários? Simplesmente, quebrar a rotina, interromper a redundância da mensagem musical, ao nível popular.

A oposição às novas idéias artísticas, se não se justifica, explica-se do ponto de vista da Teoria da Informação. No seu importante estudo *Machines à Musique* (1957), em que analisa a contribuição das máquinas eletrônicas e eletroacústicas à sensibilidade musical, A. Moles acentua que a "mensagem artística" oscila numa dialética "banal/original, previsível/imprevisível, redundante/informativa".

Segundo ensina Moles, a informação é função direta de sua imprevisibilidade, mas o receptor, o ouvinte, é um organismo que possui um conjunto de conhecimentos, formando o que se chama de "código", geralmente de natureza probabilista, em relação à mensagem a ser recebida. É, pois, o conjunto de conhecimen-

180

tos *a priori* que determina, em grande parte, a previsibilidade global da mensagem. Assim, a mensagem transmite uma informação que é função inversa dos conhecimentos que o ouvinte possui sobre ela. O rendimento máximo da mensagem seria atingido se ela fosse perfeitamente original, totalmente imprevisível, isto é, se ela não obedecesse a nenhuma regra conhecida do ouvinte. Lamentavelmente, nessas condições, a densidade da informação ultrapassaria a "capacidade de apreensão" do receptor. Nenhuma mensagem pode, portanto, transmitir uma "informação máxima", ou seja, possuir uma originalidade perfeita, no sentido da teoria das probabilidades, e, mais precisamente ainda, a mensagem estética deve possuir uma certa "redundância" (o inverso da "informação) que a torne acessível ao ouvinte. Reciprocamente, a transmissão de elementos demasiado previsíveis é "banal" aos ouvidos do receptor, que não encontra neles um coeficiente de variedade capaz de interessá-lo.

Concluímos que, para que haja informação estética, deve haver sempre alguma ruptura com o código apriorístico do ouvinte, ou, pelo menos, um alargamento imprevisto do repertório desse código. Mas o hábito e a rotina deformam a sensibilidade, convertendo, freqüentemente, o conjunto de conhecimentos do receptor num tabu, em leis "sagradas" e imutáveis. Daí a reação que provocam as inovações, principalmente nos ouvintes mais velhos, presos a uma tábua rígida de convenções, enquanto que as gerações mais novas, obviamente menos deformadas pelo código erigido em tradição petrificada, encontram menores dificuldades para aceitar o rompimento com as fórmulas ou o alargamento do repertório. Num plano mais geral, o problema se coloca como um conflito de amplas proporções, que se vem aguçando desde o fim do século passado, entre a cultura massificada, como projeção de um código apriorístico e dogmático, e a insubordinação permanente dos artistas a todos os códigos restritivos da liberdade criadora.

É ainda A. Moles que sumariza esse conflito, dando como traço essencial da evolução da música, de 60 anos para cá, a violação progressiva e de certa forma metódica das regras anteriormente estabelecidas, e caracterizando essa evolução, de outro lado, por uma desafeição do público em relação aos compositores modernos de música erudita, o que fica patente na organização dos programas de orquestra e de rádio.

Para Moles, as raízes dessa desafeição estariam no apego irracional a certas convenções musicais (a gama, a melodia e a harmonia) que não seriam mais que um aspecto da estética sonora, configurando simplesmente um *estilo* particular:. a música clássica na escala do homem do Ocidente. Ora, as razões invocadas para justificar tais convenções se vinculariam, em última análise, à afirmação da existência de uma "gama" fundamental, a gama pitagórica, baseada sobre notas cujas freqüências estavam em relações simples (ou o comprimento das cordas vibrantes que as produziam). Haveria aqui um curiosíssimo processo de "polarização da arte pela magia": o fato experimental da existência de acordes consonantes, quinta, oitava, ligando-se à magia dos números inteiros e a toda uma série de teorias sobre as quais o menos que se pode dizer é que elas não têm nenhum alicerce sólido, pois que se fundam no valor "místico" do número inteiro, a harmonia das esferas etc.

As músicas orientais — argumenta finalmente o crítico francês — estão aí, entre outras, para nos provar que existe mais de uma solução para o problema da estética sonora, e constituem, no mínimo, uma razão válida para nos incitar a admitir outros sistemas musicais além do baseado na gama tradicional do Ocidente, já que centenas de milhões de homens, alguns altamente cultivados, encontram prazer em estruturas sonoras totalmente diversas daquelas que são familiares aos nossos ouvidos.

Todas essas considerações de A. Moles, por ele alinhadas como prólogo ao estudo daquilo que, na evolução da música contemporânea, modificou a percepção dos objetos sonoros, cabem, também, numa certa medida, à moderna música popular.

É certo que a música erudita, sendo o domínio por excelência da pesquisa, da especulação em laboratório, independente da consideração dos problemas de consumo imediato, tem experimentado — muito mais intensamente que a popular — a explosão das contradições informacionais entre artista e público. A música de vanguarda, em especial, caracteriza-se por trabalhar com uma taxa mínima de redundância e uma alta porcentagem de imprevisibilidade: é natural, portanto, que se afigure, a princípio, "ininteligível" para a maioria dos ouvintes. É uma música para produtores e não para consumidores. O problema é comum a toda a arte de vanguarda. Relembrando a incomunicabilidade inicial de Khliébnikov, o grande renovador da poesia russa neste século, disse Maiakóvski: "De uma centena de leitores, cinqüenta o chamavam simplesmente de grafômano, quarenta o liam com prazer e se surpreendiam porque nada resultava daquilo e apenas dez (os poetas futuristas e alguns filólogos) conheciam e amavam esse Colombo dos novos continentes poéticos, hoje habitados e cultivados por nós". E Oswald de Andrade, o "antropófago" do Modernismo ressuscitado por Haroldo de Campos com a reedição de *João Miramar* e das *Poesias Reunidas,* e aclamado, ainda há pouco, com a encenação do *Rei da Vela,* sintetizou num trocadilho genial a defasagem entre a produção e o consumo, quando o acusaram, em 1949, de não ser entendido pela massa: "A massa ainda comerá o biscoito fino que eu fabrico".

Embora já se possa ler numa revista popular como o *Time,* que a Colúmbia criou, em 1967, um "Natal dodecafônico" ("The Twelve Tones of Christmas"), lançando nada menos que 17 discos de música contemporânea, grande parte das quais composto dos mais extremados exemplos de Webern, Stockhausen, Cage, Pousseur e outros, o grande público ainda não assimilou esse repertório. E cumpre não olvidar, para além de episódios conhecidos, como o das "tempestades de risos, zombarias e protestos" que acolheram a 1.ª audição da *Sagração da Primavera* em 1913, o fato concreto e dramático observado pelo "sobrevivente" Stravinski, ao recordar as circunstâncias humilhantes em que morreram quatro dos maiores compositores da primeira metade do século: Schoenberg, Alban Berg, Webern e Bartok!

Condicionada fundamentalmente pelos veículos de massa, que a coagem a respeitar o "código" de convenções do ouvinte, a música popular não apresenta, senão em grau atenuado, o contraditório entre informação e redundância, produção e consumo. Desse modo, ela se encaminha para o que Umberto Eco denomina de música "gastronômica": um produto industrial que não persegue nenhum objetivo artístico, mas, ao contrário, tende a satisfazer as exigências do mercado, e que tem, como característica principal, não acrescentar nada de novo, redizendo sempre aquilo que o auditório já sabe e espera ansiosamente ver repetido. Em suma: o servilismo ao "código" apriorístico — assegurando a comunicação imediata com o público — é o critério básico de sua confecção. "A mesma praça. O mesmo banco. As mesmas flores, o mesmo jardim." O mesmismo. Todo mundo fica satisfeito. O público. A TV. Os anunciantes. As casas de disco. A crítica. E, obviamente, o autor. Alguns ganham com isso (financeiramente falando). Só o ouvinte-receptor não "ganha" nada. Seu repertório de informações permanece, mesmissimamente, o mesmo.

Mas nem tudo é redundância na música popular. É possível discernir no seu percurso momentos de rebeldia contra a estandardização e o consumismo. Assim foi com o Jazz Moderno e a Bossa-Nova. Por outro lado, há na música erudita muitos compositores que trabalham com o que, no seu campo específico, não passa de redundância informativa. É o caso de um Sibelius ou de um Copland, bem como o de Villa-Lobos e Camargo Guarnieri, os nossos mais notórios compositores modernos, cuja obra, embora caudalosa, não constitui nenhum acréscimo significativo à evolução da música contemporânea. Por isso mesmo, as 600 composições catalogadas de Villa-Lobos não oferecem nenhuma instigação aos novos criadores, enquanto que a pequena obra de Anton Webern — cerca de 30 composições —, com uma altíssima taxa de imprevisibilidade, *non multa sed multum,* informa e enforma todo o desenvolvimento posterior da música de nosso tempo.

Pode-se dizer, pois, que há uma certa simetria entre os movimentos de vanguarda que, no âmbito da música erudita, trabalham preferencial ou exclusivamente com a informatividade e os movimentos como o *be-bop* e a bossa-nova, que, dentro da área de alta redundância da música popular, procuram transcender a banalidade, romper os limites ingênuos do mero entretenimento e perturbar o código morigerado de convenções desse tipo de música.

É significativo, aliás, observar, do ponto de vista da comunicação, a semelhança das reações que aquelas

184

duas correntes de música popular provocaram. A polêmica travada no Brasil entre adeptos da velha guarda e bossanovistas, tem muito em comum com a que ocorreu, na década de 40, no mundo jazzístico, entre os partidários do estilo antigo (New Orleans) e os do *be-bop,* o novo estilo introduzido por Dizzy Gillespie, Charlie Parker, Thelonious Monk e outros. "O novo som, com seus conceitos harmônicos, rítmicos e melódicos era desconcertante, para dizer o mínimo", comentam Charters & Kunstadt em sua *História do Jazz nos Palcos de Nova Iorque.* "Ninguém de Nova Orleans pôde tocar no novo estilo. Poucos músicos em Nova Iorque podiam mesmo acompanhar o que Parker e Monk estavam tentando fazer." Trataram logo de provocar, artificialmente, uma "renascença do New Orleans", para apresentá-lo como a única forma de *jazz* "autêntico", "verdadeiro", "puro". Ridicularizados, acusados de islamismo e de uso de narcóticos, os jovens músicos foram alvo da mais violenta campanha jornalística de toda a história do *jazz.* Mas apesar da oposição que encontrou, o *be-bop* acabou vencendo e constituindo a base do *jazz* moderno. Como aquela música "desafinada", que, em 1958, desafiou e perturbou o código dos ouvintes da música popular brasileira e que, em breve, passaria a ser um novo marco de sua evolução.

O *be-bop* e a bossa-nova extraíram a música popular ocidental dos seus padrões mais convencionais, ampliaram a liberdade de experimentação dos compositores e os incentivaram a se apropriar de técnicas mais avançadas. Mas, pela própria natureza de suas inovações, só conseguiram sensibilizar um auditório restrito. Foram os Beatles, já na presente década, na fase de consolidação do mais massificante dos meios de comunicação de massa — a televisão — que lograram um novo salto qualitativo, colocando em outras bases o problema da informação original em música popular. Os Beatles rompem todos os esquemas de previsibilidade comunicativa usualmente admitidos. Ninguém diria, *a priori,* que um LP como o "Sgt. Pepper's" pudesse ser, como o foi, altamente consumido. "Não é comercial!" exclamariam, em uníssono, os *disc-jockeys* de todo o mundo, se tivessem sido consultados. A opção, aparentemente inevitável, entre artistas de produção (eruditos) e artistas de consumo (populares),

185

ganha com os Beatles uma nova alternativa — aquilo que Décio Pignatari chama de *"produssumo"* (produção e consumo reunidos).

"Os grandes sincretistas e misturadores da nossa época", na expressão do crítico inglês Frederic Grunfeld, os Beatles conseguiram para si mesmos uma liberdade quase absoluta de criação. E, curiosamente, sem perder prestígio junto ao seu auditório, o maior do mundo. Nos começos de 1967, já haviam vendido — segundo se noticiou — mais de 200 milhões de unidades de disco (um registro de 33 rotações equivale a 6 unidades) em todo o universo.

Os Beatles tomam consciência da Era Eletrônica, rompem as fronteiras entre o "ouvido" ocidental e o oriental, incorporando, por exemplo, técnicas vocais e instrumentais hindus (seu *Within you without you* chega a ser um manifesto contra as muralhas de preconceitos entre Ocidente e Oriente). E vão ainda além. Em suas últimas músicas ressoam ecos das mais modernas experiências "aleatórias" de Cage e surgem complexos sonoros que entusiasmariam a Varese, o experimentalista franco-americano que, em 1931, tumultuava a acústica e a dinâmica musicais com a composição *Ionisation* para perto de 40 instrumentos de percussão. Não se trata de uma aproximação arbitrária ou inconsciente. Para espanto de todos, os Beatles têm apresentado como seus verdadeiros ídolos, ultimamente, os compositores mais radicais da música erudita de vanguarda, Stockhausen e Cage. O periódico IT (*International Times*), n.º 6, 16-29 de janeiro de 1967, um dos porta-vozes da *underground press* londrina, estampa uma entrevista com Paul McCartney que não deixa dúvidas a esse respeito. Perguntam a ele: "Pessoas como Cage ajudam você, pela própria existência delas? É certo que, por terem feito tantas obras com o som aleatório, isto possibilita a você ser um pouco mais livre sem ter que se preocupar muito com isso?" Paul: "Sim, certo, certo. Mas essas pessoas sempre ajudam. Elas se tornaram os novos ídolos. Antes não era necessário escutar Elvis para que ele se tornasse o seu ídolo, ele *era* o seu ídolo. Elvis era o ídolo, não havia o problema de procurar por ele. Mas os ídolos de agora, as pessoas que eu posso apreciar agora, estão todas muito mais ocultas em pequenos compartimentos secretos, tocando para elas mesmas. Elas parecem estar, mas provavelmente não estão, elas foram arquivadas ali porque se trata de excêntricos que falam sobre paz. Mas você tem que descobrir essa gente, você tem que procurar muito mais, porque Stockhausen não é tocado na rádio de Londres todo o dia, e por isso mesmo não há muita *chance* de que ele se torne um ídolo da noite para o dia". Desde Cage, os músicos eruditos de vanguarda já haviam descoberto o mundo da comunicação de massa, incorporando o *environment* ao contexto de suas composições. Agora o músico de auditório descobre o músico de laboratório. Produção e consumo se tangenciam. Teremos chegado a era do *produssumo*?

No Brasil, após a insurreição da bossa-nova, exportados música e músicos para os E.U.A., houve um momento de desorientação. Os acontecimentos traumatizantes de 64 tumultuaram ainda mais as coisas e impeliram as nossas forças musicais mais atuantes para o caminho do "protesto". Do ponto de vista da sintaxe musical, foi um período de estagnação. Por outro lado, houve um enriquecimento semântico: já não era mais possível agüentar as "diluições" da Idade de Ouro da bossa-nova: a redundância tinha o nome de dor, amor, flor. De repente, Roberto Carlos e a jovem guarda: semiconsciência ingênua dos Beatles, ainda em fase de importação e assimilação. A jovem guarda deslocou, momentaneamente, a disputa entre velha guarda e bossa-nova, para um outro debate, entre a Jovem Guarda e a Música Popular Brasileira. Os nacionalóides que denegriam a bossa-nova, como música de influência americana, urbana e cosmopolita, encontravam agora, perdida a primeira batalha, um prato muito mais suculento nos adeptos do iê-iê-iê, tradutores de ritmos totalmente desvinculados da tradição nacional. Da exacerbação desse novo conflito, aguçado ainda mais pelo desencanto da situação brasileira, nasceria um novo surto de exaltação nacionalista, com as tinturas vagamente políticas e ambiguamente inconseqüentes da "esquerda festiva". Curiosamente, porém, a agressividade sóbria e disponível da jovem guarda ("E que tudo mais vá pro inferno", "Pode vir quente que eu estou fervendo") se revelava mais contundente e eficaz que a retórica empostada da Música Popular Brasileira. A *Banda* de Chico Buarque foi uma ducha de serenidade, um tranqüilizante para o equilíbrio nervoso da nossa música. Mas, na sua indecisão entre Noel e João Gilberto, Chico pagou tributo à redundância. A Tradicional Família Musical festejou, precipitadamente, mais um *éternel retour*, mais um "retorno às fontes".

Só recentemente, em 1966, é que se começou a desenhar, pela voz de Caetano Veloso e do Grupo Baiano, a "retomada da linha evolutiva" da música popular, a partir da consciencialização do "momento" de João Gilberto. O 3.º Festival da Música Popular, promovido pela TV-Record, em 1967, foi o palco onde se desenrolaram as primeiras escaramuças de uma nova batalha, a que agora travam Caetano Veloso e Gilberto Gil por uma "abertura" na música popular brasileira. Os dois compositores são os primeiros a pôr em xeque e em confronto, criticamente, o legado da bossa-nova, através do seu mais radical inovador, João Gilberto, e a contribuição renovadora dos Beatles. Esse movimento, que ainda não tem um nome definido, vai incorporando novos dados informativos: som universal, música *pop*, tropicalismo, música popular moderna. Oswald de Andrade, o grande pai "antropofágico", o profeta da nossa poesia de vanguarda, é invocado também pelos jovens compositores. Da nova perspectiva que se abre, dizem bem os recentes LPs de Caetano Veloso e Gilberto Gil. O que ainda virá pertence ao domínio da imprevisibilidade, pois é nesse plano, que supõe um inconformismo altamente instigante e uma revolução nas leis da redundância supostamente vigentes para a música popular, que se colocam as últimas propostas dos compositores baianos.

(1968).

CONVERSA COM GILBERTO GIL*

Intervenções de
Augusto de Campos e Torquato Neto

AC — *Caetano falou, há algum tempo, em "retomada da linha evolutiva" iniciada por João Gilberto. Você, na possibilidade de a Música Popular Brasileira ceder lugar a uma Música Moderna Popular. Nessa ordem de idéias, como vê você a evolução da nossa música popular, neste momento?*

GG — Quando Caetano fala em "retomada da linha evolutiva", eu penso que se deva considerar como tal

---

* As entrevistas que se seguem foram realizadas em 6-4-68.

o fato de que João Gilberto foi a primeira consciência de uma formação complexa da música brasileira, de que essa música tinha sido formada por uma série de fatores não só surgidos na própria cultura brasileira, como trazidos pela cultura internacional. Essas coisas todas JG reconheceu e colocou em síntese no seu trabalho. Em *Oba-lá-lá*, que já era um bolero, um beguin, e em *Bim Bom*, a gente identifica uma possibilidade da música popular brasileira incorporar essa espécie de balanço perseguido pelas gerações novas na música internacional. Isso já foi a abertura inicial de JG. E a retomada se explica, porque depois de JG houve uma preocupação em voltar àquelas coisas bem nacionais. O samba de morro. A música de protesto. A nordestização absurda da música brasileira. A busca irrefreada de temas ligados ao Nordeste, que culminou, inclusive, com o aproveitamento direto da coisa caipira: Vandré etc. Foi aquela busca terrível de coisas que tivessem nascido no nosso próprio terreno. Então, a linha evolutiva devia ser retomada exatamente naquele sentido de JG, na tentativa de incorporar tudo o que fosse surgindo como informação nova dentro da música popular brasileira, sem essa preocupação do internacional, do estrangeiro, do alienígena. Quanto à idéia de uma música moderna popular brasileira, ela tem mais ou menos o mesmo sentido. É a idéia da participação fecunda da cultura musical internacional na música popular brasileira. De se colocar a MPB numa proposta de discussão ao nível de música e não ao nível de uma coisa brasileira com aquela característica de ingenuidade nazista, de querer aquela coisa pura, brasileira num sentido mais folclórico, fechado, uma coisa que só existisse para a sensibilidade brasileira. E, partindo dessas duas premissas, eu acho que agora, de uns seis meses para cá, com esses novos resultados conseguidos principalmente pelo Caetano, essa linha evolutiva de João e a consecução dessa música popular moderna entraram em processo.

AC — Bem, você fala naturalmente com a modéstia de quem está dando um depoimento, porque também a sua contribuição, pelo menos desde *Domingo no Parque*, é essencial para a deflagração desse processo.

GG — Eu diria que não é só modéstia, mas também muito reconhecimento de que Caetano é a coisa fundamental nessa discussão toda. É a peça fundamental nessa retomada. Principalmente porque ele se preocupa muito mais com o aprofundamento dessas discussões do que eu, talvez. Essa é uma preocupação que vem no Caetano muito antes do que em mim.

AC — *Que fatos você considera essenciais para a sua própria evolução musical?*

GG — O primeiro fenômeno musical que deixou um lastro muito grande em mim foi Luís Gonzaga. Em grande parte pela intimidade que a música de LG teve comigo. Eu fui criado no interior do sertão da Bahia, naquele tipo de cultura e de ambiente que forneceu todo o material para o trabalho dele em relação à música nordestina. Uma outra coisa bacana no Luís Gonzaga — e a consciência disso realmente só veio depois, quando eu já especulava em torno dos problemas da MPB — foi o reconhecimento de que LG foi também, possivelmente, a primeira grande coisa significativa do ponto de vista da cultura de massa no Brasil. Talvez o primeiro grande artista ligado à cultura de massa, tendo sua música e sua atuação vinculadas a um trabalho de propaganda, de promoção. Nos idos de 51-52, ele fez um contrato fabuloso, de alto nível promocional, com o Colírio Moura-Brasil, que organizou excursões de LG por todo o Brasil.

TN — E tem uma coisa. Se aqui no Sul, a repercussão era grande, no Nordeste era obrigatória. Ele era o grande ídolo do Nordeste.

GG — Era o porta-voz. O primeiro porta-voz da cultura marginalizada do Nordeste. Antes dele, o baião não existia. Era um ritmo do folclore longínquo do Nordeste.

TN — De qualquer maneira, lá, da Bahia pra cima, todos nós crescemos sob o influxo de Luís Gonzaga. Lá no Piauí os alto-falantes das cidades não tocavam outra coisa o tempo todo.

GG — LG fez com a música nordestina — que era até então apenas folclore, coisas das feiras, dos cantadores, ao nível da cultura popular não massificada, não industrializada — exatamente o que João Gilberto fez com o samba.

AC — *E que fim levou o próprio Luís Gonzaga?*

GG — Luís Gonzaga, hoje, mora no Rio de Janeiro, na Ilha do Governador, tranqüilo, aposentado, com uma consciência espetacular a respeito de todas as coisas que foram significativas na música brasileira. Estive com ele no Natal do ano passado, por acaso. Ele, inclusive, comentou a propósito dessa coisa nova. Como ele entendia o significado da BN, da cultura urbana, do universitarismo, da busca de maior aprimoramento cultural por parte dos novos compositores. Falando de *Procissão*, ele dizia: — Puxa, Gil, como eu gostaria de ter feito essa música. Agora, você sabe, nego, uma coisa, eu não tive nem o curso primário. Você é um cara formado, você pode dizer essas coisas. Eu queria dizer essas coisas mas não sabia, eu não tinha estudo, eu não sabia jogar com as idéias. E tinha uma outra coisa. Vocês hoje reclamam, vocês falam da miséria que existe no Nordeste, da falta de condições humanas. Eu não podia, eu falava veladamente, eu era muito comprometido, muito ligado à Igreja no Nordeste. Eu tinha compromissos com os coronéis, com os donos de fazenda, que patrocinavam as minhas apresentações. Eles eram o meu sustento. Eu não podia falar muito mal deles. — É assim o Luís Gonzaga, que foi o rei do Baião. Ele é tão emocionante como Caymmi e João Gilberto. O que eu sinto quando estou diante deles é a mesma coisa: o reconhecimento, naquela figura humana, de um trabalho imenso, de uma dádiva fabulosa para o desenvolvimento da cultura musical brasileira.

AC — *E depois de Luís Gonzaga?*

GG — Depois de Luís Gonzaga foi o João Gilberto. E o João por todas essas coisas que nós já discutimos. E posteriormente, como dado recentíssimo, os Beatles e toda a música *pop* internacional. Isso, principalmente, pelo exercício de liberdade nova que eles propuseram à música popular do mundo inteiro, o que é uma coisa flagrante, e pelo sentido de descompromisso que eles impuseram com respeito ao que já tinha sido feito antes, mesmo com a música clássica, erudita. Os Beatles quase que puseram em liquidação todos os valores sedimentados da cultura musical internacional anterior. Eles procuraram colocar tudo no mesmo nível — o primitivismo dos ritmos latino-americanos ou africanos em relação ao grande desenvolvimento musical de um Beethoven, por exemplo. O valor reconhecidamente desenvolvido da Música Renascentista, em relação, por exemplo, ao folclore escocês. Eles pegam essas coisas todas e colocam numa bandeja só, num único plano de discussão. Esses três — Luís Gonzaga, João Gilberto e os Beatles — foram os marcos de minha formação musical, num sentido profundo.

AC — *Como definiria você, agora que o LP de Caetano e o seu estão editados, o movimento do Grupo Baiano?*

GG — O trabalho que fizemos, eu e Caetano, surgiu mais de uma preocupação entusiasmada pela discussão do novo do que propriamente como um movimento organizado. Eu acho que só agora, em função dos resultados dessas nossas investidas iniciais, se pode pensar numa programação, numa administração desse material novo que foi lançado no mercado.

TN — Eu estava sugerindo até, ontem, conversando com Gil, a idéia de um disco-manifesto, feito agora pela gente. Porque até aqui toda a nossa relação de trabalho, apesar de estarmos há bastante tempo juntos, nasceu mais de uma relação de amizade. Agora as coisas já são postas em termos de Grupo Baiano, de movimento...

GG — ...e até agora, a rigor, nem fomos um grupo nem estivemos integrados num movimento, pelo menos num movimento organizado. Agora é o momento de assumir essa responsabilidade.

AC — *E qual o sentido de integração dos demais elementos da "família baiana" nisso que se poderia pensar como movimento? Torquato e Capinam (este, quando trabalha com vocês) estão integrados, como autores de textos, às novas composições, como o demonstram os dois LPs de vocês. E Gal e Betânia?*

GG — Gal e Betânia, embora não tenham participado diretamente das discussões que nos levaram a essas descobertas, estão empenhadas, como intérpretes, em assumi-las.

TN — E há um detalhe mais singular ainda. Porque Betânia, por um lado, é rebelde, terrível, ela não suporta programação, ela quer descobrir as coisas por si mesma mas por outro lado foi a primeira a chamar a atenção de Caetano para a importância do iê-iê-iê.

AC — Quanto a Gal, parece-me que, no sentido em que se pode tomar como um elemento fundamental o reconhecimento de JG como um marco inovador, ela é o próprio símbolo desse reconhecimento. Não há cantora brasileira que tenha essa capacidade de usar funcional e instrumentalmente a voz como ela.

GG — Exato. Gal assumiu totalmente a responsabilidade pelo que João fez. E nesse sentido está bem integrada ao que estamos fazendo.

TN — E ela está realmente preparando um disco que responde a essa nova fase, incorporando trabalhos de Gil e Caetano, com os quais está sempre em contato e cujas sugestões ouve muito.

GG — Agora, do ponto de vista do significado do nosso trabalho diante da música brasileira, eu acho que talvez seja isso: que a gente tenha se jogado ao exercício da liberdade, que a gente tenha percebido a necessidade de uma nova linguagem, que inclua uma visão mais total do homem. Por exemplo: existe na música brasileira e na internacional (com algumas exceções: dos E.U.A., dos Beatles) uma tendência geral a considerar o lírico como o dado fundamental da música ou da poesia musical. Ou seja, o que é considerado como material básico para a música popular é o lírico — o amor, a atitude contemplativa do homem em relação às coisas. Então, isso que a gente pretende hoje, incluir uma linguagem mais cruel, mais realista em relação ao homem...

AC — Crua e cruel.

GG — Crua e cruel. Pois é. É uma proposta nova dentro da música brasileira, que seria talvez uma

194

das características do nosso trabalho. Que mais? O risco. Essa necessidade de assumir o risco. Esse descompromisso total com os estilos, com os modismos, com as coisas descobertas e exauridas.

AC — De fato, esse "exercício da liberdade" de que você fala é muito importante. Dentro dos canais de comunicação de massa, a posição mais cômoda seria aquela de corresponder ao "código" do ouvinte, fazer a boa música, a bela música, que o ouvinte, inconscientemente, já espera ouvir.

GG — É. Homeopatia. Curar a doença do cara com a própria doença. Mas o que é preciso é acrescentar a isso o veneno do novo.

AC — Exatamente. A atitude normal é satisfazer o "código" apriorístico do ouvinte. O interessante no trabalho de vocês é que vocês não se contentam com isso e querem, justamente, fazer o exercício dessa liberdade, envenenando o código.

TN — Isso tudo está naquele texto do Décio, o prefácio de *Invenção* n.º 5. Aquele texto tem tudo. "Que são as revoluções senão a radicalização da média"?

AC — "Sócrates e Tarzan"...

GG — Bacana, isso. A radicalização da média.

AC — *Um outro fato novo na música popular brasileira me parece ser o contato de vocês com os músicos eruditos, mas não quaisquer músicos eruditos: homens de vanguarda, familiarizados com as técnicas mais avançadas da arte contemporânea, da música serial à eletrônica, da música concreta à aleatória. É o caso de Rogério Duprat, Damiano Cozzella, Sandino Hohagen, Júlio Medaglia. Que me diz da sua experiência de trabalho com Rogério Duprat, desde* Domingo no Parque?

GG — Rogério tem, em relação à música erudita, uma posição muito semelhante à que nós temos em relação à música popular. Essa posição de insatisfação ante os valores já impostos. Ele quer desenvolver a música erudita, ele não quer sujeitá-la a um sentido acadêmico.

195

Eu acho que é, precisamente, por essa coincidência de propósitos, que a aproximação era inevitável. Por exemplo: quem procurar saber como foi feito o arranjo de *Domingo no Parque*, fica sabendo que ele se processou nesse nível de aproximação, de programação conjunta, por nós dois. Eu mostrei a Rogério a música e as idéias que eu já tinha e ele as enriqueceu com os dados técnicos que ele manuseia e eu não: a orquestração, o conhecimento da instrumentação. Mas a decupagem do arranjo, a determinação de que climas funcionariam em determinadas partes, que tipos de instrumento, que tipos de emoção, todas essas coisas foram planejadas juntamente por mim e pelo Rogério. Inclusive, ó arranjo foi feito gradativamente. Nós nos sentamos, durante 4 ou 5 dias, em tardes consecutivas, e fomos discutindo, formulamos, reformulamos e até no estúdio ainda fizemos modificações em função das sonoridades que resultavam. Foi um trabalho realmente feito em conjunto.

TN — Aliás, essa conjunção de perspectivas é tão grande, que ainda agora pode ser sentida, talvez com maior evidência, no novo LP de Gil.

GG — É verdade. Rogério não fez todos os arranjos. O de *Coragem pra Suportar*, p. ex., foi feito por mim, na hora de gravar, com os Mutantes. E no entanto, se a gente for olhar de um modo geral o disco, esse arranjo poderia muito bem ter sido feito pelo Rogério. Muita gente me pergunta: esse arranjo dos Mutantes, quem foi que fez, foi o Rogério? Essas idéias de vocalização aqui, esses gritos, essas mudanças, esses duetos, todos esses detalhes técnicos que às vezes foram elaborados por mim apenas, poderiam ter sido pensados por ele. Por outro lado, a idéia de comentar o Hino Nacional e o Hino dos Fuzileiros Navais no *Marginália* foi mesmo do Rogério, e, no entanto, é uma idéia que, de certa forma, já estava contida, em germe, no texto e na música. Creio que esses exemplos ilustram bem o processamento do nosso trabalho.

AC — Me parece, por isso mesmo, que o contato entre vocês e esses músicos é diferente dos que anteriormente ocorriam na música popular brasileira. Não é um mero acompanhamento o que vocês pedem a eles. Trata-se de um contato integrativo e que surgiu quase que por imposição das propostas de cada um, na medida em que estas se identificam num campo comum, que repudia a música institucionalizada.

AC — *E o contato com os Mutantes?*

GG — Os Mutantes foram também uma dado novo. Eu os conheci por causa do Rogério, que, por sua vez, me fora apresentado pelo Júlio Medaglia. A Nana estava gravando *Bom Dia* e o Rogério tinha pensado em utilizar os Mutantes, que ele já conhecia. Daí surgiu a idéia de eles colaborarem também no *Domingo no Parque*. Os Mutantes foram, antes de tudo, um conjunto de iê-iê-iê e de *rock*, depois, de bossa, e finalmente trabalharam com o Ronnie Von. Eles demonstraram uma sensibilidade enorme para o que eu queria. E representaram muito, para nós, no sentido de evidenciar essa necessidade de liberdade de que venho falando. Por exemplo, Serginho, o guitarrista, nunca se preocupou em pensar: será que isso que estou fazendo vai ser considerado respeitável pelos músicos brasileiros, pelas pessoas que me cercam? Eu ainda era de certa forma perseguido por esses fantasmas. Serginho tocava indiferentemente Bach, Beethoven, iê-iês e *rocks* de Elvis Presley, para ele era a mesma coisa. Então, a seqüência de trabalho com eles me ajudou muito a me livrar dessas coisas todas. O *Pega a Voga, Cabeludo,* p. ex., não poderia ter sido realizado, não fosse o aprendizado que eu tive com eles desse lado livre, descontraído, descompromissado em função da música. Nesse caso, a experiência foi muito mais positiva pra mim do que pra eles.

AC — Por outro lado, eles me parecem ter um alto sentido de musicalidade. As coisas que eles fazem com o som em *Coragem pra Suportar, Domingou,* do seu disco, e *Eles,* do LP de Caetano...

GG — E nesse sentido, creio que a ligação comigo foi proveitosa para eles, porque eu sempre me preocupei muito com a sonoridade, com a musicalidade.

AC — A propósito, essa idéia — que eu penso que é sua — de aproximar a sonoridade do berimbau dos instrumentos elétricos é um "achado" muito interessante para a música popular.

GG — Interessante e que tem esse sentido "antropofágico" mesmo. Colocar a monocultura junto da indústria, de repente...

AC — E o importante é que isso permite responder, através de certos veículos instrumentais brasileiros, à provocação dos instrumentos elétricos, fazendo com que a consciencialização do mundo eletrônico, que nos vem dos Beatles, não se processe passivamente.

GG — Inclusive, no Festival, sob o aspecto visual, a experiência resultou interessante. De um lado os três Mutantes, com os instrumentos elétricos; no meio, eu, com um violão simples; e do outro lado, o Dirceu, com o berimbau. A usina, de um lado. O artesanato no meio. E o primitivismo do outro.

AC — *Falta falarmos no Dirceu. Como foi o seu contato com ele?*

GG — Foi meio por acaso. Eu precisava de um berimbau para o *Domingo no Parque*. Como ele ia tocar a bateria, era mais viável que ele tocasse também a parte do berimbau. Então ele fez a bateria e gravou em *play-back* o berimbau. Dirceu também se mostrou sensível aos problemas da minha música, sem aquele preconceito que muitos tinham com relação aos músicos do iê-iê-iê. Participou de todas as faixas do meu LP e do de Caetano.

AC — E deu ainda aquela sensacional entrada — a fala do Pero Vaz Caminha — no *Tropicália*...

GG — É. Aquele rasgo de criação ...e de sensibilidade. Ele percebeu *Tropicália* antes de todo mundo. Pois ele não conhecia nada do texto de *Tropicália*. Aliás, em *Pega a Voga, Cabeludo*, ele faz outra das suas: um discurso improvisado, com sotaque nordestino: "Som psicodélico é redondo que só uma gota". Isso é também uma prova de integração da sensibilidade desses músicos às novas experiências que estamos fazendo.

198

CONVERSA COM CAETANO VELOSO

Intervenções de
Augusto de Campos e Gilberto Gil

AC — *Você acha possível, Caetano, conciliar a necessidade de comunicação imediata (tendo em vista as grandes massas) com as inovações musicais?*

CV — Acredito que a necessidade de comunicação com as grandes massas seja responsável, ela mesma, por inovações musicais. O rádio, a TV, o disco, criaram, sem dúvida, uma nova música: impondo-se como novos meios técnicos para a produção de música, nascidos por e para um processo novo de comunicação, exigiram/possibilitaram novas expressões. Esse novo processo de comunicação é presa de um esquema maior (as leis estéticas que comandam a produção musical em rádio, disco e TV nascem de necessidades comerciais, respeitos oficiais-estatais, compromissos morais etc. etc.) que representa, muitas vezes, um entrave à inovação (inovar, no sentido de ampliar o campo do conhecimento através de uma forma de arte). Livre do patrocinador, do censor, do compromisso com a mediocridade das massas, o "pesquisador puro" é que irá dar saltos ousados; não sem risco, entretanto, de cair no vazio. Ou seja: de um lado, a Música, violentada por um processo novo de comunicação, faz-se nova e forte, mas escrava; de outro, a Música, resguardada. Assim, se poderia pensar que o rádio, a TV, o disco, como meios de comunicação, teriam transformado a própria forma das artes por eles divulgadas, mas que esses meios, com toda a força que eles tinham, trariam em si mesmos o freio às inovações. Creio, porém, que a possibilidade do meio novo exigir a forma nova não está esgotada. Que o processo não parou. Que o conflito permanece vivo porque os novos meios de comunicação continuam a funcionar como freio e como novo. Por exemplo: os Beatles romperam esse mecanismo, mas só o conseguiram através do poder adquirido através do disco. Eles deram uma virada que eu mesmo não sei onde vai dar. Você ouviu o disco do Jimi Hendrix, *Experience?* Está em 1.º lugar nas paradas de vendas dos E.U.A. e da Inglaterra. É um disco dificílimo, lindíssimo. É mais difícil que os Beatles. É inovador. É riquíssimo, inclusive poeticamente. O disco é todo ele de experiências com sons de guitarra. É uma música negra, improvisada, como o *jazz,* mas muito próxima da música eletrônica. Com uma noção fantástica de estrutura. Jimi é guitarrista e faz as letras de suas músicas. Além disso, ele canta atrás desses sons que ele e o baixo tiram da guitarra, em primeiro plano. E isso que ele canta e você quase não ouve são letras excelentes e difíceis. Eu tenho a impressão de que tudo isso penetrou um pouco como exigência de que se faça a novidade.

GG — A novidade passou a ser um dado da exigência do mercado...

CV — ... e isso possibilita que o *novo* aconteça como música.

AC — *Que interesses musicais, literários ou artísticos têm influído na formação do seu estilo de compor (música e letra)?*

CV — Nunca ouço música erudita, a não ser casualmente. Mas a música de rádio sempre me apaixonou. As canções. A bossa-nova (João Gilberto) levou-me a compor e cantar, a me interessar pela modernização da música brasileira. Mas esse interesse estava incluído no fascínio que exercia sobre mim a descoberta de um Brasil culturalmente novo: eu lia a revista *Senhor* encantado; acompanhava o nascimento do "cinema novo" (lia todos os artigos de Glauber Rocha e cheguei, ainda secundarista, a publicar alguns escritos sobre cinema), descobri, assombrado, Clarice Lispector, depois, Guimarães Rosa e, por fim, João Cabral de Melo Neto, cujos poemas li quase tantas vezes quantas ouvi os discos de João Gilberto; redescobri Caymmi e persegui a "plasticidade" sonora que encontrava em suas canções; ouvi *jazz*, principalmente cantores (Billie Holiday e os *blues* tradicionais me encantaram mais que o Modern Jazz Quartet e David Brubeck me enfastiava); enfim, eu queria estar vivo no seio de um país jovem, entre jovens corajosos e criadores, eu gostava das maquetes de Brasília, de escrever a palavra *estória* com *e* e de ver textos impressos em letras minúsculas. De minha parte, tentava fazer uma poesia como a de Lorca, partindo dos sambas de roda de Santo Amaro, tratando-os à maneira de Caymmi, revisto por João Gilberto. Não descuidava, entretanto, de continuar ouvindo tudo que saía no rádio: sei até hoje muitos boleros de Orlando Dias, Anísio Silva, sambas-canções de Adelino Moreira e *rocks* americanos cantados em português por Celly Campelo... Me interessava a linha da esquerda universitária. Mas sou muito desorganizado e não sou estudioso. Li Sartre, *Questão de Método*, sem nunca ter lido um só texto de Marx ou mesmo da literatura de divulgação que foi feita sobre o marxismo, exceto alguns artigos de Carlos Nelson Coutinho e Leandro Konder publicados na *Revista Civilização*. Me interessava "em geral" pelo clima de criatividade que eu sentia em torno de mim.

Via a música nova de João dentro dessas coisas. E assim me envolvi em toda essa paixão que nasceu com a BN. Quero dizer que nunca me considerei um bom músico. Acreditava ser um bom incentivador/orientador dos meus colegas. Esperava poder fazer boas letras também. Quando cheguei ao Rio eu compartilhava de uma posição que se resguardara. Aos poucos fui compreendendo que tudo aquilo que gerou a BN terminou por ser uma coisa resguardada, por não ser mais uma coragem. Todos nós vivíamos num meio pequeno, numa espécie de Ipanema nacional. Mas é claro que João Gilberto é outra coisa. Acho os discos de João um negócio sensacional até hoje, incluindo mil coisas que a gente tem de lutar ainda agora para que as pessoas aceitem sem medo. Por exemplo: *Oba-lá-lá* mistura beguin com samba. Em *Bim Bom,* que o João chama de *baião,* Jobim faz uma citação de *El Manicero.*

GG — Inclusive o baião tinha, naquela época, a mesma maldição que o iê-iê-iê tem hoje.

CV — Sim, havia gente que, na época de Luís Gonzaga, considerava o baião uma espécie de sujeira. Mas acontece que a mesma paixão que fez com que nós nos ligássemos, num primeiro momento, a umas tantas coisas e a uns tantos preconceitos, fez também com que nos desligássemos deles.

GG — Ambicionávamos uma liberdade que a gente não conseguia exercitar plenamente naquela época e que hoje a gente aprendeu a usar de uma forma mais livre.

AC — Em suma, houve um momento inicial da BN em que ela corporificava isso que o Gil chama de "exercício da liberdade". Mas depois de um certo tempo, na medida em que a BN se institucionalizou e adquiriu uma aura de "seriedade", ela começou a estancar essa liberdade.

CV — Exato. E quando no Rio eu comecei a me enfastiar com o resguardo em seriedade da BN, o medo, a impotência, tendo tornado a BN justamente o contrário do que ela era, as coisas menos sérias começaram a me atrair. E a primeira dessas coisas foi a que mais assustaria os meus colegas de resguardo: o iê-iê-iê. Passei a olhá-lo de outra forma, apesar de que, meio curioso e desconfiado, eu nunca deixara de ouvir e de aprender as músicas da jovem guarda, mesmo sem saber bem pra quê. Isso também aconteceu, mais ou menos ao mesmo tempo, com todos nós.

GG — Mas muito sob a sua instigação, você trazendo essas coisas para a gente discutir...

CV — Mas você, em compensação, mesmo sem estar muito preocupado em saber o significado dessas músicas em termos de composição, pegando essas coisas na rua e trazendo pra casa. E Betânia, que falava muito comigo, mesmo antes: — Você está por fora. Veja o programa do Roberto Carlos. Ele é que é forte. O resto está ficando um negócio chato, tão chato que eu prefiro então cantar músicas antigas. — Foi mais ou menos aí, há 2 anos, que eu fiz *Paisagem Útil,* que parece um corolário, mas é propriamente uma precursão de *Alegria, Alegria,* o primeiro novo industrial.

AC — Isso que aconteceu com vocês é mais ou menos simétrico ao que ocorreu com os nossos músicos eruditos de vanguarda. Aquilo que foi e é o João Gilberto para vocês é o Webern para a música erudita moderna. Foi chegando um momento em que o estilo serial pontilhista pós-weberniano, antes altamente informativo, foi-se tornando reduntante. Então os nossos músicos — Willy Corrêa de Oliveira, Gilberto Mendes, Rogério Duprat, Damiano Cozzella — partiram para aquilo que Décio Pignatari chamou de "luta pelo avesso". Assim, quando Eleazar de Carvalho veio apresentar como novidade, em 1966, um concerto de Música de Vanguarda no Teatro Municipal de São Paulo, Décio, Rogério, Willy e Cozzella subiram ao palco e intervieram na apresentação de *Stratégies* de Xenaquis, cantando o *Juanita Banana.* Não se tratava de molecagem. Era uma intervenção crítica, que introduzia um dado imprevisto no "acaso" controlado (totalmente "previsto" pelos músicos brasileiros) da música aleatória do compositor grego. Naquele momento e naquele contexto, a composição altamente técnica e elaborada de Xenaquis não funcionava como vanguarda. É o mesmo impulso que fez vocês tomarem posição contra o

203

"resguardo" da BN. No momento em que a vanguarda institucionalizada se cobria de uma seriedade antiliberdade foi preciso combatê-la pelo avesso.

CV — É exatamente o que eu quero dizer. Hoje eu trabalho com tudo isso. Não eliminei, como muitos pensam, aquilo com que eu trabalhava na época anterior, mas quero incorporar novos dados à minha experiência.

AC — Eu tentei sumarizar esse salto aparentemente absurdo, de um extremo a outro da música popular, jogando com as siglas JG no meu artigo "Da Jovem Guarda a João Gilberto..."

GG — É isso mesmo. De JG a JG. Os concretistas sempre descobrindo as siglas...

AC — *Na primeira fase de sua música, você teve — segundo declarou — uma profunda vivência da obra poética de João Cabral. Oswald me parece ser o dado novo em sua experiência de agora. Qual é realmente o significado de Oswald para você?*

CV — Acho a obra de Oswald enormemente significativa. Fiquei impressionado, assustado mesmo, com aquele livro de poemas dele que que você me deu (*"Oswald de Andrade", textos escolhidos e comentados por Haroldo de Campos*). Só conheço de Oswald esse livro e o *Rei da Vela*. E mais aquele estudo do Décio, *Marco Zero de Andrade,* maravilhoso. Fico apaixonado por sentir, dentro da obra de Oswald, um movimento que tem a violência que eu gostaria de ter contra as coisas da estagnação, contra a seriedade. É fácil você compreender como Oswald de Andrade deve ser importante para mim, tendo passado por esse processo, tendo ficado apaixonado por um certo deboche diante da mania de seriedade em que caiu a BN. Você sabe, eu compus *Tropicália* uma semana antes de ver o *Rei da Vela*, a primeira coisa que eu conheci de Oswald. Uma outra importância muito grande de Oswald para mim é a de esclarecer certas coisas, de me dar argumentos novos para discutir e para continuar criando, para conhecer melhor a minha própria posição. Todas aquelas idéias dele sobre poesia pau-brasil, antropofagismo, realmente oferecem argumentos atualíssimos que são novos mesmo diante daquilo que se estabeleceu como novo.

AC — Nós passamos por um processo semelhante de formação. João Cabral, claro, foi também muito importante para nós: sua construtividade rigorosa, seu ascetismo. Mas Oswald era a abertura do avesso, do outro lado, o homem que pensou um Brasil novo, totalmente descomprometido com o sistema. Mas vamos a uma outra questão.

AC — *Quais, dentre as suas últimas composições, aquelas a que você atribui maior importância?*

CV — A mais importante é *Tropicália*. Esse o sentimento que me interessa agora.

AC — Possívelmente porque ela é a tradução prática de todos esses problemas sobre os quais nós vimos conversando. O grosso e o fino...

GG — A bossa e a roça...

AC — E *Clara*, que significado tem para você?

CV — *Clara* é posterior a *Paisagem Útil*. Foi feita nessa época de inquietação em que eu estava tentando retomar aquele impulso da linha evolutiva. Eu procurava uma música diferente, um som que fosse realmente novo...

GG — Sim, foi a época em que a gente andava preocupado em entender como andavam as harmonias dos Beatles, como se encadeavam os acordes, em que a gente discutia exatamente esse aspecto.

CV — Nascida dessa inquietação de criar algo que não fosse o novo estabelecido, *Clara* é uma tentativa de fazer alguma coisa como João Gilberto, de fazer uma coisa limpa. É o lado apolíneo dessa inquietação. É muito Caymmi por certos aspectos, porque *Clara* é muito aliterativa, muito onomatopaica. Está, para mim, muito ligada a uma revisão das coisas mais importantes do início da BN.

205

AC — Mas tem uma limpeza, uma enxutez, que não há em Caymmi, a ausência do "dengo" baiano.

GG — É. O *Clara* já é mais *Vidas Secas*, mais João Cabral.

CV — Inclusive é a própria observação que João faz a respeito da Bahia, Graciliano *versus* Jorge Amado. *Clara* tem o amor pelo árido de *Psicologia da Composição*.

AC — A preocupação com a sonoridade nova se reflete na letra. A sonoridade da letra é também muito particular.

GG — É um caso de superposição. Como os acordes se superpõem, pla-pla-pla, em arrumação de prateleira...

AC — Isso é ainda mais evidente na segunda estrofe, onde os elos sintáticos se rarefazem e há uma espécie de espacialização sonora, menos narração.

GG — É aquele binômio de que você fala: informação e redundância, não é? A segunda tem menos redundância e mais informação.

AC — E não é, no caso uma solução artificial, porque está vinculada à proposta sonora de células harmônicas diferentes. O que encontra uma correspondência exata na espacialização das palavras. Tudo isso faz de *Clara* — embora não seja, no momento, o centro das preocupações de Caetano — uma realização importante.

GG — E particularmente grata aos concretistas...

CV — E, aliás, eu quando fiz *Clara*, não conhecia nada, quase nada do que vocês faziam. Dedé, sim. Das aulas de Estética do Yulo Brandão no Curso de Dança que ela fazia na Universidade da Bahia.

AC — *Clara* é não-linear. Mas também *Tropicália*, com a sua técnica de montagem, é não-linear.

206

CV — Creio que até menos não-linear.

AC — Talvez elas sejam o avesso uma da outra, *Clara e Tropicália*. Duas maneiras de ataque diferentes do mesmo problema.

CV — Talvez.

AC — *Para encerrar. Que é o Tropicalismo? Um movimento musical ou um comportamento vital, ou ambos?*

CV — Ambos. E mais ainda: uma moda. Acho bacana tomar isso que a gente está querendo fazer como Tropicalismo. Topar esse nome e andar um pouco com ele. Acho bacana. O Tropicalismo é um neo-Antropofagismo.

E OUTRAS BOSSAS

JUANITA BANANA NO MUNICIPAL

A II Semana de Música de Vanguarda, "organizada pelo Maestro Eleazar de Carvalho e pela pianista musicóloga Jocy de Oliveira" e levada a efeito, na primeira quinzena de setembro (1966), em São Paulo e no Rio, teve — ao que parece — repercussões diferentes nas duas capitais artísticas do país.

No Rio a sua apresentação se fez sem maiores acidentes e incidentes. Segundo o testemunho de um crítico, ao término de *Stratégies,* a composição aleatória de Iannis Xenaquis, regida simultaneamente pelos maestros Eleazar de Carvalho e Júlio Medaglia, houve alguns assobios, que, porém, "não medraram em meio aos bravos! de alguns entusiastas, naquele clima de conformidade provinciana de um público que achou de bom-tom, exercendo o mesmo rito social e melancólico de todos os concertos, aplaudir a música insólita".

Em São Paulo, onde teve início a Semana, a mesma peça foi o pivô de um *qui pro quo* que causou algum escândalo e provocou reações diversas: a intervenção de um pequeno grupo de espectadores — três, na verdade — que interromperam o concerto cantando *Juanita Banana,* convertida em musa musical dos *happenings* paulistanos. Para os organizadores do festival essa nota fora da pauta foi motivo de perplexidade; para os críticos acadêmicos, uma tirada de mau gosto; para os jovens compositores de música moderna dita erudita (isto é, música de alta cultura, em relação às de *mid* e *mass culture*), um gesto que "salvou a cara da vanguarda" numa semana que começava com muito foguetório mas insuficiente "brasa" vanguardista.

O evento se deu no Teatro Municipal de São Paulo que, ultimamente, já sofrera o impacto dessacralizador de alguns espetáculos insólitos: o Festival de Música de Vanguarda, organizado em novembro de 1965 por Diogo Pacheco, que rompeu com todos os tabus de apresentação naquele teatro, e a recente audição de música da jovem guarda, promovida pelo mesmo regente, com a colaboração de Damiano Cozzella — autor dos arranjos "clássicos" de sucessos do iê-iê-iê nacional — e de músicos e intérpretes "eruditos". Naquela vetusta e/ou augusta casa de espetáculos teve lugar também o concerto de abertura da II Semana de Música de Vanguarda. Além de uma peça sem maior significação de Luciano Bério (introduzida à última hora em substituição a *Jeux Vénitiens* do polonês Witold Lutoslawski), foram executadas *Movements* (1ª audição no Brasil) de Stravinski, *6 Peças para Orquestra, op. 6* de Anton Webern e *Stratégies* (1962) de Xenaquis.

Quanto a Stravinski e Webern, nada a opor à sua inclusão em qualquer festival da espécie; primeiro por se constituírem na dupla fundamental para a evolução da música contemporânea e segundo porque tanto a obra de Webern como as composições mais recentes de

Stravinski são muito pouco divulgadas em nosso meio, fora dos círculos especializados. *Movements,* que data de 1958-59, documenta a admirável capacidade de renovação de Stravinski, tentando, aos 76 anos, superar as próprias fórmulas e reformular, para uso próprio, o léxico do serialismo — o de Webern, em particular, cuja redescoberta o fascinou por volta de 1952. Saudável como seja, porém, essa evolução da obra stravinskiana, a peça parece confirmar a impressão, manifestada entre outros por Robert Siohan, de que a linguagem serial, que em Webern é perfeitamente assimilada, a ponto de parecer natural, soa um pouco forçada em Stravinski. Depois desse "Strawebern", como a irreverência da vanguarda paulista classificou os *Movements* do grande mestre russo, as *6 Peças para Orquestra* de Webern fluíram como água cristalina. Ouvidas 56 anos depois (trata-se de uma das primeiras peças de Webern, de 1910!) guardam aquela juventude, aquela integridade que fazem do seu compositor um caso único na música contemporânea: aí estão já algumas de suas características marcantes — a linguagem extremamente concisa, o uso funcional dos timbres e da intensidade, a dialética precisa entre som e não-som, "um romance num suspiro", *non multa sed multum,* microcosmúsica. Mas Webern, por muito tempo objeto daquela conspiração de silêncio com que são recebidos os grandes "inventores" artísticos, ouve-se, hoje, de joelhos, ainda que para avançar depois dele seja preciso também, como disse Boulez, saber "esquartejá-lo". (Em termos de música popular, poder-se-ia dizer que João Gilberto é uma espécie de Webern da nossa música nova.) Até aí, portanto, estava-se diante de obras de vanguarda de extraordinário valor, mas, se não de todo consumidas, pelo menos já aceitas e respeitadas (basta dizer que a composição de Webern foi bisada em São Paulo e no Rio).

Restava a peça de Xenaquis.

Nessa obra, conforme foi explicado no próprio convite do Municipal, duas orquestras seriam postadas no palco, com os seus dois regentes (Eleazar e Medaglia) de costas um para o outro. Os maestros poderiam escolher e fazer executar, simultaneamente, uma das 6 composições (táticas) predeterminadas ou optar pelo silêncio, que se constituiria na 7ª possibilidade aleatória, além das 13 combinações adicionais, havendo ao todo 400 variantes combinatórias, desde que cada orquestra poderia tocar ao mesmo tempo qualquer uma das 20 combinações possíveis. De acordo com o projeto de Xenaquis, a execução deveria se processar com um duelo entre as duas orquestras, com marcação de pontos, através de um *scoreboard* (de preferência um painel eletrônico), sagrando-se vencedor aquele que mais se aproximasse da estrutura estratégica prevista pelo compositor. Assim se fez. Apenas, como não fosse possível o painel eletrônico, adotou-se o sistema do marcador futebolístico, movimentado manualmente...

Pouco antes da execução, o maestro Eleazar advertia o público de que seria permitido "torcer", desde que moderadamente, fazendo assim uma concessão plausível e uma restrição inadmissível num festival de vanguarda. De qualquer forma, não contavam os promotores da semana com a espécie de "torcida" que preparava um setor do público presente. Começou o jogo. Vencia o maestro Eleazar por ampla contagem quando de um grupo da platéia, decididamente adepto do time musical do maestro Medaglia, no preciso momento em que os regentes pareciam optar pela sétima possibilidade do silêncio, partiu, claramente audível, a ária operística da *Juanita Banana*. Júlio Medaglia, afeito a todas as táticas da vanguarda, ele próprio participante de outros *happenings*, não se perturbou. Mas Eleazar de Carvalho não aceitou de boa vontade o que lhe pareceu ser uma indébita intromissão. Chamou o trio cantante para o palco, talvez esperando confundir os "jovens audazes". E eis que os três cantores improvisados subiram à cena e, ante a batuta do maestro, renovaram com mais ímpeto o seu terceto, sob os aplausos e apupos divididos da assistência. Quebrara-se, finalmente, o protocolo na semana de vanguarda, até então dominada pela mansuetude e pela timidez. E conseguira-se tumultuar o prélio musical que, na prorrogação, depois concedida, proporcionou ao jovem Medaglia a vitória de um empate. A instâncias de público, a taça da vitória coube a este último, que transformou a cerimônia da sua entrega num pequeno *happening,* fazendo a contra-entrega de uma lâmpada queimada ao seu contendor.

Foi assim que *Juanita Banana,* assomando ao palco do Teatro Municipal, deu a um Festival quase envergonhado o contexto de vanguarda que lhe faltava, em grande parte por desconhecerem os seus organizadores o que se tem passado no Brasil no campo da música nova. Um ponto-evento incontornável, nesse sentido, seria o espetáculo que se realizou em novembro do ano passado no mesmo teatro, e onde foram apresentadas peças que provocaram um diálogo polêmico com a platéia presente, entre elas as composições aleatórias dos paulistas Gilberto Mendes e Willy Corrêa de Oliveira. Deste, executou-se *Ouviver Música,* espécie de "musicomics" de vanguarda, com partituras audiovisuais, misturando a notação tradicional com personagens de histórias em quadrinhos, signos e símbolos diversos, que deveriam ser interpretados livremente pelos executantes. De Gilberto, *Blirium C9,* que faz largo uso da montagem de composições populares numa estrutura aleatória em todos os seus parâmetros.

A intervenção do improvisado trio que cantou *Juanita Banana* teve, pois, um sentido crítico, injetando no espetáculo da batalha musical séria e serialmente previsto por Xenaquis, um pouco do malicioso espírito de guerrilha dos jovens músicos paulistas, todos eles interessados num aspecto que parece não estar compreendido naquela composição: a dimensão semântica, introduzida pelo confronto das estruturas altamente qualificadas da música erudita com toda a parafernália viva das manifestações musicais extraídas das mais diversas faixas de consumo e veiculadas no universo implosivo da comunicação de massa.

Não por acaso era aquele trio constituído de dois compositores de vanguarda — Willy Corrêa de Oliveira e Rogério Duprat — e um poeta (concreto) — Décio Pignatari —, os dois últimos integrantes do MARDA (Movimento de Arregimentação Radical em Defesa da Arte), promotor de *happenings* em São Paulo. Pois o *happening*-relâmpago de *Juanita Banana* conseguiu inserir no acaso controlado — puramente sintático — das

Estratégias de Xenaquis, no acaso *intra-muros* que circulava em circuito fechado entre compositor e maestros ante um público longínquo e indiferente, um dado novo, uma "estratégia" imprevista — o acaso "semântico".

Restituindo o *cattivo gusto* do *bel canto* ao Municipal, sob espécie de música popular, dessacralizando, em suma, com sua ópera popular — com sua "popera" — aquela casa de espetáculos e o próprio jogo-disputa entre os músicos, *Juanita Banana* deu à Semana a dimensão adicional de uma vanguarda aberta, que se critica a si mesma. Esse acaso fora do programa, crítica em ação da vanguarda *in vitro* pela vanguarda *in vivo*, foi a saudação-desafio, a homenagem não-canônica com que o "movimento" paulista festejou um Festival que incorreu no equívoco de pretender mostrar o que se fazia lá fora ignorando o que se passava aqui dentro, e ao qual, por isso mesmo, foi preciso reagir de maneira drástica e radical, com uma crítica fraternalmente contundente, "no ato".

A Semana teve, depois, prosseguimento, no TUCA (Teatro da Universidade Católica), com outras realizações, mais agressivas — diga-se de passagem — que as do primeiro espetáculo, sendo justo sublinhar-se as excelentes interpretações de Jocy de Oliveira e Richard O'Donnell, notável percussionista norte-americano, que se destacou na apresentação de peças de difícil execução como *Winter Music* de John Cage e *Zyklus* de Stockhausen. Houve, ainda, o dia dos debates, cuja inocuidade foi quebrada pelas intervenções e desafios dos poetas e músicos do time de *Juanita Banana*, e que contou com a presença de um Xenaquis apático e parece que meio irritado com as objeções formuladas, em bom francês, por Décio Pignatari, às perguntas do qual disse nada. E, finalmente, a conferência do próprio Xenaquis em que este, justificando matematicamente o seu interesse pelas massas (musicais), deu um verdadeiro *show* de incomunicação com as massas (humanas), representadas pelo público que lá compareceu e assistiu, sem entender, à "massante" demonstração do rigor técnico de suas composições. Foi uma longa exposição, durante a qual ficou indubitavelmente comprovada a competência, mas também a estreiteza de vistas do compositor franco-grego, que, glissando permanentemente em torno dos seus pequenos achados, foi incapaz de relacionar as suas pesquisas com as de qualquer outro compositor (nem ao menos Varèse, de que sua obra obviamente se influencia, foi lembrado) e menos ainda com quaisquer outros campos de renovação artística.

A verdade é que, na dialética do processo estético, onde, segundo Moles, se alternam o banal e o original, a redundância e a informação, o previsto e o imprevisto, as especulações de caráter meramente sintático, como as de Xenaquis, se tornaram banais, previsíveis e redundantes, enquanto que o dado semântico (no caso, *Juanita Banana* no Municipal), por um processo de reversibilidade crítica, passou a incorporar o imprevisto, a originalidade, a informação que apanhou de surpresa, pelo inesperado de sua formulação, os próprios organizadores do festival.

Juanita Banana transformou-se, assim, na grande sensação da Semana, e da temporada não-operística do Municipal de São Paulo, que desde 22, e apesar das reformas que o salvaram da corrupção do tempo, parece estar destinado a ser o teatro das subversões artísticas da antropofágica *mad-culture* paulistana.

Mas a despeito de alguns equívocos, da presunção paternalista e da bisonhice didática com que foi empostada, a Semana foi uma realização positiva, rara mesmo, no marasmo em que afunda a música erudita brasileira. Pois se excetuarmos os compositores e músicos paulistas que se reagruparam em 1963 na revista *Invenção*, com o manifesto "Música Nova", de repercussão internacional, e as iniciativas isoladas de um Diogo Pacheco ou de um Klaus Dieter Wolff, esse setor cultural continua a apresentar-se como o mais burocrático, o mais adormecido e o menos atualizado das nossas artes.

(1966)

LUPICÍNIO ESQUECIDO?

Tempo houve em que se falava de Lupicínio Rodrigues como "o ídolo de sua terra natal", o Rio Grande do Sul. A impressão que tenho, hoje, é de que o compositor anda meio marginalizado, incompreendido até em sua própria terra e esquecido fora dela. De seu largo e importante repertório só se ouve agora *Se acaso você chegasse*. Quanto ao resto, silêncio. Compositores da velha guarda, radicados no Rio ou em São Paulo, são freqüentemente homenageados nos programas dos mais novos. Para Lupicínio nada, ou quase nada, a despeito de Elis Regina, uma das maiores animadoras dos pro-

gramas de música popular moderna, ser também gaúcha*.

Em 1952, época em que a indústria do disco não havia lançado ainda o microssulco entre nós, a "Star" editou uma espécie de LP de pobre — o álbum "Roteiro de um Boêmio", um conjunto de 4 discos em 78 rotações, com músicas de Lupicínio: *Eu e meu coração, As aparências enganam, Felicidade, Eu não sou de reclamar, Eu é que não presto, Sombras, Vingança, Nunca.* Era a primeira vez que Lupicínio aparecia em disco cantando suas próprias composições. Depois desse extraordinário lançamento veio um verdadeiro LP, com o mesmo título (Copacabana LP-3014) e outras músicas de Lupicínio, também cantadas pelo compositor. E parece que foi só. Lupi, que quase não sai de Porto Alegre, já não grava mais.

Tendo atingido o apogeu na fase de decadência e de transição da música popular brasileira que precedeu a revolução da bossa-nova, a obra de Lupicínio foi mais ou menos relegada à faixa do samba-canção bolerizado e descaracterizado, quando o seu caso não é realmente esse. Suas músicas podem lidar com o banal, mas não são banais. Cantadas o mais das vezes por intérpretes inadequados ao seu estilo, deixaram de ter o seu melhor e, em certos casos, o seu único intérprete: o próprio Lupicínio, como o revelaram os álbuns "Roteiro de um Boêmio". E eis a questão. A velha guarda não tem como incorporá-lo, a não ser na base do samba rasgado de *Se acaso você chegasse,* e as gerações mais novas, intelectuais e sofisticadas, não sabem como situar o aparente antiintelectualismo das composições de Lupicínio e parecem não se ter dado conta do que e de como ele canta.

Para mim, o caso de Lupicínio é mais ou menos como aquele de um outro Rodrigues, o Nelson. "Ninguém enxerga o óbvio. Só os profetas enxergam o óbvio", diz o Dr. Camarinha, personagem de *O Casamento.* A linguagem de Nelson Rodrigues é, como ele próprio a definiria, "o óbvio ululante", ou, como diria

(*) O artigo foi publicado em setembro de 1967. Estávamos no auge de "O Fino da Bossa", regido por Elis Regina. Nesse mesmo mês iria ter lugar o III Festival de Música Popular da Record. Ver na primeira parte os meus artigos "Da Jovem Guarda a João Gilberto" e "Festival de Viola e Violência".

221

José Lino Grünewald, "o ovo do óbvio". Não se poderá compreender Nelson Rodrigues (o escritor) com aprioris intelectualistas. Nelson é o antiintelectual, o anti--Rosa, num certo sentido. Se, como quer Décio Pignatari, a poesia de Oswald de Andrade é a poesia da posse contra a propriedade, poesia por contato direto, sem preâmbulos ou prenúncios, sem poetizações, poesia que transforma o lugar-comum em lugar-incomum, Nelson Rodrigues — menos intelectual e mais possesso — tem algo de Oswald em sua antiliteratura, em sua presentificação bruta da roupa suja do diálogo cotidiano.

Pois bem. Também os textos de Lupicínio se recusam aos aprioris. Também eles se notabilizam, embora de outra forma e com outros propósitos, pelo uso explosivo do óbvio, da vulgaridade e do lugar-comum: "A vergonha é a herança maior que meu pai me deixou", diz ele num dos seus mais conhecidos sambas-canções. Enquanto outros compositores de música popular buscam e rebuscam a letra, Lupicínio ataca de mãos nuas, com todos os clichês da nossa língua, e chega ao insólito pelo repelido, à informação nova pela redundância, deslocada do seu contexto.

Com esse arsenal aparentemente frágil — fundamentalmente o mesmo com que Nelson Rodrigues vira pelo avesso o recesso do sexo, na pauta diversa do romance ou do teatro — Lupicínio se dedicou, afincadamente, por toda a vida, a virar pelo avesso a "dor-de--cotovelo" amorosa. E assim como Shakespeare formulou em termos arquetípicos o sentimento do ciúme em Otelo, Lupicínio — "o criador da dor-de-cotovelo", na definição eufemística de Blota Jr. —, com menos armas, ou se quiserem até praticamente desarmado, só com a força da sua verdade e do "pensamento bruto", consegue formular como ninguém aquilo que se poderia chamar, parodiando a requintada terminologia sartriana, de sentimento da "cornitude".

Para os que se arrepiem com a comparação entre Shakespeare e Lupicínio, direi que a poesia pode comportar "distingos" mas não conhece distinções de raça, credo ou cultura. Um dos mais espantosos poemas sobre o ciúme que conheço e que não hesito em trazer à baila, no confronto com o texto shakespeariano, pertence a um anônimo pele-vermelha (revelou-o o poeta colombiano Ernesto Cardenal no nº 10 da revista mexicana *El Corno Emplumado*):

Eu me pergunto
Se ela estará suficientemente humilhada —
A mulher sioux
Cuja cabeça acabo de cortar.

É claro que, no caso da música popular, é mais ou menos impossível dissociar a letra da melodia e, no caso específico de Lupicínio, da sua própria interpretação. O processo de envolvimento é total — dir-se-ia mesmo "verbivocomusical" — e não pode ser seccionado sem perdas. Quem já ouviu Lupicínio cantando suas músicas (ou quem já o ouviu em "Roteiro de um Boêmio", malgrado o acompanhamento retórico e lancinante do Trio Simonetti) sabe o quanto a sua voz e a sua maneira de cantar se ajustam às suas letras.

Antes que João Gilberto inaugurasse um estilo novo de interpretação, o canto como fala, contraposto ao estilo operístico do cantor-de-grande-voz, que predominava até então, Lupicínio, sem que ninguém percebesse, e numa época em que ainda não haviam surgido as regravações de "Noel cantando Noel" (1956) e ainda não se dera — salvo engano meu — o retorno de Mário Reis, apareceu com a sua interpretação de voz mansa e não-empostada — só levemente embargada —, que transmitia como nenhuma outra os temas do ressentimento e da dor amorosa, sem agudos e sem trinados. Àquela altura, apresentavam-no quase que pedindo desculpas — ficasse claro que não se tratava de um cantor — mas, na verdade, o que Lupicínio esboçava já, intuitivamente, levado apenas pela fidelidade ao seu "pensamento bruto", era a ruptura com um formulário vocal alienante, que só valorizava o estrelismo do cantor em detrimento da experiência da música e do texto. Mais tarde, com uma utilização já totalmente consciente, e ainda mais funcional e instrumental da voz, João Gilberto abriria o caminho para a liberação de grandes intérpretes, cantores de voz pequena ou de nenhuma voz, segundo os padrões tradicionais, como Nara Leão, Astrud Gilberto, Edu Lobo, Chico Buarque de Hollanda e muitos outros que descobriram uma personalidade vocal acima e à margem dos receituários do *bel canto,* como antes o haviam feito Noel Rosa e Mário Reis.

Como foi importante essa redescoberta da "voz humana", da voz-verdade, prova-o ainda agora o LP gravado por Frank Sinatra com músicas de Tom Jobim. À parte o que a gravação tem de bom para a difusão e a valorização da música popular brasileira, diga-se que o disco vale para acentuar o quanto é superior a interpretação de João Gilberto, que, comparativamente, põe a nu todos os cacoetes e sestros do famoso cantor norte-americano. Em João Gilberto — observou muito bem Gene Lees — "o ar se move sem esforço pelas cordas vocais, como se não fosse impelido mais do que o suficiente para fluir". É a personificação do "cante a palo seco", de que fala João Cabral de Melo Neto. "Só a lâmina da voz." Lupicínio, o anticantor, cantando a sua própria música em "Roteiro de um Boêmio", fez, talvez sem o saber, a crítica dos seus intérpretes, assim como antecipou alguma coisa das transformações radicais por que passaria a utilização da voz na canção popular brasileira poucos anos depois.

As letras de Lupicínio Rodrigues desenvolvem até à exaustão, e com todas as variantes possíveis, o sentimento que Drummond equacionou, em *Perguntas,* numa linha sucinta: "Amar depois de perder". A partir de *Se acaso você chegasse,* que dá o ângulo do "amigo" até as numerosas "respostas" do amante desprezado. *As aparências enganam* — "Vejam como as aparências enganam, / Como difere a vida dos casais, / Não são aqueles que mesmo se amam / Que às vezes moram em lugares iguais..." *Eu não sou de reclamar* — "Se queriam que eu matasse, / O crime não compensa, / Só Deus dá a sentença ao pecador. / Se eu matasse não podia / Esperar ver algum dia / As lágrimas cruéis do meu amor". *Nervos de Aço* — "Você sabe o que é ter um amor, meu senhor / Ter loucura por uma mulher? / E depois encontrar esse amor, meu senhor, / Nos braços de um outro qualquer?" Seus versos não deixam de ter certos requintes. Por exemplo, a rima interna, que Lupicínio usa mais de uma vez:

224

Eu e meu coração — "Quando o coração tem a mania de mandar na gente, / Pouco lhe interessa a agonia que a pessoa sente"; *Sombras* — "Quando eu vejo essas noites escuras, / Nossas aventuras fico a recordar... (...) / os escuros eram os abrigos / Pra dos inimigos eu me ocultar". Na colcha-de-retalhos de frases-feitas irrompem quando menos se espera metáforas lancinantes e desmesuradas, mas tremendamente justas e eficazes: *Eu é que não presto*: "Todas que falam em mim, / A chorar vão contar / Com certeza o malfeito, / Chegam até a afirmar / Que eu tenho uma pedra / Encerrada no peito". *Aves daninhas*: "Já não chegam essas mágoas tão minhas / A chorar nossa separação, / Ainda vêm essas aves daninhas / Beliscando o meu coração". *Dona Divergência*: "Aonde a Dona Divergência / Com o seu archote / Espalha os raios da morte / A destruir os casais / E eu, combatente atingido, / Sou qual um país vencido / Que não se organiza mais".

Em *Vingança*, a fenomenologia da "cornitude" tem todo um desenvolvimento elaborado. Na primeira parte, o tom é de conversa, quase monólogo interior. Raras letras conseguiram tanta cursividade (*Garota de Ipanema*, de Vinicius, por exemplo). "Eu gostei tanto, / Tanto, / Quando me contaram / Que lhe encontraram bebendo e chorando / Na mesa de um bar. / E que quando os amigos do peito / Por mim perguntaram / Um soluço cortou sua voz / Não lhe deixou falar. / Eu gostei tanto, / Tanto, / Quando me contaram, / Que tive mesmo que fazer esforço / Pra ninguém notar." (Escansão perfeita, cortes justos, como flui!) Na segunda parte, a explosão do ciúme, subindo na escala: "O remorso talvez seja a causa do seu desespero / Ela há de estar bem consciente do que praticou", e a frase patética: "Me fazer passar essa vergonha com um companheiro / E a vergonha é a herança maior que meu pai me deixou!" E a maldição final: "Mas enquanto houver força em meu peito / Eu não quero mais nada, / Só vingança, vingança, vingança aos santos clamar / Você há de rolar como as pedras que rolam na estrada / Sem ter nunca um cantinho de seu pra poder descansar". Em *Nervos de Aço*, Lupicínio tem outra tirada espetacular, definindo pela negativa a turbulência de sensações que o acometem: "Eu não sei se o que trago no

225

peito / E ciúme, despeito, amizade ou horror, / O que eu sinto é que quando eu a vejo / Me dá um desejo de morte e de dor".

Um levantamento completo das letras de Lupicínio seria impossível sem o concurso do próprio autor. Muitas de suas composições, e das melhores, se encontram inéditas. Quantos romances, quanta prosa chata, quantos sonetos burilados e retorcidos, quantos versalhetes esforçados e camuflados se fizeram que não foram capazes de dizer o que diz, sem retoques e sem recalques, com ingenuidade e grandeza, Lupicínio Rodrigues, o cantor da infidelidade, irremediavelmente fiel a sua vida e a sua música.

Aproveitando uma breve estada em Porto Alegre, com Haroldo de Campos e Décio Pignatari, para a realização de uma exposição de poesia concreta, sob o patrocínio do Instituto dos Arquitetos do Brasil, quis entrevistar Lupicínio Rodrigues. Descobri a música de Lupicínio por volta de 1952, mais ou menos na mesma época em que descobri a música de Webern e a poesia concreta. Este era pois um encontro fundamental.

Nas vésperas da inauguração da mostra, fomos assim, Haroldo, Décio e eu, levados por bons amigos porto-alegrenses, desentocar o autor de *Vingança* no Clube dos Cozinheiros, pequeno reduto de música popular, que o cantor Rubens Santos administra dando-lhe um certo ar de santuário: nas paredes, recobertas de partituras, o visitante bate logo com os olhos no cartaz-aviso: "Quem fala quando alguém faz música coloca a própria ignorância na vitrina (provérbio chinês)"; depois da meia-noite, a norma é aplaudir com estalidos dos dedos, em vez de palmas...

Lupicínio nos esperava, já temperando o instrumento vocal com umas quantas biritas (elas contribuem para dar à sua voz aquele *pathos* inimitável). E logo depois das apresentações, desrespeitando (que remédio) o provérbio chinês enquanto outros cantavam, fui arrancando a Lupicínio (que fala pouco) algumas observações sobre ele próprio e sua música.

226

Relembro-lhe o "Roteiro de um Boêmio", o seu "*long-play* de pobre". Vamos recordando, uma a uma, as composições do álbum. Lupicínio se anima. Volta a 1952. Tudo começou no programa que, sob aquele título, ele fazia na Rádio Farroupilha. Depois, em São Paulo, as audições noite adentro na Rádio Record. E o êxito surpreendente, como cantor, na Boîte Oasis: dois meses de sucesso. Mais do que qualquer cartaz internacional. A noite paulista parava para ouvir a voz suave e embargada de Lupicínio. Depois daquela fase, só tem voltado a São Paulo esporadicamente. E há 5 anos que não grava. Resolvo cutucá-lo sobre a bossa-nova. Lupicínio resiste um pouco, diz que não a acha tão nova, a batida no fundo é a mesma. Mas admira João Gilberto. Conheceu-o no começo da carreira, em Porto Alegre mesmo, numa temporada em que JG apareceu por lá. Segundo Lupi, João Gilberto passava até fome por essa época. Ninguém o entendia. Ninguém o levava a sério. "Antes de João Gilberto — diz Lupicínio — eu já cantava daquele jeito, quase falando. Mas não fui o primeiro. Antes de mim, Mário Reis, que, quando eu era criança, gostava de imitar". "Chico Buarque vem de Noel Rosa" (e de João Gilberto, acrescentaria eu). Roberto Carlos? Lupicínio lembra uma velha composição sua: "Você parece uma brasa, / Toda vez que chego em casa / Dá-se logo uma explosão..." *(Brasa)*.

Peço-lhe que cante. Lupicínio não gosta de cantar suas composições de maior sucesso. Prefere interpretar músicas novas, muitas delas, por incrível que pareça, ainda não gravadas. E de repente: "Vocês querem ouvir uma federal ou estadual?" Fico sabendo que há uma "dor-de-cotovelo" estadual e uma federal. Mas esta, a mais aguda, Lupi só canta depois de uma boa "embiritação". Canta duas ou três, acompanhado só de violão, e eu fico pensando nos acompanhamentos que têm desservido Lupicínio. Sua voz, como a de João Gilberto, pede, essencialmente, acompanhamento de violão, e o resto, se houver, em segundo plano ou surdina. Pergunto-lhe se acha alguma relação entre o seu samba e o tango. Ele nega, peremptoriamente. Mas suponho que, em parte, é uma autodefesa contra a exploração xenofobista. *Vingança* já fez sucesso como tango em Buenos Aires e muitas de suas composições poderiam ser tocadas diretamente em ritmo de tango. O que não quer dizer nada de mau. Seria estranhável é que sua música, produzida no Sul, tivesse jeito de norte-americana. De resto, o tango não é a mesma coisa que o bolero — tem outra tradição e outro conteúdo. Num pequeno estudo sobre as letras de tango, Jorge Luís Borges aventura a profecia de que as letras de tango formarão, com o tempo, um grande poema civil. "Musicalmente — diz ele — o tango não deve ser importante; a sua única importância e a que lhe atribuímos." E acrescenta: "A reflexão é justa, mas talvez possa aplicar-se a todas as coisas. À nossa morte pessoal, por exemplo, ou à mulher que nos despreza..."

Lá pelas duas horas da manhã, o Clube dos Cozinheiros dá por encerrada a sua sessão. Todo mundo vai embora. Levantamo-nos, mas Lupicínio me segura pelo braço. Sentamos novamente. Lupicínio começa a cantar *a palo seco,* sem nenhum acompanhamento. Explica: "Tudo o que eu canto é verdade. A minha vida". E de vez em quando solta uma frase lapidar, que já parece nascer letra de samba: "Quem vê as pingas que eu tomo, não sabe os tombos que eu levo". Agora vai cantar uma "federal" — *Um favor* —, fantástica, e ainda não gravada: "Quem puder gritar que grite / Quem tiver apito apite / Faça esse mundo acordar / Para que onde ela esteja / Saiba que alguém rasteja / Pedindo pra ela voltar". Vou anotando na semi-obscuridade fragmentos incríveis de outras composições novas: "Eu hoje preciso fazer uso da minha ignorância". E este, semi-edipiano: "Eu fui um dos nenens mais bem ninados deste mundo" (*Meu Natal*). E ainda: "A minha dor é enorme / Mas eu sei que não dorme / Quem vela por mim". E mais este, final: "Parte meu coração em pedacinhos / E distribui a quem quiser". Entre uma birita e outra, entre uma canção e outra, Lupicínio resume: "Tudo é confusão entre a filial e a matriz" (matriz = esposa). São 4 horas. Eu deixara de levar o instrumento certo para a entrevista — o gravador. Da grande noite que nos deu Lupicínio sobraram apenas esses estilhaços de conversa, esses s.o.s. musicais que reproduzo para mim mesmo e para quem possa interessar...

As gerações mais novas fariam bem de — mesmo considerando o quanto o caminho de Lupicínio tem de solitário e incontinuável — procurar compreender o seu estranho e autêntico roteiro. E as gravadoras e os colecionadores de sons (e às vezes até de alguns "ruídos" literários) para museus, fariam melhor se não perdessem de registrar-lhe o depoimento e a interpretação, para que não venham lamentar-se depois, quando já for tarde para partir em busca do canto perdido. Que Lupicínio Rodrigues não tenha, hoje, um ou mais álbuns de suas músicas, interpretadas por ele mesmo, com acompanhamento adequado, é um crime de lesa-musica do qual são cúmplices não só os que têm poderes para produzi-los como os que têm o direito de exigi-los: os meios musicais de São Paulo, do Rio e de Porto Alegre — os gaúchos, em especial, que às vezes parecem consentir na omissão de que é vítima o seu maior valor em música popular.

(1967)

PS 1974 — Sete anos depois, vejo que aconteceram algumas coisas. O LP "Encontro com Lupicínio Rodrigues" (1968), da RCA, contendo velhas gravações de alguns dos seus melhores intérpretes (menos ele próprio). Algumas composições (inclusive *Torre de Babel* e *Meu Natal*), notavelmente interpretadas por Jamelão, em seu LP "Jamelão — O Sucesso", também de 1968. Em 1970, o volume 10 da coleção "História da Música Popular Brasileira", dedicado a Lupicínio, com o comovente registro de *Esses moços, pobres moços,* que ele gravou especialmente para a edição. Em 1972, ainda uma vez Jamelão lançaria um novo LP com 12 composições de Lupicínio — importante, mas com uma orquestração aparatosa e infeliz que briga o tempo todo com o cantor, prejudicando-lhe a interpretação.

Quando João Gilberto veio ao Brasil, em agosto de 1971, para fazer um programa de televisão com Caetano e Gal, tive uma surpresa gratificante. Entre as músicas que João interpretou (e que os telespectadores não ouviram, porque não incluídas nas duas horas de gravação que foram ao ar), estava *Quem há de dizer*, o texto lentamente articulado e espacializado com aquela precisão e intensidade que só João sabe imprimir às suas recriações. Depois Caetano cantou *Volta*, numa de suas apresentações em 1972, fazendo voltar até a exaustão a última parte, e obtendo, assim, como que uma transposição física da idéia fixa. E voltou em 1973 com *Nervos de Aço*. Gal reviveu *A Outra* e incorporou *Volta* ao seu LP "Índia". Enfim, Macalé, em seus *shows*, tem interpretado lindamente *Um favor* e *Ela Disse-me Assim*. Paulinho da Viola retoma *Nervos de Aço*. E Caetano recanta *Felicidade*. Que melhores homenagens ele poderia ter?

Durante esse tempo, aumentei o meu conhecimento (ainda imperfeito) da obra de Lupicínio. Corrigi alguns erros de informação. Um programa de televisão (Fernando Faro, como sempre), em 1972, me revelou algumas composições importantes, que eu desconhecia: *Fuga*, *Rosário de Esperança*, *Judiaria* e a extraordinária *Ponta de Lança*, com uma metáfora cinética de grande força expressiva ("E eu jogo meus versos / Qual pontas de lança / Pra ver se alcança / Onde eu quero acertar") e uma imprecação incomum ("E se é verdade / Que existe saudade / Esta covarde / De mim lembrará").

Gostaria de acrescentar algumas observações sobre as melodias de Lupicínio. Elas se filiavam, a princípio, à linha de Noel Rosa; depois se tornaram tão peculiares a Lupicínio que se reconhece, quase sempre à primeira audição, a marca da autoria. Certas modulações já se aproximam dos traços característicos da bossa-nova. E muitas vezes, refugindo ao esquema comum A-B-A, tomam as direções mais imprevistas: A-B-X. Não se imagina o que pode vir, como no caso de *Torre de Babel* e *Meu Natal*. Sobre as letras: o verismo de Lupicínio, no esquadrinhamento das desventuras amorosas, não hesita diante de nada, nem mesmo diante do grotesco ou do ridículo. Em *Sozinha* (LP "Jamelão Interpreta Lupicínio Rodrigues"), ele atinge talvez um dos pontos-limite da tensão patético-grotesca, quando usa a expressão "bichos-de-pé", que coincide com o registro vocal mais grave, numa descaída fisiognômica em que a melodia persegue o significado: "E só por dinheiro / Sabe o que fez/ Essa ingrata mulher/ Fugiu com o doutor / Que eu mesmo chamei / E paguei pra curar / Os seus bichos-de-pé". (Efeito inverso, musicalmente, é o obtido em *Torre de Babel,* onde a melodia vai subindo em conformidade com o texto, que compara o crescimento do amor ao da torre.) É sendo drasticamente fiel à sua experiência que Lupicínio consegue transmiti-la com tanta persuasão nesse seu canto-verdade. Suas palavras têm a "verdade pura, nua e crua" de que ele fala em *Judiaria.* Assim, ele pode dizer convictamente: "Por meus olhos / Por meus sonhos / Por meu sangue / Tudo enfim / É que eu peço / A esses moços / Que acreditem em mim" *(Esses moços, pobres moços).* Porque nós (mesmo os já não tão moços, como eu) acreditamos.

Finalmente, uma gravação de composições de Lupicínio interpretadas por ele mesmo: o LP "Dor-de-Cotovelo", editado sob a etiqueta "Rosicler", 1973. Mais de vinte anos depois do "Roteiro de um Boêmio". Pobremente produzida, é verdade. Mas lá estão músicas velhas e novas, algumas impressionantes, como *Caixa de Ódio, Dona do Bar* e *Loucura,* incrível. "Milhões de diabinhos martelando" e esta definição de poeta: "Como é / Que existe alguém que ainda tem coragem / De dizer / Que os meus versos não contêm mensagem / São palavras frias / Sem nenhum valor?" É isso aí. O Concretismo é frio e desumano. Está tudo dito.

DADOS PARA UMA DISCOGRAFIA
DE LUPICÍNIO RODRIGUES

1936 — TRISTE HISTÓRIA   RCA Victor
PERGUNTE AOS
MEUS TAMANCOS
(c/Alcides Gonçalves)
Alcides Gonçalves
(3-8-36)

1938 — SE ACASO VOCÊ   RCA Victor
CHEGASSE — samba
(c/Felisberto   Martins)

(*) A lista é, evidentemente, provisória e incompleta. O autor desde já agradece as correções e os acréscimos.

Ciro Monteiro c/Regional RCA Victor
(19-7-38)

1945 — BASTA! — samba (c/Felisberto Martins) Orlando Silva c/Orq. Odeon	Cdeon 12.562-A (7.762)
— BRASA — samba (c/Felisberto Martins) Orlando Silva c/ Orq. Odeon dirigida por Lirio Panicalli (9-3-45)	Od-on 12.571-A (7.772)
1947 — NERVOS DE AÇO — samba Deo (29-5-47)	Continental
— NERVOS DE AÇO — samba Francisco Alves c/Orq. Odeon dirigida por Lirio Panicalli (13-6-47)	Odeon 12.796-B (3.239)
— ZÉ DA PONTE — canção (c/Felisberto Martins) Orlando Silva c/Regional Odeon	Odeon 12.797-B (8.247)
— FELICIDADE — baião-shotts Quitandinha Serenaders (10-10-47)	Continental
1948 — QUEM HÁ DE DIZER — samba (c/Alcides Gonçalves) Francisco Alves c/Orq. Odeon dirigida por Lirio Panicalli (25-5-48)	Odeon 12.863-A (8.369)
— ESSES MOÇOS, POBRES MOÇOS — samba	Odeon 12.868-A (8.370)

Francisco Alves c/Orq.
Odeon dirigida por Lirio
Panicalli (25-5-48)

1950 — MARIA ROSA — samba
(c/Alcides Gonçalves)
Francisco Alves

Odeon 13.001-B
(8.605)

— CADEIRA VAZIA —
samba
Francisco Alves

Odeon 12.986-B
(8.606)

1951 — VINGANÇA — samba-
canção
Trio de Ouro (10-4-51)

RCA Victor

— VINGANÇA — samba-
canção
Linda Batista c/Conj. de
Fafá Lemos (29-5-51)

RCA Victor
80-0802-A
(S 092961)

— DONA DIVERGÊNCIA
— samba-canção
(c/Felisberto Martins)
Linda Batista c/Conj. de
Fafá Lemos

RCA Victor
80-0802-B
(S 092962)

1952 — ROTEIRO DE UM
BOÊMIO
Lupicínio Rodrigues
c/Trio Simonetti:
E. Simonetti, piano —
Paulo Mezzaroma, violi-
no — Paulo Pes, con-
trabaixo.

Star

VINGANÇA — samba

352-A

EU NÃO SOU DE RE-
CLAMAR — samba

352-B

EU E MEU CORAÇÃO
— samba

353-A

SOMBRAS — samba

353-B

NUNCA — samba	354-A
FELICIDADE — baião-shotts	354-B

L. R. e 3 Marias c/Trio Simonetti e Ritmo

AS APARÊNCIAS EN-GANAM — samba

EU É QUE NÃO PRES-TO — samba
(c/Felisberto Martins)

— ROTEIRO DE UM BOÊMIO c/Simonetti e sua Orq.	Copacabana LP-3014
OS BEIJOS DELA	A-1
JARDIM DA SAUDA-DE	A-2
AVES DANINHAS	A-3
SE ACASO VOCÊ CHEGASSE	A-4
NOSSA SENHORA DAS GRAÇAS	B-1
INAH	B-2
NAMORADOS	B-3
AMOR É SÓ UM	B-4
1953 — AVES DANINHAS — samba Nora Ney c/Alexandre Gnatalli e sua Orq.	Continental 16.942-A (C-3318)
1959 — FUGA — samba-canção Orlando Silva	Odeon MOFB 3.099-A-5 (BR-XLD 10.29.) LP "25 Anos Cantando Para As Multidões"

236

— ELA DISSE-ME ASSIM — samba-canção Jamelão (16-3-59)	Continental
1963 — PACIÊNCIA — samba- canção Sílvio Caldas c/Orq. RGE	RGE XRLP 5.145-A-3 (XRL 545) LP "Titio Canta Para Você"
— HOMENAGEM — sam- ba-canção Sílvio Caldas c/Orq. RGE	RGE XRLP 5.145-B-6 LP "Titio Canta Para Você"
1968 — LP "ENCONTRO COM LUPICÍNIO RODRI- GUES"	RCA CAMDEN CALB 5165
CADEIRA VAZIA — Nelson Golçalves	A-1
NUNCA — Isaura Gar- cia	A-2
AS APARÊNCIAS EN- GANAM — Gilberto Milfont	A-3
VOLTA — Linda Batis- ta	A-4
SE ACASO VOCÊ CHE- GASSE — Cyro Mon- teiro (c/Felisberto Martins)	A-5
FELICIDADE — Coro Misto	A-6
VINGANÇA — Linda Batista	B-1
CASTIGO — Gilberto Milfont (c/Alcides Gonçalves)	B-2

FOI ASSIM — Linda Batista	B-3
CONTANDO OS DIAS — Carlos Galhardo	B-4
MIGALHAS — Linda Batista (c/Felisberto Martins)	B-5
MINHA HISTÓRIA — Carlos Galhardo (c/Rubens Santos)	B-6

1968 — FOI ASSIM — LPK-20.153-A-2
Musicolor
"Jamelão —
O Sucesso"

TORRE DE BABEL	A-4
MEU NATAL	A-5
EXEMPLO Jamelão	B-1

1970 — ESSES MOÇOS, PO-BRES MOÇOS Lupicínio Rodrigues (4-7-70) — Abril Cultural História da Música Popular Brasileira — vol. 10

1972 — LP "JAMELÃO INTER-PRETA LUPICÍNIO RODRIGUES" -- c/Orq. Tabajara dirigida por Severino Araújo

MEU PECADO (c/Felisberto Martins)	A-1
HOMENAGEM	A-2
SOZINHA	A-3
UM FAVOR	A-4
EXEMPLO	A-5
QUEM HÁ DE DIZER (c/Alcides Gonçalves)	A-6
CIGANO (c/Felisberto Martins)	B-1

AMIGO CIÚME (c/ Onofre Pontes)	B-2
TORRE DE BABEL	B-3
NERVOS DE AÇO	B-4
ELA DISSE-ME ASSIM	B-5
VINGANÇA	B-6

1973 — LP "DOR-DE-COTO-VELO" Rosicler R-7164
Lupicínio Rodrigues e Regional

SE É VERDADE	A-1
PRA SÃO JOÃO DE-CIDIR	A-2
LOUCURA	A-3
CARLUCIA	A-4
CASTIGO (c/Alcides Gonçalves)	A-5
MEU BARRACO (c/ Leduvi de Pina)	A-6
JUDIARIA	B-1
HOMENAGEM	B-2
CAIXA DE ÓDIO	B-3
ROSÁRIO DE ESPE-RANÇA	B-4
FUGA	B-5
DONA DO BAR	B-6

— VOLTA
Gal Costa
Philips
6349.077-A-4
LP "Índia"

— NERVOS DE AÇO
Paulinho da Viola
Odeon SMOFB 3797

1974 — FELICIDADE
Caetano Veloso
Philips
6349.108
LP "Temporada de Verão Ao Vivo na Bahia"

**MINIANTOLOGIA DE
LUPICÍNIO RODRIGUES**

EU FUI UM DOS NENENS MAIS BEM NINADOS
DESTE MUNDO (MEU NATAL)

o pensamento
parece uma coisa à-toa
mas como é que a gente voa
quando começa a pensar
(FELICIDADE)

quantas noites não durmo
a rolar-me na cama
a sentir tantas coisas
que a gente não pode explicar
quando ama
(VOLTA)

repare bem
que toda vez que ela fala
ilumina mais a sala
do que a luz do refletor
(QUEM HÁ DE DIZER)

quando nos conhecemos
numa festa que estivemos
nos gostamos e juramos
um ao outro ser fiel
depois continuando
nos querendo e nos gostando
nosso amor foi aumentado
qual a torre de babel
e a construção foi indo
foi crescendo foi subindo
lá no céu quase atingindo
aos domínios do Senhor
e agora se aproximando
o nosso maior momento
este desentendimento
quer parar o nosso amor
(TORRE DE BABEL)

e aí
eu comecei a cometer loucura
(LOUCURA)

e cada vez que ela carrega
um balde d'água
leva junto a minha mágoa
pendurada em sua mão
(ZE DA PONTE)

jogo meus versos
l pontas de lança
a ver se alcança
onde eu quero acertar
(PONTA DE LANÇA)

com seu criado
que está presente
também se passa uma história assim
ela casou-se com outro vivente
e eu tenho outra mulher para mim
(AS APARÊNCIAS ENGANAM)

será que tinhas coragem
de trocar nossa amizade?
(SE ACASO VOCE CHEGASSE)

vai
pergunta aos meus tamancos
quantas vezes nos meus trancos
passei lá no teu portão
e o placo-placo-placo
placo-placo do meu salto
chegou a fazer buraco
no asfalto lá do chão
(PERGUNTE AOS MEUS TAMANCOS)

E A VERGONHA É A HERANÇA MAIOR QUE
MEU PAI ME DEIXOU (VINGANÇA)

hoje eu saí de casa
com vontade de viver
calcei meu sapato novo
pus meu traje de morrer
e fui procurar o bar
que eu costumava beber
seu manoel não estava
veio um outro me atender
perguntei por meus amigos
e deles ninguém sabia
a garçonete era outra
não era mais a maria
então olhei no espelho
tristonho e encabulado
e vi no meu próprio rosto
que eu também tinha mu

e assim essa bola achatada
que chamam de mundo
prossegue a rodar
e o amor continua um mistério
que nem a ciência
consegue explicar
(OS BEIJOS DELA)

e refletindo um segundo
resolvi pedir ao mundo
que me fizesse um favor
(UM FAVOR)

estas palavras
que eu estou lhe falando
têm uma verdade
pura nua e crua
estou lhe mostrando
a porta da rua
pra que você saia
sem eu lhe bater
(JUDIARIA)

milhões
de diabinhos martelando
um pobre coração que agonizand
já não podia mais de tanta dor
(...OUCURA)

se às vezes você chora
quando eu passo as noites fora
não venho em casa almoçar
é que as mulheres da rua
têm a alma melhor que a tua
sabem melhor me agradar
(BRASA)

me encontra na rua cantando
a escutando
loucuras que eu digo
go percebe que eu ando ocultando
algum segredo que eu trago comigo
porque por mais que eu esconda o que passo
uma pessoa prestando atenção
vê que nas rimas dos versos que eu faço
trazem pedaços do meu coração
(PONTA DE LANÇA)

eu fui convidado
por alguns amigos
pra ir a uma festa
beber e cantar
peguei a viola
afinei a garganta
e até pus a manta
pra me agasalhar
e fiz um convite
pra dona alegria
melhor companhia
pra festa não há
mas eu não sabia
digo com franqueza
que a dona tristeza
morava por lá
(ROSÁRIO DE ESPERANÇA)

PARTE MEU CORAÇÃO EM PEDACINHOS
E DISTRIBUI A QUEM QUISER

e hoje
o remorso que trago comigo
transformou-se em meu inimigo
e procura vingar-se em meu ser
ando
a vagar qual um louco morcego
que procura fugir do sossego
pra nas trevas do mundo viver
(MEU PECADO)

ela nasceu
com o destino da lua
pra todos que andam na rua
não vai viver só pra mim
(QUEM HÁ DE DIZER)

cigano
abandonei o meu bando
só para viver cantando
pois julguei ser melhor assi
pensei que as barracas mod
não continham as festas
que eu ia encontrar
nesse mundo sem fim
engano
(CIGANO)

lhe agradeço
r de mim ter se lembrado
ntre tanto desgraçado
que por sua vida passou
homem que é homem
faz qual o cedro
que perfuma o machado
que o derrubou
(CASTIGO)

o é
e existe alguém que ainda tem coragem
de dizer
que os meus versos não contêm mensagem
são palavras frias
sem nenhum valor
(LOUCURA)

já não chegam essas mágoas tão minhas
a chorar nossa separação
ainda vêm essas aves daninhas
beliscando o meu coração
(AVES DANINHAS)

maestros músicos cantores
gente de todas as cores
faça esse favor pra mim
quem souber cantar que cante
quem souber tocar que toque
flauta trombone ou clarim
quem puder gritar que grite
quem tiver apito apite
faça esse mundo acordar
pra que onde ela esteja
saiba que alguém rasteja
pedindo pra ela voltar
(UM FAVOR)

EU HOJE PRECISO FAZER USO
DA MINHA IGNORÂNCIA

se a lágrima é tão maldita
que a pessoa mais bonita
cobre o rosto pra chorar
(UM FAVOR)

por onde andar
a pessoa que eu amo
lá o meu nome
por certo andará
e se é verdade
que existe saudade
esta covarde
de mim lembrará
(PONTA DE LAN

aonde a dona divergência
com o seu archote
espalha os raios da morte
a destruir os casais
e eu combatente atingido
sou qual um país vencido
que não se organiza mais
(DONA DIVERGÊNCIA)

só eu chorando
a traição daquele santo
soluçava no meu canto
vendo a lenha se queimar
(PRA SÃO JOÃO DECIDIR)

e só por dinheiro
sabe o que fez
esta ingrata mulher
fugiu com o doutor
que eu mesmo ch
e paguei pra cura
os seus bichos-
(SOZINHA)

eu não sei se o que trago no peito
é ciúme despeito amizade ou horror
o que eu sinto é que quando eu a vejo
me dá um desejo de morte e de dor

(NERVOS DE AÇO)

por meus olhos
por meus sonhos
por meu sangue
tudo enfim
é que eu peço
a esses moços
que acreditem em mim

(ESSES MOÇOS, POBRES MOÇOS)

e você pra mim foi uma delas
que no tempo em que eram belas
viam tudo diferente
agora que não mais encanta
procura imitar a planta
as plantas que morrem de pé

(CASTIGO)

...m até a afirmar
eu tenho uma pedra
...cerrada no peito

(EU É QUE NÃO PRESTO)

palavra
quase aceitei o conselho
o mundo este grande espelho
que me fez pensar assim

(QUEM HÁ DE DIZER)

JOÃO GILBERTO
E OS JOVENS BAIANOS

Falou-se tanto da incomunicabilidade de João Gilberto, que eu confesso que hesitei, frente ao telefone, no Hotel Chelsea, em Nova Iorque, antes de recitar o quilométrico número que me ligaria com o cantor, em New Jersey. Enfim, resolvi lançar os dados. Quem me atendeu foi o próprio João Gilberto. Declinei o meu nome, sem grande esperança, acrescentando que era amigo de Caetano Veloso e Gilberto Gil, dos quais trazia comigo discos e entrevistas gravadas, que gostaria que ele ouvisse. A resposta veio sob a forma de canção. Do outro lado do fio João começou a cantarolar o *Super-*

bacana. E em seguida desandou a falar, a falar, sobre Caetano, sobre os jovens baianos:

— Tenho tantas coisas a dizer para Caetano. Ele está fazendo coisas tão lindas. Olha, Caetano anda dizendo por aí que eu sou gênio. Diga a ele para não falar assim, não. O gênio é ele. Caetano é um poeta. Caetano está lá no alto, lá no alto, lapidando a inteligência. Pra mim é Drummond e Caetano.

Interrompo para saber como ir a sua casa. Ele me diz que eu não me preocupe. Heloisa (sua mulher, irmã de Chico Buarque de Hollanda) me dará, depois, todas as explicações. E retorna:

— Vamos pensar um pouco mais sobre o que Caetano está fazendo. Tenho tantas coisas a dizer pra ele. O que é que eu vou dizer pra Caetano — ele se interroga, meio aflito, em busca da palavra precisa. Não, não diga nada disso, não. O que é que eu vou dizer pra Caetano? Diga que eu vou ficar olhando pra ele.

João marcou o nosso encontro para alguns dias depois, às 10 horas da noite. Heloisa, ao telefone, explicou o caminho:

— É pertinho. Você toma o ônibus na Terminal, atravessa o túnel, entra por uma rua com o rio à direita, NY à esquerda, desce na Boulevard East 875 e está na Columbia Terrace, a rua onde a gente mora.

Avisei que era marinheiro de primeira viagem e que, por via das dúvidas, eu e Lygia, minha mulher, íamos sair com bastante antecedência. Às 9 da noite estávamos lá. Nova Iorque pousava, do outro lado do rio, em cartão postal. Columbia Terrace é uma rua tranqüila, muito arborizada, a casa é ampla e quieta. Fomos recebidos por Heloisa e Isabel, a filhinha deles. Enquanto Heloisa ia e vinha preparando o jantar, Isabelzinha, com a sua inseparável caixinha de música, nos fazia companhia. Acredite quem quiser, a garotinha de dois anos já canta e entoa à maneira de João — é toda riso e música. De vez em quando dizia para nós: — "Qué Banda"? — apontando para o disco de Chico Buarque.

252

Estamos conversando e esperando, entre Heloisa e Isabelzinha, há mais ou menos uma hora. A televisão fica ligada, sem som. De João não há notícia, salvo uns sons meio indistinguíveis que vêm do andar de cima. Heloisa explica que João acordou há pouco (são 10 horas da noite!) e que logo que acorda costuma fazer exercícios vocais para manter a voz em forma. Ele não gosta que ninguém escute e ficava muito chateado quando eles moravam num apartamento paredemeia que não assegurava o sigilo do seu ioga vocal. De repente (são 10 e alguns minutos) uma voz — a voz inconfundível de João — vem lá de cima:

— Augusto, me desculpe, estou preocupado com vocês, eu já vou descer.

Logo está com a gente. Pede licença para ir tomar o seu *breakfast* à baiana (moqueca de peixe) e volta logo. Heloisa leva Isabelzinha para dormir. João me pergunta do Brasil e dos baianos. Vou recapitulando os acontecimentos importantes, o desafio de Caetano e Gil no III Festival de Música Popular e a sua posterior saída da Record, depois de conquistado o sucesso, a independência com que o Grupo Baiano tem agido, recusando-se a aceitar a imagem que queriam impor para eles e assumindo o risco de novas experiências. João aprova. Quando falo que Caetano está cantando *Yes, nós temos banana*, João não diz nada. Pega o violão e começa e entoar a marchinha. Canta em ritmo bem lento, naquela sua maneira peculiar, escandindo o "Yes" em duas sílabas, "Yes-si, nós temos banana". Repete às vezes a última sílaba de cada linha para ajustá-la bem no tom. E daí por diante João nos dá um *show* particular das suas coisas mais bonitas Vem, entre outros, o *Samba da minha terra*, e a voz de João se confunde com o som do violão nas variações do início e do fim ("q'tim-cum-dim, q'tim-cum-dum, q'tim, q'tim-cum-dum") até quase perder o fôlego. Canta músicas antigas do repertório de Orlando Silva, e, em dueto com Heloisa, muito afinada com ele, *Joujoux e balangandãs*. Lembro-lhe aquela noite em que ele e Orlando Silva cantaram juntos na televisão o belíssimo *A Primeira Vez*, que ele logo reprisa para nós. Canta, num fio de voz, a cantiga de ninar que Heloisa

253

fez para Isabelzinha. E toca, ainda, três das músicas novas que compôs nos Estados Unidos. São composições instrumentais, sem letra, e ainda sem nome: João se refere a elas como "valsa" ou "choro", e uma delas é dedicada aos médicos que o curaram da dor nevrálgica na mão direita. O "choro" é extraordinário, cheio de harmonias complicadas. O rosto de João ainda está contraído pelo esforço de dar o som preciso, justo: — "Você gostou"? Quando lhe digo que é uma das coisas mais lindas que já ouvi, João toma um hausto fundo, mirando em alvo, como que emocionado. Durante todo o tempo, a televisão continua ligada, sem som, só as imagens em movimento. Voltamos a conversar. Do andar de cima, ouve-se o choro de Isabelzinha, que acordou no meio da noite. Subitamente, como o choro continue, João se levanta e diz:

— Eu vou buscar Isabelzinha. Eu não posso. Eu tenho pena dela. Tenho muita pena. Ela quer estar aqui com a gente. Ela não quer perder isso tudo! — Sobe as escadas correndo e volta com a garotinha no colo, superacordada, sorridente e triunfante.

Comentamos os LPs de Caetano e de Gil, que andaram comigo por toda a parte e apaixonaram os alunos das Universidades de Texas, Wisconsin, Indiana. João cantarola *Onde Andarás,* pergunta quem foi o arranjador desta ou daquela faixa, e a propósito das "imitações" de Nelson Golçalves e Orlando Silva que Caetano faz em momentos de *Onde Andarás* e *Paisagem Útil,* exclama, entusiasmado:

— Pois é. O bom é que ele não avisa nada. A gente vai ouvir e tem aquela surpresa.

Falo na beleza de *Luzia luluza* e João e Heloisa se entreolham como se eu tivesse adivinhado um dos seus *hits* preferidos do disco de Gilberto Gil.

— É. O Gil também é muito bom — diz João. — Ele é mais rasgado, mais peito aberto, ele se entrega todo à música.

Quero conferir com ele o meu entusiasmo por essa cantora, ainda não muito conhecida, que é Gal, para mim a mais pura voz feminina de nossa música popular. João concorda:

254

— Cantora, cantora mesmo é Gracinha (ele a chama de Gracinha e não de Gal). Cantora para dar aquele tom certo, cantora é mesmo Gracinha.

Pergunto-lhe o que acha da música norte-americana atual. João diz que o que está se fazendo no Brasil é muito mais bonito. Mas fala muito bem de *Up, Up and Away*, na gravação do conjunto The Fifth Dimension.

— É uma música onde tudo é certinho, perfeito. Fale para eles ouvirem. Eles vão gostar.

Heloisa nos serve um doce de coco, para matar as saudades. A conversa gira para a vida no Rio e em São Paulo. Eu, que moro em São Paulo, digo que preciso respirar, ao menos uma vez por ano, no Rio. Um pouco de calor para a muita frieza paulistana. João não pensa bem assim. Diz que gosta muito de São Paulo, que o Rio é bom, mas tem aquela coisa, a gente vai comprar um selo no guichê e fica esperando, ninguém atende, em São Paulo não, é tudo organizado; mas acaba concordando e sintetizando tudo numa equação perfeita:

— É, você tem razão. São Paulo é bom por causa do Rio.

João fala do mar do Rio, que é um mar lindo, e no mar da Bahia, que não é um mar, é "o" mar. Indago de Amaralina, tão decantada por Caetano. João diz que é uma praia assim como Ipanema, mas com um azul, um azul todo especial.

— Pois é — associo em voz alta. — Amaralina. Parece que a própria palavra já diz tudo: Amar... anil... anilina...

João se entusiasma, salta de onde está para um tablado imaginário:

— É isso mesmo. Anil e Anilina. Dois irmãos. Amaralina é a tia. "Bom dia, Tia Amaralina" (cumprimentando, no ar, um suposto personagem). Anilina, a menina, é a mais velha. É quieta, não dá trabalho. Anil, o garoto, já não é tão bem comportado.

E prossegue, por um momento, nessa pantomima improvisada, em que as palavras viram coisas, viram gente.

São quase três da manhã. Vamos ouvir as entrevistas gravadas por Gil e Caetano. João escuta em silêncio, meditando, esses depoimentos em que se fala muito dele e se debate a "retomada da linha evolutiva da música popular a partir do momento João Gilberto". No fim ele comenta:

— Que coisa bonita. Eles discutem todas essas coisas. Eles estudam, eles são muito sérios.

Quatro horas. Partimos para as despedidas. Atravessamos o túnel, de volta a Nova Iorque. Lá ficou o olhar de João, iluminando os caminhos da nova música brasileira. Penso no gênio de João, na grandeza do seu exílio, na sua recusa ao fácil, no seu apego ao silêncio, na lucidez de sua visão. Penso em Anton Webern, o mais radical compositor contemporâneo, o que superou a todos os outros na estima dos mais jovens. Webern, cujo horror físico do ruído — segundo Robert Craft — o fazia relutante até de começar a ensaiar, por saber de antemão que o barulho, a aspereza, a má entonação, a expressão falsa e a articulação errada seriam uma tortura. "Ouvir Webern tocar uma única nota no piano — diz Ansermet, citado por Craft — era ter observado um homem em ato de devoção". Webern, a esfinge. Webern, o justo. Webern e João. João e o violão, o cantor e a canção. Como distinguir um do outro?

(1968)

CARNAVÁLIA*

Antonio Salles

1. Si vere me non amabas,
Non debebas me quaerere,
Non debebas me eludere
Nec permittere ut amem te.

1. *Se você não me queria*
Não devia me procurar
Não devia me iludir
Nem deixar eu me apaixonar.

(*) Da viagem que fiz aos E.U.A. em 1968 (um ciclo de conferências sobre poesia concreta em universidades norte-americanas, com Haroldo de Campos) eu trouxe, além da entrevista com João Gilberto, estas versões latinas de música de carnaval. O autor das versões, Antônio Salles, era então professor de língua portuguesa na Universidade de Wisconsin. Curtindo as saudades brasileiras, a gente cantava, em português e/ou latim, pelas ruas de Madison e ninguém entendia. Mais uma contribuição para o produssumo.

Evitari dolorem
Est impossibile.
Evitari hunc amorem
Impossibilius.

Tu destruxisti vitam meam,
Nolli me tangere, mulier!
Redde mihi pacem!

Evitar a dor
É impossível
Evitar o amor
É muito mais.

Você destruiu a minha vida,
Ora, vai mulher,
Me deixa em paz.

2. Sa-sassaricantes
   Ommes gentes
   Degent vitam
   In filo ferreo

   Sa-sassaricantes
   Viduaque puellaque dominaque
   Vetus virque
   In Columbana porta
   O res mirabilis!
   Cum sassaricant,

   Qui non habet
   Sassaricum suum
   Sassaricat
   Quamquam solus
   Quia sine sassarico
   Vita ista nodus
   Est, est, est, est...

2. *Sa-sassaricando*
   Todo o mundo
   Leva a vida
   No arame

   Sa-sassaricando
   A viúva, o brotinho e a madame
   O velho
   Na porta da Colombo
   É um assombro
   Sassaricando.

   Quem não tem seu
   Sassarico
   Sassarica
   Mesmo só
   Porque sem sassaricar
   Esta vida é mesmo um nó
   Nó, nó, nó, nó.

3. O horticultrix
   Cur tam tristis es
   Quid autem tibi
   Acciderit?
   Fuit camelia
   Quae de ramo cecidit
   Suspiros dedit duos
   Postea perivit.

   Veni, horticultrix
   Veni, amor mi.
   Ne sis tam tristis
   Quia mundus tibi est,
   Tu camelia pulchritudine
   Longissime praestas.

3. *Ó jardineira*
   Por que estás tão triste
   Mas o que foi
   Que te aconteceu?
   Foi a camélia
   Que caiu ao galho
   Que deu dois suspiros
   E depois morreu.

   Vem, jardineira
   Vem, meu amor
   Não fiques triste
   Que este mundo é todo teu.
   Tu és muito mais bonita
   Que a camélia que morreu.

É PROIBIDO PROIBIR OS BAIANOS

Nem todos estão entendendo a atuação do grupo da Tropicália (prefiro falar em Tropicália, em vez de Tropicalismo, como sempre preferi falar em Poesia Concreta em lugar de Concretismo). "Ismo" é o sufixo preferentemente usado pelos adversários dos movimentos de renovação, para tentar historicizá-los e confiná-los. Os baianos estão usando uma *metalinguagem* musical, vale dizer, uma linguagem crítica, através da qual estão passando em revista tudo o que se produziu musicalmente no Brasil e no mundo, para criarem conscientemente o novo, em primeira mão. Por isso seus discos são uma *antiantologia* de imprevistos, onde tudo pode acontecer e o ouvinte vai, de choque em choque, redescobrindo tudo e reaprendendo a *"ouvir com ouvidos livres"* tal como Oswald de Andrade proclamava em seus manifestos: *"ver com olhos livres"*.

Os compositores e intérpretes da Tropicália nem ignoram a contribuição de João Gilberto, nem pretendem continuar, linearmente, diluindo-as, as suas criações. Eles deglutem, antropofagicamente, a informação do mais radical inovador da BN. E voltam a pôr *em xeque e em choque* toda a tradição musical brasileira, bossa-nova inclusive, em confronto com os novos dados do contexto universal. Superbomgosto e supermaugosto, o fino e o grosso, a vanguarda e a jovem guarda, berimbau e beatles, bossa e bolero são inventariados e reinventa-los, na compressão violenta desses discos-*happenings* onde até o redundante "coração materno" volta a pulsar com os tiros de canhão da informação nova.

É essa abertura sem reservas para o novo que é responsável também por um fato inédito em nossa música popular: a colaboração íntima com músicos eruditos de vanguarda, como Rogério Duprat, numa associação incomum mesmo no plano mundial. E que faz com que as linhas mais avançadas da música de vanguarda — música eletrônica e antimúsica — se encontrem com a música popular numa implosão informativa da qual tudo pode resultar, inclusive uma nova música, uma música ao mesmo tempo de "produção e consumo", ou de "produssumo" como diria Décio Pignatari.

Em vez de fazer a revolução musical na epiderme temática, Gil, Caetano e seus companheiros, estão fazendo uma revolução mais profunda, que atinge a própria linguagem da música popular. Por isso mesmo eles incomodam, mais do que muitos protestistas ostensivos, logo assimilados pelo Sistema.

Em entrevista que me concedeu, disse Caetano Veloso que considerava o Tropicalismo um Neo-Antropofagismo (aludindo ao movimento da Antropofagia de Oswald de Andrade). Assim também me parece. Se quiserem buscar uma explicação "filosófica" da Tropicália, vão a Oswald, o antropófago indigesto, não engolido pelos nossos literatocratas por muitos e muitos anos, até que os poetas concretos o ressuscitassem e reeditassem, para que ele, depois de sacudir o teatro na extra-

262

ordinária recriação de José Celso, pudesse chegar a explodir a bomba de suas idéias revolucionárias no consumo, pela voz de Caetano e dos baianos. "A massa ainda comerá o biscoito fino que eu fabrico", previa Oswald, quando os stalinistas de sua época o acusavam de não ser entendido pelo "povo".

À Tropicália se poderia muito bem aplicar o que disse Haroldo de Campos a propósito do Manifesto Antropófago de Oswald: "uma visão brasileira do mundo sob a espécie da devoração, para uma assimilação crítica da experiência estrangeira e sua reelaboração em termos e circunstâncias nacionais, alegorizando nesse sentido o canibalismo de nossos selvagens. Não se trata aqui de um novo 'Indianismo', pretendido pelo grupo 'Verde-Amarelo', de 1926 (depois 'Anta'), que combateu, mas na verdade diluiu os experimentos oswaldianos, transformando-os numa literatura de calungas em tecnicolor, classificada por O.A. de 'macumba para turistas'. O índio oswaldiano não é, ele próprio o diz, o 'índio de lata de bolacha' sentimentalmente idealizado pelo nosso Romantismo, mas o 'canibal' de Montaigne *(Des Cannibales),* a exercer sua crítica desabusada sobre as imposturas do civilizado". Como se vê, Oswald tinha os mesmos inimigos que os baianos de hoje: os conservadores, os stalinistas e os nacionalóides, que, no caso da música, costuma designar por duas siglas expressivas: T.F.M. e C.C.C. (Tradicional Família Musical e Comando Caça Caetano). Osso atravessado na garganta da literatura brasileira, Oswald, como os compositores da Revolucionária Família Baiana, incomodava e incomoda.

Os que querem a música "participante", em formas conservadoras, folquilóricas, deveriam se lembrar do que disse o maior dos poetas participantes do nosso tempo, Vladimir Maiakóvski: "não pode haver arte revolucionária sem forma revolucionária". Não adianta transformar o Chê em clichê. É claro que Maiakóvski também incomodou. Desde cedo ele já satirizava os seus "inquisidores": no poema "Aos Juízes" (1915) Maiakóvski imagina uma vida tropical paradisíaca no Peru até que de repente, chegam os juízes com sua tábua de proibições.

Bananas, ananás! Peitos felizes.
Vinho nas vasilhas seladas...
Mas eis que de repente como praga
No Peru imperam os juízes!

Encerraram num círculo de incisos
Os pássaros, as mulheres e o riso.
Boiões de lata, os olhos dos juízes
São faíscas num monte de lixo.

Sob o olhar de um juiz, duro como um jejum,
Caiu, por acaso, um pavão laranja-azul:
Na mesma hora virou cor de carvão
A espaventosa cauda do pavão.

No Peru voavam pelas campinas
Livres os pequeninos colibris;
Os juízes apreenderam-lhes as penas
E aos pobres colibris coibiram.

Já não há mais vulcões em parte alguma,
A todo monte ordenam que se cale.
Há uma tabuleta em cada vale:
"Só vale para quem não fuma."

Nem os meus versos escapam à censura;
São interditos, sob pena de tortura.
Classificaram-nos como bebida
Espirituosa: "venda proibida".

O equador estremece sob o som dos ferros.
Sem pássaros, sem homens, o Peru está a zero.
Somente, acocorados com rancor sob os livros,
Ali jazem, deprimidos, os juízes.

Pobres peruanos sem esperança,
Levados sem razão à galera, um por um.
Os juízes cassam os pássaros, a dança,
A mim e a vocês e ao Peru.

A luta de Maiakóvski contra os burocratas durou a
vida toda. E na sua decisão de suicidar-se interferiu,
seguramente, o debate que teve, pouco antes de pôr fim
aos seus dias, com os estudantes do Instituto de Econo-

mia Popular da U.R.S.S. Acusado de "obscuro" e "incompreensível para os operários", Maiakóvski exclamou então, amargurado: "Depois que eu morrer, vocês vão ler os meus versos com lágrimas de enternecimento!"

Sintoma da permanente incomodatividade dos baianos foi o que aconteceu no Festival Internacional da Canção, quando das eliminatórias paulistas, no TUCA. É verdade que Caetano e Gil foram além do fato musical. E resolveram levar a sua "provocação" ao campo do comportamento físico. Até a roupa tem uma linguagem, é um sistema de signos e tem, ou pode ter, uma mensagem crítica. Caetano, coerentemente com a letra de sua música, quis despertar, ao vivo, a consciência da sociedade repressiva que nos submete, ao desafiar os tabus e os preconceitos do público com as suas roupas chacrinizantes e a intervenção insólita do solo de uivos do americano. Da mesma forma Gil e os Mutantes, com os seus sons e roupas imprevistos. Roupas + dança agressiva + poema de Fernando Pessoa + solo de uivos + melodia + letra faziam parte de um *happening,* muito bem articulado no contexto musical de vanguarda de Rogério Duprat, que não funcionou como mero arranjador, mas como verdadeiro colaborador da composição, ao lhe dar estruturação e elaboração final. É este o problema crucial. Enquanto muitos experimentadores "sérios" da nossa música popular continuam a explorar as dissonâncias, dentro de uma estética mais ou menos impressionista, do fim do século passado, os baianos e os Mutantes, junto com Rogério, já estão trabalhando em termos de música da atualidade, isto é, estão 50 anos à frente, pois levaram em conta o que aconteceu na primeira metade do século, de Stravinski e Webern a Stockhausen e Cage, fazendo explodir na faixa do consumo os *happenings,* os ruídos e os sons eletrônicos e praticando uma poesia não-linear, não--discursiva uma poesia de montagens viva e cheia de humor, poesia-câmara-na-mão, moderníssima.

Lamentavelmente, foi pífia a resposta dos jovens que compareceram ao TUCA. Eles se comportaram exatamente como a velha Condessa de Pourtalès, quando da apresentação da *Sagração da Primavera* de Stravinski, no Teatro dos Campos Elíseos em Paris, em 1913. Conta Léon Oleggini que houve então "tempestades de risos, zombarias e protestos". E que a condessa, ofendidíssima, exclamou, agitando o leque de plumas de avestruz: "— Monsieur Astruc, é a primeira vez, em 60 anos, que alguém se atreve a zombar de mim!" Vaiado foi Stravinski, como vaiado fora Schoenberg, em Viena, em 1907, na *première* de sua *Sinfonia de Câmara*, como vaiado foi, antes, Debussy e vaiado seria, depois, em 1954, Eugène Varèse, quando estreou *Déserts*, em Paris. E aí estão quatro dos maiores compositores modernos.

A vaia, esse tipo de vaia, se explica, do ponto de vista da Teoria da Informação. Segundo essa Teoria, que se ocupa da comunicação como um sistema de signos, a mensagem musical oscila numa dialética entre banalidade e originalidade, previsibilidade e imprevisibilidade, redundância e informação. O ouvinte, que recebe a mensagem, está precondicionado por um conjunto de conhecimentos apriorísticos, que constituem o código de convenções com o qual ele afere e confere a mensagem. Código baseado na redundância, na previsibilidade. Daí o choque e a reação irada, quase sempre irracional, quando a mensagem, pela sua novidade e imprevisto, não confere com o código do ouvinte. Mas a informação, o conhecimento novo, só podem existir na medida em que esse código é violado. É a missão dos artistas informativos, os inovadores, contrariar o código de convenções do ouvinte, para forçar o seu amadurecimento criativo, aumentar o seu repertório de informações e enriquecê-lo. Em síntese, o artista *dinamita* o código e *dinamiza* o sistema. Caetano, Gil e os Mutantes tiveram a inteligência e a coragem de lançar mais esse desafio, e de romper, deliberadamente, com a própria estrutura de Festival, dentro da qual os compositores tudo fazem para agradar o público, buscando na subserviência ao código de convenções do ouvinte a indulgência e a aprovação para as suas músicas "festivalescas". Gil, o mais sacrificado, cantando "fora do tom", "fundiu a cuca do júri", nas palavras de Caetano. Vale dizer, contrariando violentamente as normas do código convencional de julgamento, fez com que os próprios jurados — que, com exceção do Sr. Chico de Assis, tiveram suficiente lucidez para avaliar a importância de *É Proibido Proibir* — ficassem subitamente transformados em espectadores "simpáticos mas incompetentes" para opinarem sobre a composição. Daí a desclassificação da música.

No caso do público do Festival, o desencontro verificado entre a informação nova dos baianos e o código do auditório tem um significado crítico e social, que irá se tornando mais claro à medida que os discos das músicas apresentadas forem sendo ouvidos e consumidos. A vaia funciona contra os vaiadores, como um "atestado de velhice", que põe a nu todo um quadro de preconceitos que os induziu à incompreensão e — pior ainda — à intolerância. O que decepciona, no incidente com Caetano, é que essa incompreensão, levada ao paroxismo, tenha partido da nossa juventude universitária (ou parte dela), pois era esse o público predominante no auditório do TUCA e não "o povo", como querem fazer crer alguns comentaristas superficiais de última hora. É preciso ter a coragem de dizer que aqueles que insultaram a mil vozes o cantor só nos deram um espetáculo do mais tolo e irracional histerismo coletivo; que aquele público juvenil instigado por um grupo fascistóide, tapado e stalinista (o novo C.C.C.) teve a comunicação com a mensagem musical obturada, bloqueada, por preconceitos pueris que lhe foram insuflados: contra a roupa, contra o sexo, contra a guitarra elétrica e contra os ruídos incorporados à música. A tal ponto foi essa obturação, que eles não ouviram nada, e não entenderam nada, e quando ouviram alguma coisa, conseguiram identificar-se, inconscientemente, com o *establishment,* que a letra, a música, as roupas e o comportamento físico de Caetano visaram a agredir. E aconteceu o impossível: "jovens" defendendo o Sistema com mais ardor e mais firmeza que as nossas bisavós. A Condessa de Pourtalès não teria feito melhor. Não chegaram nem mesmo a compreender que o Festival era um espetáculo em que todos estavam fantasiados, só que a fantasia de plástico de Caetano, dos Mutantes, de Gil, era ostensiva, não escondia o jogo, enquanto que a de outros era discretamente usada: havia fantasia de robin-hood, de sambista da barra-funda, de jazzman, de estudante, de rapaz simples e muitas outras...

Mas, apesar de tudo, a vaia teve um mérito: conseguiu dar vida e participação real ao texto de Caetano, possibilitou-lhe dizer NÃO ao não e contestar no ato os seus agressores ("Vocês vão sempre, sempre, matar amanhã os velhotes inimigos que morreram ontem" e "se as idéias que vocês têm em política são as mesmas que vocês têm em estética, estamos feitos"). A fala de Caetano, integrada ao *happening* de sua música, é um contundente documento crítico cuja importância transcende a área da música popular para se projetar na história da cultura moderna brasileira, como um desafio da criação e da inteligência, na linha dos pioneiros de 22. E nesse sentido, é fundamental que tenha sido gravada em disco.

É Proibido Proibir ficará como um marco de coragem e de integridade artística, apesar de todo o ritual de proibições, que fechou o seu círculo com o veto do Sr. Antonio Marzagão, a quem faltou sensibilidade para compreender que a arte dispensa paternalismos e que aos burocratas não compete policiar a arte, mas simplesmente estimular as suas manifestações. Fez bem Caetano, e foi coerente, não se dobrando às imposições da direção do Festival Internacional da Canção, para que apresentasse a sua canção sem plástico e sem uivos.

Há cronistas e compositores que pensam que o único dever do artista é bajular e badalar o gosto do público. São os defensores da música batizada de "gastronômica" por Umberto Eco: dar ao público o que ele já sabe e espera inconscientemente ver repetido. Respeitar o código para ser respeitado. Na verdade, essa é a melhor maneira de iludir o público e de desrespeitá-lo. Seria fácil a Caetano e Gil cultivarem essa espécie de "bom comportamento", como fazem outros compositores muito "participantes", mas que mal escondem a avidez pelo aplauso "gastronômico". Mas eles preferiram assumir o risco quase suicida de desagradar para despertar a adormecida consciência de liberdade dos destinatários da sua mensagem. Talvez custem a ser compreendidos. Não importa. Como disse Fernando Pessoa, "o amanhã é dos loucos de hoje". E como disse Décio Pignatari, prata da casa: "na geléia geral brasileira alguém tem de exercer as funções de medula e de osso".

(1968)

MINIENTREVISTA Nº 1

P — *O atual sucesso da música popular brasileira no Exterior é uma farsa como quer o Tinhorão?*

AC — Não. A farsa é toda do Tinhorão. A tese da subserviência da música brasileira ao mercado exterior está furada a partir do advento da BN. Foi esse, precisamente, o momento em que a música brasileira, pela primeira vez, não se submeteu, deixou de exportar a matéria-prima do exotismo e passou a exportar produtos acabados de nossa indústria criativa. A comparação com Carmen Miranda é exemplar. A grande cantora foi forçada a mudar o seu repertório e a gravar caricaturas de si própria, como *Chica Chica Boom Chic*. Jobim impôs aos E.U.A. o seu repertório original. João Gilberto nem ao menos canta em língua estrangeira: não mudou nada quer na interpretação quer no repertório. Esse é um fato incontestável. O sucesso da música popular brasileira no Exterior (e nos E.U.A. em particular) é uma realidade. Querer negá-lo, por mera americanofobia, é o mesmo que pretender que a viagem da Apolo 10 à lua é truque fotográfico. E o resto é dor-de-cotovelo da T.F.M.

P — *Como crítico, em que posição você vê colocada a crítica musical neste momento?*

AC — O problema de nossa crítica musical é que ela, freqüentemente, é tudo, menos "musical". Críticos, como Tinhorão, escrevem com ignorância total da evolução musical (para não falar da evolução paralela das demais artes), esquecidos de que a música popular nada mais é que um capítulo de algo que se chama "música" e que tem a sua história e desenvolvimento em marcha. Considero impossível entender as transformações por que está passando a música popular urbana no mundo ocidental ignorando-se o que ocorreu em música a partir de Debussy, passando por Satie, Stravinski, Schoenberg, Webern, Varèse, e mais recentemente Cage, Boulez, Stockhausen. Por pura ignorância, tais críticos se aferram a um reduto da música que pensam que é "nosso", "nativo", mas que, em última análise, é tributário da estética européia do século XIX e, mais remotamente, dos preconceitos pitagóricos (século VI a.C.) e dos modos diatônicos escolhidos pelo Papa Gregório, em Roma, século XI, para uso da civilização européia e cristã. Nos fins do século passado se iniciou uma insurreição sonora que iria repercutir anos mais tarde na música popular ocidental: a rebelião da dissonância x consonância. Vencida essa batalha, o eixo da rebelião musical se deslocaria para outro pólo. Como observava John Cage já em 1937, se no passado o ponto de discórdia ocorria entre a dissonância e a consonância, no futuro próximo ele ocorreria entre o ruído e os assim chamados sons musicais. É o que agora sucede com a música popular. Os caminhos da música moderna não são, como pretendem os xenófobos, ditados pelo capita-

270

lismo norte-americano, mas por uma irresistível necessidade de libertação dos cânones repressivos impostos, por muitos séculos, ao homem ocidental. E o que temos em comum com os artistas norte-americanos (que não podem ser confundidos com o sistema econômico de seu país) é a capacidade de romper com a tradição, o natural pendor para o imprevisto e a experimentação, traços que — segundo Cage — distinguem o músico americano do europeu ou do asiático, muito mais apegados a uma tradição cultural. Na Era Eletrônica — do disco e do transístor —, quando o universo se transforma numa aldeia global (McLuhan), pretender fazer de cada país um santuário fechado, à prova de som, é um delírio regressivo, de antemão fracassado. O museu regional antitransístor é o sonho ingênuo e paternalista dos que não sabem viver a sua época e, sem desconfiar, exibem a cada passo as polainas do passado museológico em que ainda residem.

P — *No seu entender, quais as possibilidades de sucesso no Exterior do movimento que reúne Caetano, Gil, Gal, Duprat, Mutantes e o que significaria, em termos de definição brasileira, esse sucesso?*

AC — Não tenho a menor dúvida de que Caetano, Gil, Gal, Duprat terão, mais cedo ou mais tarde, o seu valor reconhecido no Exterior. Eles são os mais lúcidos músicos brasileiros que atuam na faixa popular. São os únicos que ultrapassaram a fase *dissonância x consonância* (Debussy, *Jazz,* BN) para ingressarem no estágio mais avançado da evolução da música moderna, o do conflito *ruído x som* (Varèse, Cage, música concreta e eletrônica, *happening,* música *pop*), o da metalinguagem (crítica via música) e o do "produssumo" (ruptura dos limites entre música erudita e popular), que se manifestam na obra de compositores cultos como Ives, Satie, Cage e populares como os Beatles e os Mothers of Invention. São os únicos que se podem confrontar com a vanguarda internacional da música popular, gente como os Beatles, os Mothers, Jimi Hendrix, Janis Joplin. Fora da música americana e inglesa não encontraremos competidores à altura do que eles estão fazendo. E o que

estão fazendo Caetano, Gil e seus companheiros de
aventura é extremamente original, universal e brasileiro.
Obtenham ou não mais esse sucesso, ninguém doravante
poderá fazer música de significação no Brasil sem
"olhar para eles".

(1969)

IVES SALVE A AMÉRICA

A descoberta, no após-guerra, da música de Charles Ives mal chegou até nós. Varèse e Cage chegaram antes, pela voz das vanguardas européias dos anos 50. Varèse revolucionando os domínios da acústica com a radicalidade de seus conjuntos percussivos, Cage detonando os timbres inauditos do seu "piano preparado", despianizando o piano, para, depois, desmuseizar a música a golpes de *happenings* e de indeterminação.

Mas Ives, o profeta, o pai de todos, demorou mais para aflorar do limbo onde jazem, provisoriamente desligados, os artistas cujas antenas supersensíveis sinalizaram o futuro antes do tempo.

Atonal sem saber de Schoenberg, politonal antes de Stravinski, Charles Ives é essencialmente um pragmático norte-americano que tudo experimenta, a partir dos ecos das bandas de música de Danbury, Connecticut, onde nasceu. Seu pai, George Ives, regente de banda na Guerra Civil, era um homem aberto à pesquisa, que chegou a fabricar instrumentos de cordas tiradas do violino para experimentar com microtons. Gostava de reunir várias bandas, dispondo-as em grupos em pontos diferentes, e de observar os efeitos que resultavam desse bizarro tipo de execução. Por essa via prática, as noções de simultaneidade e de espaço entraram, desde a infância, a fazer parte da formação musical do jovem Charles, assim como as cacofonias e desafinações, que ele não procurava "corrigir" segundo preceitos acadêmicos.

Sob essas instigações, Ives vai dessacralizar a tradição clássica, atropelando-a com a irreverência de suas *collages* brutalistas, por onde penetram, impelidos pelos metais estrepitosos do coreto, os hinos e as canções populares da Nova Inglaterra. Nada ou quase nada escapará à sua curiosidade sem limites: politonalismo e atonalismo, polirritmia, cachos e quartos de tom. Estruturalmente, servir-se-á de alguns elementos fundamentais da música de hoje, a colagem e o espaço, a simultaneidade e o acaso.

Charles Ives é, na verdade, a descoberta da América musical para os americanos. E se hoje — como afirma Cage — muitas coisas de Ives já não são experimentais ou necessárias para nós (seus metros e ritmos, por exemplo), há algo nele que permanece vivo e exemplar. Acima de tudo aquele desarraigamento da tradição que o coloca ao lado de "antropófagos" como Sousândrade e Oswald, pragmatistas brasileiros, como um dos primeiros artistas "nativos" do Novo Mundo, literalmente deglutindo, e não mimetizando, o europeu civilizado, ao mesmo tempo que impondo a sua visão desataviada e sem preconceitos.

Certa vez, quando Cage se encontrava em Amsterdã, um músico holandês lhe disse: "Deve ser muito difícil para vocês na América fazerem música, já que vocês estão tão longe dos centros da tradição". Resposta de Cage: "Deve ser muito difícil para vocês na Europa fazerem música, já que vocês estão tão próximos dos centros da tradição". Por isso Cage nos interessa. Por isso Ives nos interessa. Os Estados Unidos — como disse Gertrude Stein, citada por Cage — são o mais "velho" país do século XX.

Webern é o limiar — disse Boulez. A Esfinge, O Justo — disse Stravinski. Webern é João Gilberto. Rigor. Toda a vida-obra exemplar em 4 LPs e 3 horas de audição. Ninguém lhe tirará a coroa*. Varèse é um experimentador mais radical do que Ives: 37 instrumentos de percussão e nenhum violino em *Ionisation* (1931). Mas Ives — um pouco como Satie, embora muito diferente deste — é menos fácil de classificar. Vida e obra dilaceradas na selva selvagem industrial dos E.U.A. do começo do século. É um pouco Oswald — entre o Negócio e o Ócio — caçando "papagaios" imobiliários e belas letras de câmbio, enquanto publica as *Poesias Reunidas O. Andrade* e *A Marcha das Utopias*, a que ninguém dá muita atenção. Um homem que

(*) Em artigo publicado no Suplemento Literário de *O Estado de São Paulo*, em 21-6-69, sob o título "De Webern a Pixinguinha", afirma Wilson Martins que a posição-chave que se quer dar a Webern na música contemporânea representa somente "a posição pessoal dos artistas ligados ao *Domaine Musical*" e que a música de Webern é redundante em relação à de Schoenberg. Nada mais infundado e fantasioso que tais assertivas. A posição privilegiada de Webern, mesmo em relação a seu mestre, Schoenberg, não lhe é conferida exclusivamente pelo grupo francês, embora Pierre Boulez tenha contribuído — e muito — para a sua compreensão. O caráter único e inovador da obra de Webern, assim como a sua influência preponderante sobre a música nova (a ponto de se ter batizado de "pós-weberniana" a toda a geração dos anos 50) são hoje pacificamente reconhecidos. Para não alongar esta nota, cito a opinião de um compositor não-alistado na vanguarda e que nenhuma vinculação tem com o *Domaine Musical*: Aaron Copland. Diz ele, no livro didático *A Nova Música*, recém-editado no Brasil, no capítulo "O caso Webern": "O pensamento claro e lógico de Webern libertou-o, pelo menos em suas composições, de qualquer apego que porventura tivesse tido aos métodos tradicionais. Em confronto, o professor e o colega — Schoenberg e Berg — tinham cada qual um pé no século XIX". E ainda: "Werbern foi o primeiro a escrever, sob rigoroso controle, música atemática e descontínua": Ernst Krenek considera-o "o rompimento mais completo com a tradição em séculos, talvez até em toda a história da música ocidental". Mais adiante, ao tratar da "geração da década de 50", assinala Copland que os compositores mais novos, da Alemanha, França, Itália, Estados Unidos, partiram, radicalmente, de Webern e não de Schoenberg. Nem mesmo Stravinski, citado de viés por Wilson Martins, pode socorrê-lo. É notório que a conversão de Stravinski à música serial se deu também a partir de Webern e não de Schoenberg, chegando mesmo o autor da *Sagração* a se considerar como pertencente "à geração que agora diz *Webern e eu*" (Robert Craft, *Conversations with Igor Stravinski*, 1959). Foi então que Stravinski disse também: "Para mim, Webern é o *justo da música* e não vacilo em amparar-me sob a proteção benéfica de sua arte ainda não-canonizada". Será preciso dizer mais?

se engolfa na sociedade industrial, a ponto de se tornar o dono de uma próspera companhia de seguros e, ao mesmo tempo, a contesta, escrevendo nas horas de folga uma música incômoda, que aquela mesma sociedade repele e negligencia como a obra de um louco. Esse conflito repercutirá até pessoalmente em Ives. Aos 44 anos, após um abalo físico, está liquidado, embora ainda sobreviva por muitos anos, apenas para assistir ao tardio reconhecimento do, público.

O absoluto desprendimento de Ives, artista, reponta nas estranhas palavras do prefácio às *114 Canções,* que fez editar em 1922, às próprias expensas, para distribuição a quem pudesse interessar: "Alguns escrevem livros para ganhar dinheiro; eu não. Outros pelo prestígio; eu não. Outros por amor; eu não. Outros para acender o lume; eu não. Não escrevi um livro por qualquer dessas razões, ou por todas elas juntas. A verdade, amável leitor, é que não escrevi livro algum — limitei-me a limpar a casa. Tudo o que resta está bem à vista no varal da roupa — mas é bom para a vaidade de um homem que os vizinhos o vejam no varal da roupa".

Ninguém viu, porém, por muitos anos, as roupas de Ives no varal. Nascido em 1874, ano do nascimento de Schoenberg, Ives viveu positivamente "à margem da margem". Morreu em 1954, octogenário, sobrevivendo a Berg, Webern, Schoenberg, a tríade magistral de Viena, a Bartok e tantos outros contemporâneos, cuja música desconhecia, enquanto fazia seus experimentos, e que, por sua vez, também ignoravam a sua existência. Como testemunha Gilbert Chase, aos 71 anos de idade jamais ouvira qualquer de suas obras executada por orquestra completa. A segunda e a terceira de suas sinfonias só foram executadas pela primeira vez mais de 40 anos depois de compostas.

Aos músicos de seu país, mesmo os de boa vontade, como Copland, as composições de Ives se afiguravam desordenadas e confusas. Reconhecendo, em 1967, o equívoco em que ele próprio incidira num artigo datado de 1933, declara Copland: "Naquela época o consenso unânime era de que sua música revelava sem dúvida a marca do gênio, mas era textualmente confusa, inextricavelmente complexa e positivamente impraticável para apresentação em público. Quão irônico é verificar que, hoje em dia, é exatamente essa 'confusão' que torna a música de Ives tão absorvente para os ouvintes".

Uma atitude dessacralizadora pervaga toda a obra de Ives. A *Segunda Sinfonia*, escrita entre 1897-1902, já é metalinguagem musical. Música sobre música. Brahms, Beethoven, Wagner repassados, mastigados, "deglutidos" e confrontados com a música de massa pré-industrial e pré-consumista do coral e do coreto. Nessa obra ao mesmo tempo séria e satírica citações ivesianizadas da *Primeira* e *Terceira Sinfonias* de Brahms, da *Quinta* de Beethoven, do *Tristão* e das *Valquírias* de Wagner, e de Bach, Brückner, Dvorak (*Sinfonia Novo Mundo*), se entrecruzam com hinos religiosos e patrióticos e canções populares como *América, the Beautiful, Turkey in the Straw, Columbia the Gem of the Ocean, Camptown Races*. Até mesmo um toque de acordar emerge do complexo sonoro rompendo o tom solene da sinfonia, definitivamente abolido no acorde final, que, no dizer de Bernstein, "é cheio de notas erradas, incongruente como uma cena dos Irmãos Marx". Nos aspectos colagísticos do mosaico de hinos ivesiano não haveria, inclusive, uma precursão dos recentes *Hymnen* de Stockhausen?

O mesmo tom informal e irreverente preside uma obra da maturidade de Ives, como o admirável *Quarteto para Cordas nº2* (1907-1913), que o compositor dividiu em três movimentos intitulados *Discussões, Debates* e *O Chamado das Montanhas* e descreveu como "um quarteto de cordas para quatro homens que conversam, discutem, debatem (política), brigam, apertam-se as mãos, calam-se e finalmente sobem a uma montanha para contemplar o firmamento". No 1º movimento ouve-se uma canção típica da Guerra Civil, *Dixie,* e no 2º, *Columbia the Gem of the Ocean* respondida por *Marching through Georgia* (também da Secessão). No 3º movimento, citações nada ortodoxas da *Sexta Sinfonia* de Tchaikovsky, da *Segunda de Brahms* e da *Nona* de Beethoven, ao lado de fragmentos de hinos religiosos como *Nearer, my God, to Thee*. Sousândrade, no

Inferno de Wall Street (1877) e, neste século, Poun
e Eliot, nos *Cantos* e em *The Waste Land,* usariai
técnica semelhante de citações em poesia. Nessa espéci
de música semântica ou semantizada Ives chega a atr
buir caracteres aos instrumentos. Ao segundo vio in
corresponde o personagem que Ives denomina de Rollc
tipo conservador e delicado, ao qual são confiadas sus
ves passagens, uma delas subtitulada "andante emas
culata". A partitura está cheia de marcações irônica
de Ives para Rollo: "Muito difícil de tocar — logo nã
pode ser boa música, Rollo". Ou: "Entra agora, Prc
fessor, tudo em tom de dó. Isso você sabe tocar dire
tinho". As intervenções sempre polidas de Rollo tei
minam abafadas pelos violentos confrontos entre c
demais instrumentos, que, em determinado ponto, dever
tocar *con fistiswatto,* conforme a indicação anglo-ma
carrônica de Ives.

Em *Central Park in the Dark* (1898-1907), n
Robert Browning Overture (1911) ou nos movimentc
Decoration Day (1912) e *Fourth of July* (1913), d
Symphony: Holidays, Ives joga com grandes massa
sonoras, feitas de progressões acordais dissonantes, hai
monias "erradas", cachos de sons, compactos rítmicc
e sobreposições melódicas que são levadas ao *fortissim*
e se resolvem abruptamente em solos *pianissimo,* par
serem atacadas por novas conglomerações sonoras. /
orquestra é lançada do rito ao riso, do caos ao ocas
com uma liberdade e uma desenvoltura incomuns. D
"bomba sônica" que explode no final de *Fourth of Jul*
afirma Bernstein: "Esta passagem não tem igual n
literatura orquestral e é tão complexa que requer nã
apenas um, mas *dois* regentes. Treze diferentes estru
turas rítmicas ziguezagueiam pelos instrumentos d
sopro e de metal; sete linhas de percussão cruzam-nas
o piano adensa a textura com cachos de som; e a
cordas, divididas em 24 partes, despejam glissandos
contra-ritmos adicionais, tudo em quádruplo *fortissimo!*

Mas Ives não é só capaz de humor e rumor. (
silêncio é a matriz de *The Unanswered Question (*
Cosmic Landscape) [A Pergunta Sem Resposta (Um
Paisagem Cósmica)], de 1908. Na aparente singelez
de sua estrutura, essa é uma das mais extraordinária

páginas da música contemporânea. Uma melodia-pergunta é formulada por um pistão (ou oboé) e respondida por um quarteto de sopro (4 flautas ou 2 flautas + oboé + clarineta) contra um fundo de cordas (quarteto ou orquestra) em surdina, que devem ficar fora do palco, à distância dos outros instrumentos. Por seis vezes o pistão entoa a pergunta, num tempo lento. Ao seu encontro, como que por acaso, vêm as respostas do conjunto de sopro, em tempos progressivamente mais rápidos. Por último, é proferida mais uma vez a melodia-pergunta, que permanece irrespondida. A peça envolve, portanto, problemas de estereofonia e espacialização (as distâncias entre o instrumento solista e os dois grupos sonoros que agem como blocos separados um do outro), de casualidade (a relação entre a pergunta, as respostas e o desencontro delas entre si) e de alternatividade (o próprio uso opcional dos instrumentos). Como no caso do *Segundo Quarteto de Cordas* esta é uma composição semântica, um verdadeiro poema sem palavras, onde os sintagmas sônicos adquirem a qualidade de signos com um *denotatum* que coincide, isomorficamente, com a própria informação, nos seus três planos: solo (pergunta), cordas (silêncio), conjunto de sopro (resposta). À mensagem interrogativa — que é, segundo o autor, a "perene indagação da existência" formulada clara e limpidamente pelo pistão, se sucedem as tentativas de resposta, cada vez mais entrópicas ou desordenadas, até se reduzirem ao silêncio, sobrando, em suspenso, a pergunta que sugere uma forma irresolvida, aberta. *The Unanswered Question*, na modéstia da sua duração, que gira em torno dos 5 minutos (duração média das composições de Webern), é, na verdade, o "Lance de Dados" ivesiano. A cosmogonia sintético-ideogrâmica de Mallarmé é o único paradigma literário que nos evoca a densa "paisagem cósmica" do compositor norte-americano.

Não é de estranhar que Ives, nos anos 20, haja sido considerado "um exemplo de amadorismo musical". Não fizeram — e ainda tentam fazer — o mesmo com Oswald de Andrade, para tentar exorcizar as suas inovações e o seu radical antiacademismo?

Anos mais tarde diria Schoenberg: "Há um grande homem vivendo neste país — um compositor. Ele resolveu o problema de como preservar a sua integridade e aprender. Ele responde ao esquecimento com o desprezo. Ele não é forçado a aceitar nem louvores nem reprimendas. Seu nome é Ives!"

Ao ter notícia de que lhe haviam outorgado o Prêmio Pullitzer, em 1947, Ives foi lacônico e desconcertante: "Os prêmios são bons para os jovens. Eu já sou adulto". Tinha, então, 73 anos.

Numa época em que tantos artistas se preocupam com o sucesso a qualquer custo e em que, por outro lado, as iniciativas musicais quase invariavelmente confinam os auditórios às redundâncias célebres (Chopin, Beethoven, Tchaikovsky etc.), faz bem pensar que nada disso conseguiu tirar Ives do caminho. E a única resposta (provisória) que podemos dar à sua pergunta é que, ao cabo de tudo, enquanto tantos outros "vivos" estão mortos, Ives vive.

(1969)

Bibliografia consultada*

PAZ, Juan Carlos. *La Música en los Estados Unidos*. México-Buenos Aires, Fondo de Cultura Económica, 1952.

CAGE, John. "History of Experimental Music in the United States" (1959). In: *Silence*, The Massachusetts Institute of Technology, E.U.A., 1966.

(*) Uma bibliografia específica e atualizada sobre Charles Ives deve necessariamente incluir três itens fundamentais, aos quais só tive acesso depois de escrito o artigo:

a) COWELL, Henry &, Sidney. *Charles Ives and his Music*. Oxford University Press, 1955; edição revista, *paperback*, 1969.

b) IVES Charles. *Essays Before a Sonata and Other Writings*. (Selecionado e editado por Howard Boatwright), Norton, 1961; *paperback*, 1970).

c) IVES, Charles. *Memos*. John Kirkpatrick (ed.), Norton, 1972. Dos dois primeiros itens há tradução castelhana (Rodolfo Alonso Editor, Buenos Aires, 1971 e 1973, respectivamente).

A eles eu acrescentaria, ainda, "Two Statements on Ives", de John Cage, em seu livro *A Year From Monday*, Wesleyan University Press, Middletown, Connecticut, 1967.

MACHLIS, Joseph. "Charles Ives". In: *Compositores Americanos do Nosso Tempo*, Rio de Janeiro, Editora Lidador, 1965.

CHASE, Gilbert. "Um Compositor do Connecticut". In: *Do Salmo ao Jazz — A Música do EE.UU.*, Porto Alegre, Globo, 1957.

COPLAND, Aaron. "O Caso Ives". In: *A Nova Música*, Rio de Janeiro, Gráfica Record, 1969.

MENDES, Gilberto. Darmstadt, do "art nouveau" aos Hymnen de Stockhausen. Supl. Lit. de *O Estado de São Paulo*, 1-2-69.

BERNSTEIN, Leonard, comentário gravado junto ao LP Columbia ML 6289, contendo *Symphony nº 2* e *The Fourth of July* de Charles Ives.

OBER, William B., comentário ao *String Quartet nº 3* (LP Turnabout TV 34157S).

COHN, Arthur, notas aos LPs Columbia ML 6243 (*Symphony nº 3, Central Park in the Dark, Decoration Day, The Unanswered Question*) e Vanguard VCS-10013 (*Robert Browning Overture, Circus Band, Set for Theatre Orch., The Unanswered Question*).

MÚSICA POPULAR DE VANGUARDA

"A história é a estória de ações originais. Certa vez, quando Virgil Thomson fazia uma palestra em Nova Iorque, ele falou da necessidade da originalidade. O público imediatamente apupou. Por que as pessoas se opõem tanto à originalidade? Alguns temem a perda do *status quo*. Outros compreendem — eu suponho — o fato de que não são capazes de fazê-la. Fazer o quê? Fazer história". (John Cage, *Silence*).

Desde João Gilberto e Tom Jobim, a música popular deixou de ser um dado meramente retrospectivo, ou mais ou menos folclórico, para se constituir num fato novo, vivo, ativo, da cultura brasileira, participando da evolução da poesia, das artes visuais, da arquitetura, das artes ditas eruditas, em suma.

Na moderna música popular brasileira dois são os momentos básicos em que a *informação* assumiu papel preponderante.

O primeiro ocorreu em 1958 com a eclosão da BN, hoje internacionalmente conhecida e reconhecida. Com o manifesto musical de *Desafinado* a dissonância foi introduzida na música popular brasileira. Abriu-se uma brecha na harmonia tradicional, à qual ainda se apegava — e se apega — grande parte da canção popular do Ocidente. João Gilberto, com o seu canto enxuto, mais *cool* do que o *cool* americano, com o seu sentido da pausa-silêncio e aquela batida seca de violão que marcou toda a BN, foi o Webern do movimento.

O segundo momento da informatividade na música popular brasileira é recente e ainda pouco conhecido no exterior. Passou por nomes diversos: *som universal, tropicalismo, som livre,* embora o público consumidor se tenha fixado mais na palavra *tropicalismo,* ou na expressão *grupo baiano* para identificar o grupo dos criadores do movimento, por serem eles, quase todos, da Bahia. Baianos são os seus dois líderes, Caetano e Gil. A seu lado estão Gal Costa, a maior cantora brasileira, aquela cujo uso instrumental da voz mais se aproxima do de João Gilberto, e o compositor e letrista Tomzé, ambos também da Bahia. Torquato Neto, piauiense, autor das letras de várias composições de Caetano e de Gil. Capinam, letrista, baiano. E o conjunto "Os Mutantes", os "beatles" brasileiros, que trouxeram para o convívio do grupo os instrumentos elétricos (da guitarra ao teremim).

Num artigo de 1966 chamei a atenção para Caetano Veloso, quando o movimento ainda não existia. Já àquela altura Caetano (que no mesmo ano, como vim a saber depois, publicara um excelente apanhado crítico da música popular brasileira — "Primeira Feira de Balanço" — na revista *Ângulos,* de universitários baianos) dizia numa entrevista: "Só a retomada da linha evolutiva de João Gilberto pode nos dar uma organicidade para selecionar e ter um julgamento de criação". Dizia isso num momento em que a música popular brasileira voltara a assumir uma empostação retórica, demagógica e nacionalóide — o contrário da lição de João. Mais tarde acrescentaria, lucidamente: "Nego-me a folclorizar o meu subdesenvolvimento, para compensar as dificuldades técnicas".

A lição de João não é só uma batida particular de violão ou um estilo peculiar que ele ajudou a criar — a bossa-nova. A lição de João — desafinando o coro dos contentes do seu tempo — é o desafio aos códigos de convenções musicais e a colocação da música popular nacional não em termos de matéria-bruta ou matéria-prima ("macumba para turistas", na expressão de Oswald de Andrade) mas como manifestação antropofágica, deglutidora e criadora da inteligência latino-americana. Como disse Caetano em sua composição *Saudosismo,* que é uma declaração de amor e humor a João Gilberto e uma crítica à bossa-nova institucionalizada: "a realidade é que aprendemos com João pra sempre ser desafinados".

Essa lição, na verdade, só foi entendida, em sua plenitude, pelos músicos do Grupo Baiano, nesta que é a segunda investida em bloco da invenção na música popular brasileira. E é esta linhagem revolucionária da linguagem musical, que vai de João Gilberto a Caetano Veloso, que Décio Pignatari e eu tentamos representar no ideograma fotográfico da sobrecapa do *Balanço da Bossa**, na qual Caetano aparece na linha de mira dos olhos de João Gilberto. Ideograma que foi,

(*) 1ª Edição. A capa interna deste volume reproduz a montagem fotográfica.

por assim dizer, fotopsicografado, pois, um mês depois, eu ouviria de João Gilberto, em New Jersey: "Tenho tantas coisas a dizer pra Caetano... O que é que eu vou dizer pra Caetano? Diga que eu vou ficar olhando pra ele".

A modernidade dos textos de Caetano e de Gil tem feito com que muitos os aproximem dos *poetas concretos*. De fato, existem muitas afinidades entre os dois grupos. Quanto a mim,' creio, mesmo, que Caetano é o maior poeta da geração jovem e que o que ele e seus companheiros estão fazendo é o fato novo mais importante da cultura brasileira.

Mas o que me fascina e me entusiasma neles não é tanto o fato de eventualmente incidirem ou coincidirem com a *poesia concreta,* como a capacidade que eles têm de fazer coisas diferentes do que fizemos e fazemos e que constituem informações originais até mesmo para nós, que nos especializamos na invenção.

Um ponto de aproximação entre os dois grupos é, sem dúvida, Oswald de Andrade. O antropófago indigesto do Modernismo estava morto e amordaçado à espera de que as novas gerações recolhessem o seu legado revolucionário. Os poetas concretos lutaram por muito tempo sozinhos pela sua ressurreição, em manifestos e artigos polêmicos — "Oswald, riso (clandestino) na cara da burrice", "Marco Zero de Andrade", Décio Pignatari —, participando mesmo ativamente da reedição de suas obras — *João Miramar, Poesias Reunidas* — a cargo de Haroldo de Campos. Até que *O Rei da Vela* — que está para Oswald assim como *Morte e Vida Severina* para João Cabral, no sentido da difusão no consumo — trouxesse o gênio turbulento da Semana de Arte Moderna para mais perto do público e o pusesse no caminho de Caetano Veloso. Oswald, básico para os concretos, passou a sê-lo também para Caetano ("Atualmente, eu componho, depois de ter visto *O Rei da Vela*. O espetáculo é a coisa mais impor-

286

tante que eu vi", 1967). E a Antropofagia oswaldiana é a própria justificação da Tropicália. Como se sabe, Oswald contrapõe ao que denomina a cultura "messiânica", fundada na autoridade paterna, na propriedade privada e no Estado, a cultura "antropofágica", correspondente à sociedade matriarcal e sem classes, que deverá ressurgir com o progresso tecnológico, devolvendo ao homem a liberdade primitiva. Como poeta, é autor de composições brevíssimas que combinam a técnica cubista, de montagens, à extrema concisão e a uma expressão totalmente livre de preconceitos literários. Extrai poesias de textos aparentemente apoéticos: de fragmentos dos nossos primeiros cronistas, de enumerações de títulos de livros ou de paródias de poemas "antológicos". Um poema de Oswald, tomado como lema pelos poetas concretos:

amor

humor

Outro (fragmento de "Hip! Hip! Hoover!"):

América do Sul

América do Sol

América do Sal

Quanto às relações entre algumas letras das canções do Grupo Baiano e a *poesia concreta*, parecem também existir. Talvez, a que mais se aproxime de um poema concreto, como estrutura, seja *Batmacumba* de Gil e Caetano. Em vez da "macumba para turistas" dos nacionalóides que Oswald condenava, parece que os baianos resolveram criar uma "batmacumba para futuristas"... Escrita, a letra assumiria a seguinte configuração:

batmacumbaiêiê batmacumbaoba
batmacumbaiêiê batmacumbao
batmacumbaiêiê batmacumba
batmacumbaiêiê batmacum
batmacumbaiêiê batman
batmacumbaiêiê bat
batmacumbaiêiê ba
batmacumbaiêiê
batmacumbaiê
batmacumba
batmacum
batman
bat
ba
bat
batman
batmacum
batmacumba
batmacumbaiê
batmacumbaiêiê
batmacumbaiêiê ba
batmacumbaiêiê bat
batmacumbaiêiê batman
batmacumbaiêiê batmacum
batmacumbaiêiê batmacumba
batmacumbaiêiê batmacumbao
batmacumbaiêiê batmacumbaoba

Por outro lado, Pignatari, o mais oswaldiano dos concretos, tem um poema satírico, de 1955, a "Bufoneria Brasiliensis", que muito se afina com o espírito de paródia "tropicalista". E é claro que *Geléia Geral* (música de Gilberto Gil, letra de Torquato Neto) contém um aceno ao lema pignatariano: "Na geléia geral brasileira alguém tem de exercer as funções de medula e de osso".

Mas Caetano e Gil já vinham caminhando para uma linguagem não-discursiva antes mesmo de estarem informados sobre a *poesia concreta*, que só vieram a

288

conhecer depois de terem feito *Alegria, Alegria* e *Domingo no Parque,* marcos iniciais de sua evolução. *Clara,* de Caetano, é também anterior a qualquer contato do compositor-poeta com os *concretos.* Nesse texto ele chega intuitivamente, em certos momentos, à sintaxe espacial, sem conectivos, da poesia concreta:

> a moça chamada clara
> água
> alma
> lava
> alva cambraia no sol

De qualquer modo, parece-me que, vindos de um contexto provinciano para um contexto superurbano, de uma poética linear, discursiva, para uma poética nova, moderna, mais capaz de conviver com o "mosaico informativo" das grandes cidades, como Rio e São Paulo, os baianos teriam que esbarrar, cedo ou tarde, com as pegadas do "abominável homem das neves", a *poesia concreta.* É preciso não esquecer, porém, quando se queiram buscar possíveis afinidades entre a *poesia concreta* e a poesia da Tropicália, que as áreas de ação em que ambas têm atuado são diferentes. A *poesia concreta* procurou infiltrar-se no mundo da comunicação de massa através de processos de grande ênfase visual, ligados às técnicas de publicidade, das manchetes de jornal às histórias em quadrinhos. Mas a poesia de consumo, no contexto da canção popular, foi uma experiência que ficou fora de suas cogitações. Por isso mesmo os métodos e estratégias estéticas de que se servem uma e outra poesia não são precisamente os mesmos.

Ainda assim, há estreitos pontos de contato, em particular no processo de montagem e justaposição direta e explosiva de sonoridades vocabulares. A composição *Tropicália* de Caetano Veloso ilustra bem o emprego desse método, desde a colagem de frases-feitas e citações até às rimas, que funcionam isoladamente, como células sonoras, expandidas pela repetição da sílaba final ("viva a mata-ta-ta / viva a mulata-ta-ta"). Mais recentemente Os Mutantes vêm desenvolvendo um estilo próprio na exploração intensiva de um processo que também interessou muito aos poetas concretos: o uso de aliterações e paronomásias:

A vida é o moinho
É o sonho, o caminho
É do Sancho o Quixote
Chupando chiclete.
O Sancho tem chance
E a chance é o chicote
É o vento é a morte
Mascando o Quixote

> (*D. Quixote*, de Arnaldo B. Batista e Rita Lee Jones)

A essas soluções eles têm chegado não por influência direta da *poesia concreta*, mas levados pelo impulso do seu próprio comportamento criativo dentro da música popular. E se hoje parece haver uma "tropicaliança" com os concretos, o que existe não é fruto de nenhum contrato ou convenção, mas simplesmente de uma natural comunidade de interesses, pois eles estão praticando no largo campo do consumo uma luta análoga à que travam os concretos, na faixa mais restrita dos produtores, em prol de uma arte brasileira de invenção.

Em seus últimos discos editados (1969), Caetano, Gil e Gal acrescentam novas propostas ao seu projeto inicial. Assimilando a abertura interpretativa de Jimi Hendrix e Janis Joplin, Gil e Gal rompem com a vocalização tradicional brasileira, descobrindo novas áreas sonoras de aplicação para as cordas vocais: o grito, o gemido, o murmúrio, glissandos e melismos inusitados: o "ruído", antes desprezado, ou até então desconhecido, passa a ter vez na voz. Aquela faixa de liberação vocal a que, na música erudita, uma Cathy Berberian chegou, através de muito estudo e virtuosismo, interpretando as difíceis elucubrações seriais de Luciano Bério, cantoras populares como Janis ou Gal chegam naturalmente,

descontraindo uma voz atrás da voz, ou além da voz —
uma voz superliminar — sob a instigação das sonoridades da guitarra elétrica.

Questão de Ordem, de Gilberto Gil, foi a música-manifesto dessa nova fase. "Por uma questão de
ordem / por uma questão de desordem", Gil exibe, ao
vivo, o processo de informação e entropia, construção
e destruição da linha melódica. Em *A Voz do Vivo*,
de Caetano, interpretada por Gil, arranjo de Rogério
Duprat, as explorações vocais de Gil o levam até o
sprechgesang, com o som recedendo até o silêncio e
retornando com a palavra "sol", fulcro do texto e da
canção, em torno da qual a voz tece sinuosas variações,
isomorficamente com a letra que diz: "quanto a mim
é isso e aquilo / eu estou muito tranqüilo / girando ao
redor do sol". A nova voz de Gal, por sua vez, viria a
calhar para uma reinterpretação do *Pierrot Lunaire* de
Schoenberg.

A metalinguagem de composição e interpretação
de Caetano atinge uma intensidade ainda maior em seu
disco mais recente (Philips 765.086). Não há limites
para a sua criatividade. Pode compor em inglês ou em
português, coisas simples ou eruditas: surpreende sempre, inventando *Os Argonautas*, fado fernandopessoano,
ou "traduzindo" *Carolina* de Chico Buarque e o tango
Cambalache de Discépolo, com uma liberdade de que
só ele é capaz, num código novo, ao mesmo tempo crítico e dramático.

Sem nunca perderem contato com a comunicação
de massa — *Aquele Abraço*, de Gil, *Irene*, de Caetano,
são de uma beleza singela e transparente, tão consumí-
vel como um copo de água — os baianos mantêm viva
uma inquietação permanente que dá passagem, sem
transição, ao terreno puramente experimental, como
no caso de *Acrilírico*, de Caetano, e *Objeto Semi-Iden-
tificado*, de Gil, poemas falados, onde as paronomásias
e os jogos verbais assumem o primeiro plano, contra o
fundo de montagens livres de som e ruído, de Rogério
Duprat. Técnicas tméticas, de partição e reaglutinação
de palavras, são usadas por Gil nos textos de *Alfômega*
e *Objeto Sim:* "o analf(omega)betismo", "os identi-

fi(signifi)cados". A conjugação das duas linhas não é impossível. Em *Não Identificado*, um iê-iê-iê quase à Roberto Carlos, Caetano introjeta na letra, aparentemente despretensiosa, uma rima rara, que não desmereceria o trovador Arnaut Daniel, "il miglior fabbro del parlar materno" (o maior artífice da língua materna), inventor de rimas e ritmos novos na poesia provençal: "Eu vou fazer / um iê-iê-iê romântico / um *antico*/mputador sentimental"; ao mesmo tempo que injeta no romantismo da música o veneno crítico de um trocadilho desmistificante*.

Em suma, Gil e Caetano reabilitaram um gênero meio morto: a poesia cantada. Os dois compositores-poetas têm uma sensibilidade aguda para a *altura* (parâmetro musical que, segundo Ezra Pound, é aquele em que os poetas são menos precisos, em geral). Eles atingiram um grande refinamento nessa modalidade de melopéia, nessa arte rara, que Pound, evocando os trovadores provençais, denomina de *motz el som*, isto é, a arte de combinar palavra & som. São eles, hoje, indiscutivelmente, cantando simples ou menos simples, com ou sem pretensão, a vanguarda viva da música popular brasileira, talvez já não tão "popular", na acepção meramente quantitativa do termo, mas — a partir deles — cada vez mais inventiva.

(1969-1970)

(*) Adendo, 1973: Uma rima da mesma família seria criada mais tarde por Caetano em *Chuva, Suor e Cerveja*: "...acho / que a chu-/va aju-/da a gente se ver". Em *Irene*, o espelho sonoro IR-IRE-NE-RI, fonte de reverberações poético-musicais, mostra que, mesmo nas coisas mais simples, a intuição criativa de Caetano está sempre alerta.

292

ARTE POÉTICA

PAUL VERLAINE
A Charles Morice

antes de tudo, a música. preza
portanto, o ímpar, só cabe usar
o que é mais vago e solúvel no ar,
sem nada em si que pousa ou que pesa.

escolher palavras é preciso,
mas com certo desdém pela pinça:
nada melhor do que a canção cinza
onde o indeciso se une ao preciso.

uns belos olhos atrás do véu,
o luso-fusco no meio-dia,
a turba azul de estrelas que estria
o outono agônico pelo céu!

pois a nuance é que leva a palma,
nada de cor, somente a nuance!
nuance, só, que nos afiance
o sonho ao sonho e a flauta na alma!

foge do chiste, a farpa mesquinha,
frase de espírito, riso alvar,
que o olho do azul faz lacrimejar,
alho plebeu de baixa cozinha!

a eloqüência? torce-lhe o pescoço!
e convém empregar de uma vez
a rima com certa sensatez
ou vamos todos parar no fosso!

quem nos dirá dos males da rima!
que surdo absurdo ou que negro louco
forjou em jóia este toco oco
que soa falso e vil sob a lima?

música ainda, e eternamente!
que teu verso seja o vôo alto
que se desprende da alma no salto
para outros céus e para outra mente.

que teu verso seja a aventura
esparsa ao árdego ar da manhã
que enchem de aroma o timo e a hortelã...
e todo o resto é literatura.

(1874-1971)

REVERLAINE

paul verlaine
pauvre lélian
parecia fora da jogada
com todos os seus belos
sanglolons
mas vejam:
essa arte poética
debussydissonante
(que tem quase um século)
é de outra música.

o verso ímpar
de 9 sílabas
não é fácil de manejar
não é fácil também usar
a palavra *ail*
em vez de *aile*
ou *alho*
em lugar de *ala*
num poema.

e há uma série de dísticos-lemas
até hoje válidos:

prends l'éloquence et tords-lui son cou!
que o confuso mário de andrade
da *escrava que não era isaura*
tachou de "errado",
erro corrigido por oswald
nos minipoemas
pau brasil
como viu paulo prado:

"le poète japonais
essuie son couteau:
cette fois l'éloquence est morte"
ou
"em comprimidos,
minutos de poesia".

"torce, aprimora, alteia, lima
a frase; e, enfim,
no verso de ouro engasta a rima
como um rubim".

olavo braz martins dos guimarães bilac
tic tac tic tac tic tac tic tac tic tac tic tac

pois sim

o qui dira les torts de la rime?
a rima, *ce bijou d'un sou*
(este toco oco):
"mulheres, rilke, esses bijus de um níquel!"
décio pignatari em "o poeta virgem"
da sua
bufoneria brasiliensis
(1952)!

de la musique avant toute chose
sim, a música é mais importante:
"all things that are...
are musical".
(richard crashaw)
"everything we do
is music"
(john cage).

"musica sola mei
superest medicina veneni"
disse a tarântula
à tarantela —
"antidotum tarantulae",
roma, 1641,
na *pequena história da música*
do mais útil mário de andrade.

"poesia não é bem literatura"
disse pound,
"provença knew".

verlaine também, *l'aventure
et tout le reste est littérature.*

MINIENTREVISTA Nº 2

P — Como você encara a possibilidade de uma nova explosão da MPB tal como aconteceu nos anos 65-66-67? E até que ponto você acredita ou desacredita dessa possibilidade?

AC — Se por "explosão" você quer significar uma nova *movimentação* musical, acho que é possível que isso aconteça a qualquer momento, já que na MPB sobra material humano para tanto. Mas se você está pensando numa "explosão" informativa, isto é, numa explosão de idéias novas, originais — num *movimento* e não numa mera movimentação, então a coisa, embora possível, é menos fácil. Esse tipo de explosão não ocorre só porque a gente quer. É produto de uma série de fatores e depende do aparecimento de alguns criadores excepcionais, o que não acontece todo dia. Lembro que, depois da BN (1958), foram precisos mais dez anos para que surgisse um novo movimento — o dos baianos da Tropicália — com igual força e novas idéias musicais. Sem querer ser fatalista, exigindo mais 10 anos para que surja um novo movimento, não vejo, por ora, sinais de uma nova explosão do tipo das duas anteriores.

P — Essa possibilidade de explosão da MPB é fruto da euforia dos compositores ou existem razões verdadeiras que a justifiquem?

AC — Creio que só os compositores, com o seu trabalho, poderão responder a essa pergunta.

P — Até que ponto se pode pensar numa retomada da linha evolutiva da MPB a partir do vácuo deixado por Caetano e Gil?

AC — Parece-me que estamos ainda muito próximos da retomada que Caetano e Gil fizeram da linha evolutiva de João Gilberto para se ter perspectiva crítica para uma nova retomada. De resto, embora ausentes, eles continuam vivos e atuantes, e a *sua presença* exemplar continua a ser estímulo e desafio no caminho dos mais novos. Mas o problema é mais complexo. Não se trata de retomar a linha evolutiva de Caetano e Gil, que já está delineada. Trata-se de enfrentar o problema da exaustão das formas, da crise da música *pop*, no quadro mais geral da própria música moderna, o que inclui a linguagem da música erudita, de Anton Webern a Rogério Duprat. Este é o enigma a decifrar pelos novos compositores.

P — Você acha que esse movimento liderado por alguns compositores "antigos" poderá ofuscar o aparecimento de novos compositores, alguns com reais propósitos de renovação na MPB?

AC — Como disse, desconheço a existência de um novo movimento na MPB. Quanto às movimentações, só atrapalham realmente quando do tipo sectário, que tolhe a liberdade do artista: proibições de usar este ou aquele instrumento ou de fazer este ou aquele tipo de música. Quando há liberdade de criação ninguém ofusca ninguém. Quem tem o que dizer cedo ou tarde acaba aparecendo.

P — Qual será na sua opinião a reação do público a esta nova ofensiva da MPB? A diversidade dos gostos, condicionada ao mercado, até que ponto poderá influir pró ou contra essa ofensiva?

AC — Acho que já se deu colher de chá demais ao público. Contra o lema "quem não se comunica se trumbica" ouso erguer a bandeira do anti-*slogan* "quem não se comunica dá a dica". Quero dizer que, se tiverem que ocorrer novas idéias, o público que trate de ir se acostumando a elas. Uma das lições da BN e da Tropicália foi, precisamente, a de não se submeterem às convenções vigentes e a de terem sabido se afirmar contra a corrente. Quer queiram, quer não, como disse Caetano: "aprendemos com João a sempre ser desafinados". O gosto do público não deve influir nas decisões essenciais do compositor que acredite realmente no que está fazendo. E além disso é preciso descrer menos da inteligência do público: ele também evolui.

(1971)

GELÉIA GERAL

TORQUATO NETO

um poeta desfolha a bandeira
e a manhã tropical se inicia
resplandente cadente fagueira
num calor girassol com alegria
na geléia geral brasileira
que o jornal do brasil anuncia

ê bumba-iê-iê-boi
ano que vem mês que foi
ê bumba-iê-iê-iê
é a mesma dança meu boi

a alegria é a prova dos nove
e a tristeza é teu porto seguro
minha terra é onde o sol é mais limpo
e mangueira é onde o samba é mais puro
tumbadora na selva selvagem
pindorama — país do futuro

ê bumba, etc.

(é a mesma dança na sala
no canecão na tv
e quem não dança não fala
assiste a tudo e se cala
não vê no meio da sala
as relíquias do brasil:
doce mulata malvada
um elepê de sinatra
maracujá mês de abril
santo barroco baiano
superpoder de paisano
formiplac e céu de anil
três destaques da portela
carne seca na janela
alguém que chora por mim
um carnaval de verdade
hospitaleira amizade
brutalidade jardim)

ê bumba, etc.

plurialva contente e brejeira
miss-linda-brasil diz bom dia
e outra moça também carolina
da janela examina a folia
(salve o lindo pendão dos seus olhos
e a saúde que o olhar irradia)

ê *bumba, etc.*

um poeta desfolha a bandeira
e eu me sinto melhor colorido
pego um boeing viajo arrebento
com o roteiro do sexto sentido
foz do morro pilão de concreto
tropicália, bananas ao vento.

COMO É TORQUATO

você também se foi
"desafinando o coro dos contentes do seu tempo"
como eu dizia nos bons tempos de 68
sousândrade no ouvido
(estrofe 61 do inferno de wall street)
mas logo agora
alguns dias depois que o velho pound se foi
deformado e difamado
na cozinha lítero-funerária dos jornais
por um erro
entre tantos acertos
neste deserto

com tantos lite-ratos dando sopa
se vendendo por um lugar ao sol
você deu as costas ao lugar e ao sol
proclamo mas reclamo
a morte nos fez mais uma falseta
mas não pensem que isto é um poema
só porque estou cortando as linhas
como faziam os poetas
isto é apenas uma conversa no deserto
parte da conversa que a gente não teve em 4 anos
vou falando e parando onde devo parar
seria fácil glosar tuas próprias letras
cheias de tantas dicas de adeus
adeus vou pra não voltar
a vida é assim mesmo
eu fui-me embora
eu nunca mais vou voltar por aí
difícil é conversar agora
você sabe há tanto tempo a gente não se via
fui ouvir de novo as tuas coisas
"louvação" & "rua"
no primeiro 1p de gil
"zabelê" & "minha senhora" (com gil) & "nenhuma
                                            [dor"
(com caetano) no primeiro 1p de caetano e gal
"domingou" & "marginália II"
no primeiro disco tropicalista de gil
& "mamãe coragem" com caetano (gal cantando)
tão grandes quanto antes
& "a coisa mais linda que existe"
(com gil) no 1p de gal (1969)
& "ai de mim copacabana" num compacto com caetano
meu estoque termina aí
(não tenho o "pra dizer adeus")
e recomeçava agora com macalé
let's play that
uma obra — filho — e algumas primas
você olha nos meus olhos e não vê nada
não "não posso fazer troca
na boca uma lasca amarga"
mas também não quero repetir
a conversa de maiakóvski
com iessiênin (é muito arriscado)

308

estou pensando
no mistério das letras de música
tão frágeis quando escritas
tão fortes quando cantadas
por exemplo "nenhuma dor" (é preciso reouvir)
parece banal escrita
mas é visceral cantada
a palavra cantada
não é a palavra falada
nem a palavra escrita
a altura a intensidade a duração a posição
da palavra no espaço musical
a voz e o mood mudam tudo
a palavra-canto
é outra coisa

   nha mo da
mi na ra tem
                    se   dos
                 gre

etc.

&

minha amada idolatrada
salve salve o nosso amor
já antecipava os anti-hinos
salve o lindo pendão dos seus olhos
como você diria depois
mas você tem muito mais
um poeta só um poeta tem linguagem pra dizer
eu quero eu posso eu quis eu fiz
feijão verdura ternura e paz
um poeta desfolha a bandeira
tropicália bananas ao vento
agora você se mandou mesmo
pra não mais voltar
(deixe que os idiotas pensem que isto é poesia)
nem a são paulo nem a esta
espaçonave louca chamada terra
tenho saudade
como os cariocas

do tempo em que sentia
sim a euforia se foi a alegria
era a prova dos nove
mas fomos todos reprovados
VAI BICHO
nós por aqui vamos indo
naviloucos
poucos
ocos
um beijo preso na garganta
no doce infelicídio da formicidade
DESAFINAR
medula & osso
O CORO DOS CONTENTES
com geléia até o pescoço

novembro 72

CABEÇA*/HEAD (Walter Franco)

que é que tem nessa cabeça irmão
que é que tem nessa cabeça ou não
que é que tem nessa cabeça saiba irmão
que é que tem nessa cabeça saiba ou não
que é que tem nessa cabeça saiba que ela pode irmão
que é que tem nessa cabeça saiba que ela pode ou não
que é que tem nessa cabeça saiba que ela pode explodir irmão
que é que tem nessa cabeça saiba que ela pode explodir ou não

what is it you've got in that head man
what is it you've got in that head or not
what is it you've got in that head you bet man
what is it you've got in that head you bet or not
what is it you've got in that head you bet it can man
what is it you've got in that head you bet it can or not
what is it you've got in that head you bet it can explode man
what is it you've got in that head you bet it can explode or not

(*) quando se projetou uma edição americana do lp de walter franco, vieram me pedir que traduzisse o texto que acompanhava o disco para ser impresso em inglês. coisa urgente, urgentíssima, aquela loucura brasileira. topei. tudo foi feito a jato. mas o incrível otávio terceiro, que então assessorava o walter, me garantiu que o meu astral estava em ordem. e pude contar com a colaboração de katherine young silva, que me ajudou a rever o texto inglês e a aperfeiçoar algumas soluções. a maioria das traduções era literal, mas aqui e ali despontou quase uma "versão". nunca mais ouvi falar do tal projeto. nem sei se a edição foi feita. mas aqui vai *head* (cabeça), um modo de dizer como eu gosto do disco do walter.

... berg, gravata flutuante 'de artista'; webern, sapatos de tipo camponês, cobertos de barro.

JOÃO GILBERNto
ANTON weBERto

"trop de musique! trop de musique!"
(webern, 1903)

"foi
somente em 1952
após sucessivas audições,
em janeiro e fevereiro,
do *quarteto opus 22* de anton webern
que o gelo se quebrou.
desde esse momento,
igor não teve sossego
até que estivesse familiarizado
com a obra pouco prolixa
mas rica de invenção
do jovem discípulo de schoenberg,
morto tragicamente em 15 de outubro de 1945."
(robert siohan, *stravinski,* pág. 141).

quarteto opus 22 p/ violino, clarineta, sax-tenor e piano

"sim, o *quarteto* é um milagre.
o que me espantou acima de tudo
foi a sua originalidade.
não é exagero dizer que

todo o universo da composição musical
jamais teve qualquer coisa
que se aproximasse
dessa originalidade 100%".
(alban berg, carta de 19-8-32 a webern).

"lygia fingers"
(da minha série de poemas coloridos *poetamenos*)
segue quase literalmente
a klangfarbenmelodie (somcormelodia
ou melodiadetimbres)
da parte inicial do *quarteto*
composto em 1930
1ª audição em 13-4-31
que eu, nascido nesse ano,
ouvi entre 52-53
na gravação de leibowitz
na mesma época em que ouvia
o "roteiro de um boêmio"
(álbum com 4 discos em 78 rotações
fase pré-LP)
de lupicínio rodrigues

agora é quase impossível ouvi-los:
do *quarteto*, em 20 anos,
só houve duas gravações
a de leibowitz e a de craft
(ambas esgotadas)
e ninguém reeditou o roteiro de lupicínio

na voz mansa de lupi
um expressionismo contido
quase falado
isomórfico
um
so
lu
ço
cortou sua voz
não lhe deixou fa
lar

tendo ouvido
um mínimo de webern
caetano entendeu tudo
e fundindo o impossível
webernizou lupicínio
ou lupicinou webern
na maravilhosa mise-en-musique
ou releitura poético-musical
que fez
de "dias dias dias"
do *poetamenos*
raio x
entre mentes

entrementes
joão
chegou

' basta comparar os sons do sax-tenor de stan
com o som vocal de joão para notar o paralelo.
o ar se move sem esforço pela palheta, em um caso,
e pelas cordas vocais, no outro. é como se o ar
não fosse impelido mais do que o suficiente para fluir.
tal aproximação pessoal exige que o instrumentista
possua
segurança soberba e controle absoluto de
seu instrumento.
stan e joão não cometem enganos nesse ponto"
(gene lees).

só que joão é mais cool do que o cool.
stan getz, perto dele, é barroco.

webern deu à música erudita
a dimensão física da música popular.
o difícil no fácil.
non multa sed multum.
bagatelas.
infra-segundos de superinformação.
sabedoria que se perdeu com os pósteros
esses chatos maravilhosos
de stockhausen a cage.

"pela primeira vez em sua história
a música se tornou tão despojada e transparente
que os seus elementos individuais pareciam flutuar
isolados
entre apavorantes bolsas de ar de silêncio total"
(krenek).

"you see, when i was a kid i used to save up for a month,
so i could get an r & b album and, the same day, the completed works
of anton webern, maybe that means something.
maybe that tells you
something about my music" (frank zappa — anos 60).

uma melodia contínua
deslocada de um instrumento para outro

mudando constantemente sua cor

em 37 anos de vida criativa (1908-1945)
31 obras
duração média: 5 minutos
a mais longa: 10 minutos
a mais curta: menos de um minuto
a obra de anton webern cabe toda em 4 LPs:
cerca de 3 horas.

joão gilberto: 7 LPs (piazzolla tem 40)

toda a obra de webern
poderia ser executada
num único concerto
mas tanta compressão informativa

seria ainda hoje
uma bomba-sônica para a maioria dos ouvintes
megatons de informação sonora
megantons

"porque eu não sou um cão..."
(webern, 1912 — já tinha feito
as 6 peças para grande orquestra
opus 6, pré-melodiadetimbres.)

"ao píano ele fazia com que as maravilhas matemáticas
desaparecessem: em seu lugar ele tornava aparentes
apenas as puras relações de som" (robert craft).

"eu não sei como vou chegar até o fim do mês"
(carta de 26-9-26).

"ernst krenek disse que quando webern conduzia
uma sinfonia de haydn
ele a fazia soar de tal modo que a gente sentia
que a tinha escutado pela primeira vez,
webern parece ter sido
um maestro extremamente sensível,
fanaticamente rigoroso, mas paciente.
seu horror físico
do ruído fazia-o relutante até de começar a ensaiar,
por saber de antemão
que o barulho, a aspereza, a má entonação, a expressão
falsa e a
articulação errada seriam uma tortura" (robert craft).

"no momento não tenho um único aluno" (webern,
carta de 20-4-38).

joão gilberto emprega pelo menos uns 5 AA —
me disse o tuzé —
cada um é um som diferente

"no momento só tenho *um* aluno" (webern, carta
de 29-4-38).

"ansermet diz que ter visto e ouvido webern tocar
uma única nota
ao piano era observar um homem em ato de devoção"
(robert craft).

"se ao menos eu pudesse ser entendido um pouco!"
(webern, carta de 20-10-39).

"pouco impressionado
ante a audição de *daphnis et chloe* (de ravel)
disse webern
a ansermet (único comentário):
por que ele usa
quatro
de cada instrumento de sopro?
beethoven usou apenas dois

e é tão forte (*es ist so gross*)" (robert craft).

"não lhe parece que a primeira reação das pessoas
diante desta partitura (variações para orquestra
opus 30) será:
bem, não há nada dentro dela"? (carta a willi reich,
3-5-41).

"não lhe parece um ato de loucura?"
(mallarmé a valéry, diante das provas
de *um lance de dados*, 1897).

"viver é defender uma *forma*" (hoelderlin citado
por webern).

"se ao menos tomassem algum conhecimento da minha
obra" (carta de 3-3-41).

"não queremos repetir, deve haver sempre algo
novo (webern).

"uma importante afirmação de schoenberg: compressão
sempre significa extensão" (webern).

webern o incomunicativo comunicativo: nenhuma
obscuridade. formas claras e precisas. partituras
limpas, límpidas.

319

"entendo a palavra *arte* como significando a faculdade de apresentar um pensamento na forma a mais clara e a mais simples, isto é, na forma a mais compreensível!" (carta de 6-8-28).

"eu me pergunto se webern tinha consciência de quem era webern" (stravinski).

"quando é que eu poderei ser suficientemente independente!
como eu poderia trabalhar!
o que poderia ser mais óbvio do que o fato de que um compositor existe para compor?"
(carta de 19-9-28)

"webern é ao mesmo tempo o mais simples
e o mais difícil dos compositores:
o mais e o menos intelectual,
o mais fácil de selecionar e, ainda assim,
o mais difícil de seguir,
o mais esotérico e o mais compreensível,
o mais clássico e no entanto o mais avançado,
o mais individual e pessoal, sendo ainda o mais
influente e o mais amplamente imitado.
a simplicidade da estética de webern
é que explica todos esses paradoxos —
a música de webern consiste
em poucas notas arranjadas
num período de tempo extremamente curto"
(eric salzman).

"trabalho até 1 hora numa peça pouco agradável
fria e úmida
algo assim como uma caverna nos dias de calor.
depois do almoço repouso no campo atrás da casa,
uma hora no máximo.
algumas vezes banho com minna e as crianças.
trabalho até a hora do chá,
às vezes até mais tarde.
depois das 6 horas, ordinariamente,
passeio no krumpengraben ou nos bosques vizinhos
a procura de cogumelos e amoras"
(diário de webern, 1927).

320

"eu gostava de procurar cogumelos e de vez em quando
meu caminho se cruzava com o de webern...
...o mestre admirava o conteúdo de minha cesta
repleta, em que havia alguns raros e interessantes
cogumelos...
...ficávamos contemplando as notáveis qualidades
dos fungos..."
(cesar bresgen, *os últimos dias de webern em mittersill*).

webern e cage?
cogumelos
silêncios

cage fez o silêncio falar em *4'33"*
webern faz ouvir
o silêncio em suas músicas.

fechado-aberto, o futuro da música: webern in cage.

"considerem quanta moderação é necessária
para que alguém se exprima com tanta brevidade.
pode-se expandir todos os olhares num poema,
todos os suspiros num romance.
mas exprimir um romance num simples gesto,
uma alegria num suspiro —
uma tal concentração só pode estar presente
em proporção a uma ausência de autopiedade."
(schoenberg sobre as bagatelas).

é só esse o meu baião
e não tem mais nada não

"encontrei uma série (isto é, os 12 sons)
que contém já em si mesma relações
muito desenvolvidas entre os próprios doze sons.
algo de semelhante ao famoso provérbio antigo:

SATOR
AREPO   o semeador mantém a obra
TENET
OPERA   a obra mantém o semeador
ROTAS

ler horizontalmente.

assim: sator opera (recorrência de arepo)
tenet tenet
opera sator (recorrência de rotas)

depois verticalmente: de alto abaixo, para o alto, para baixo, para o alto (tenet duas vezes), para baixo, para o alto. depois ainda verticalmente, partindo de baixo para a direita: para o alto, para baixo etc."
(carta a hildegard jone, 11-3-1931).

webern, "o arquiteto monádico da forma-espelho" (eimert).

o spiegelbild: a imagem refletida no espelho

MANDRAKE
MANDRAME
MANDARME
MANLARME
MALLARME

ELLE, dÉfUNte NUE EN LE mIRoIR ENcor
le souffle de MON NOM MURMURé tout un soir
SI de mon SEIN pas du SIEN
aBoLi BiBeLot d'INANIté sONOre

"fiquei contente ao descobrir que tais conexões
também ocorrem muitas vezes em shakespeare,
em aliteração e assonância.
ele usa inclusive uma frase às avessas"
(webern, 2-3-32).
but the RaVeN NeVeR flitting (poe via jakobson)
do 5º dos *cinco cânones para canto, clarineta e clarineta baixo, op. 16*:

mun --- dó (com a acentuação deslocada pela ascensão
            da voz),

sol# — lá (intervalo de duas oitavas + meio grau)

isomorfismo: melodia abarcante do universomundo
             a que o piano responde com figuras-espelho

(as duas primeiras notas, simultâneas a *mun-do*)

IREMERI

REVER

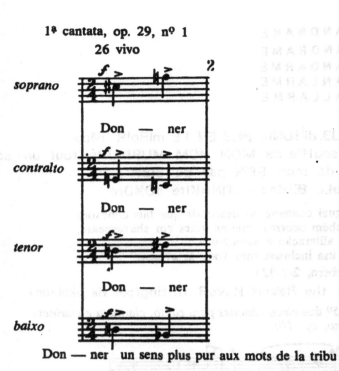

Don — ner un sens plus pur aux mots de la tribu

ninguém valorizou tanto ou tão bem a palavra pura —
espacializada —
salvo, talvez, schoenberg,
no mais expressionista *pierrô lunar,*
ou charles ives, em certas canções
como *like a sick eagle* (1909),
precursora do *sprechgesang* (cantofalado),
onde a voz, cantando a intervalos de quartos-de-tom
ou entoando apenas (*intonation* é a indicação de ives)
sobe ou desce

```
                                              sky
                                          the
            si                      towards
              ck
like                          loo
     a                           king
            eagle
```

324

os textos de hildegard jone
que webern usa
são literariamente fracos
mas ele não os usa propriamente
ou ele os usa antes como pré-textos
dos quais extrai um texto-suma
privilegiando musicalmente certas palavras
que afloram do texto original
palavras-ilhas:
*wort — klang — farbe — ohr — auge — blick — duft
— tau — licht — raum — liebe — sterne — donner
— dunkel — himmel — etc.*
são elas essencialmente as que a gente ouve
stockhausen levaria avante a lição
no *gesang der junglinge* (canto dos adolescentes)
filtrando um novo texto
do pré-texto bíblico

é, amor, o o-ba-lá-lá

"quando eu canto, penso num espaço claro e aberto
onde vou colocar meus sons.
é como se eu estivesse escrevendo num pedaço de papel
em branco:
se existem outros sons a minha volta
essas vibrações interferem
e prejudicam o desenho limpo da música"
(joão gilberto — entrevista de 12-5-71
à revista *veja*)

então ele foi reger a primeira audição
do "concerto para violino" de berg, em barcelona, 1936:
em dois ou três ensaios tinha aprovado apenas
os 8 primeiros compassos.
um homem menos exigente foi chamado para dirigir
a peça
no último dia de ensaio que restava.

"a dinâmica de sua música muda de nota para nota
e assim muitas vezes faz os *tempos* mudarem
com *calando, accelerando, ritardando,* etc.
mas os controles da dinâmica e do *tempo*

e a articulação
sempre funcionam estruturalmente
e jamais são acréscimos.
webern é o compositor da semicolcheia ppp expressiva
e suas instruções características na música são
'como um sussurro'
'quase audível'
'desfalecendo'
ele emprega *crescendo* e *decrescendo*
numa simples nota breve, cuja execução —
especialmente o *decrescendo* —
não faz parte da técnica dos músicos comuns".
(robert craft).

contam que isto aconteceu
quando tom jobim levou joão gilberto para cantar
para um grupo de entendidos
em certo estúdio de gravação.
joão terminou de cantar
e foi aquele silêncio embaraçoso.
ninguém sabia o que dizer.
alguém murmurou ou comentou depois:
o tom disse que ia trazer um cantor e trouxe um
ventríloco.

"...o estereótipo de webern
como o mestre do pianíssimo,
o virtuoso melancólico dos silêncios,
cuja música é o último estágio
próximo da afasia" (eimert).

                     la
          pa   vra
                    quase aceitei o conselho

(quem não ouviu, imagine
joão gilberto cantando
quem há de dizer de lupicínio)

foi por volta dos anos 30:
berthold viertel chegou a viena,
o que fez com que alguns amigos se reunissem

326

(numa confeitaria, é claro) para ouvir alguma coisa
sobre "o mundo", i.é, inglaterra ou américa
ou qualquer outro lugar de onde vinha o convidado.
anton webern se atrasou um pouco,
e quando ele chegou
todas as cadeiras em torno da mesa de mármore
estavam ocupadas.
então ele sentou-se quieto num canto do círculo
e equilibrou cuidadosamente a sua xícara de café
sobre os joelhos. quando eu me afastava
para lhe dar mais espaço, ele me fez parar:
— por favor, não se incomode, eu estou muito bem
aqui no meu cantinho" (krenek).

feito numa nota só

"o gesto era branco, o sorriso era como era,
a voz era igual, lançada num tom que não procura
senão diz o que está dizendo —
nem a'ta nem baixa,
clara,
livre de intenções, de hesitações, de timidezas"
(álvaro de campos sobre alberto caeiro).

webern parece não ter cara.
o homem-obra. humanônimo.

"possuo uma fotografia de berg e webern
da época da criação das *três peças p/orquestra*
(op. 6) de alban berg.
berg é alto, de porte ágil, quase demasiadamente
bem posto: seu aspecto é estranho.
webern é baixo, de compleição robusta,
míope, de aspecto abatido.
berg nos dá uma imagem cabal de si mesmo
com sua gravata flutuante 'de artista';
webern calça sapatos de tipo camponês,
cobertos de barro,
o que, para mim, revela algo profundo.
quando observo essa fotografia
não posso deixar de recordar que,
poucos anos depois de ter sido tirada,

327

ambos morreram prematura e tragicamente,
depois de anos de pobreza, de desconhecimento
e, por fim. de proscrição musical
em seu próprio país.
vejo a webern —
que durante os últimos meses de sua vida
freqüentava o cemitério da igreja de mittersill,
onde finalmente foi sepultado —
parado ali na quietude,
olhando para as montanhas,
conforme a expressão de sua filha;
e a berg, durante os últimos meses de sua vida,
suspeitando que sua enfermidade seria fatal.
comparo a sorte desses homens
a quem o mundo não prestou atenção
e que criaram música pela qual o nosso século
será recordado
com a carreira dos regentes, pianistas, violinistas,
todos eles nada mais que figuras vãs.
então essa fotografia de dois grandes músicos,
dois *herrliche menschen* de espírito puro
restabelece meu sentido de justiça
até o seu nível mais profundo" (stravinski)

"eu fui mobilizado: polícia de proteção aérea...
estou *encasernado*,
me impedem de habitar em minha casa
e assim me arrancam brutalmente ao meu trabalho!!!
...e uniformizado, naturalmente!
das seis da manhã às cinco da tarde.
trabalho: praticamente o de um pedreiro,
transportar areia, etc. folga
somente três dias das 17 às 22 horas.
estou esgotado, no limite das minhas forças!"
(carta de webern a hildegard jone, abril de 1944).

webern foi morto por engano
por um soldado americano
das tropas acantonadas na áustria.
um soldado nervoso no gatilho.
quando saía à porta da casa de benno mattl,
seu genro, em mittersil, para fumar um charuto

328

(o primeiro, depois de longos anos)
que benno contrabandeara com os americanos.
eles andavam atrás de benno
e lhe preparam uma cilada.
foram à casa dele vender a "moamba" (cigarros,
dólares, etc) para fazer o flagrante.
enquanto dão voz de prisão a mattl numa sala,
webern sai do quarto dos netos para fumar ao ar
livre.
põe a mão no bolso e o americano atira
(depois, naturalmente, se safaria alegando
"legítima defesa").

"sons de sino
no ar claro da montanha
são evocados em quase todas as obras de webern"
(robert craft).

sina e sino

o assassino se chamava raymond n. bell (isto é, sino)
e era cozinheiro da 42ª divisão
apelidada divisão arco-íris.
o soldado sino morreu a 3 de setembro de 1955
sem saber quantos séculos de música tinha matado
com um só tiro
with a bang
not with a whimper

"agora 'bolchevismo cultural' é o nome dado a tudo
o que se refira
a schoenberg, berg e a mim (assim como a krenek)...
...eu não sei o que hitler entende por *música nova*
mas sei que o que nós designamos por esse termo
é um crime para essa gente" (webern, 1933).

"eu queria partir, partir! para as montanhas onde tudo
é claro, a água, a terra, o ar!" (carta a alban berg,
21-6-1912).

329

depoimento da viúva sino:
"ele nasceu
em 16 de agosto de 1914,
profissão: mestre-cuca
sei poucas coisas sobre o tal acidente.
quando ele voltou pra casa, depois da guerra,
disse que tinha matado um homem
no cumprimento do dever.
cada vez que ele ficava bêbado, dizia:
"gostaria de não ter matado aquele cara".
creio mesmo que isso contribuiu muito
para ocasionar o seu mal.
era um homem muito bom
que amava todo mundo..."

in u-ni-ver-so   mun ----------------------- do

webern tinha grande reputação como regente
de clássicos da música ligeira vienense
como johann strauss
para cuja música fez alguns arranjos

"o artista nunca faz o que os outros acham bonito,
faz apenas o que ele acha necessário" (schoenberg
via webern).

"saberão os músicos como tocar essas peças,
saberão os ouvintes como recebê-las?
poderão os músicos e os ouvintes fiéis
deixar de render-se uns aos outros?"
(schoenberg sobre as *bagatelas*).

"a mente de webern foi sempre radical;
partia imediatamente
para as últimas conseqüências
não há, de fato, nada
na música de webern
a não ser últimas conseqüências" (robert craft).

"dentro de 50 anos no máximo
todo mundo vai ouvir essa música
como a *sua* própria música;
sim, até para as crianças ela será acessível
as pessoas vão cantá-la" (webern).

330

é. pode ser que a música tenha acabado
para os músicos. mas o grande
público
este

ainda nem começou a ouvi-la

"possa este silêncio soar para eles"
(schoenberg sobre as *bagatelas*).

e o que é que isso tudo tem a ver com joão gilberto?

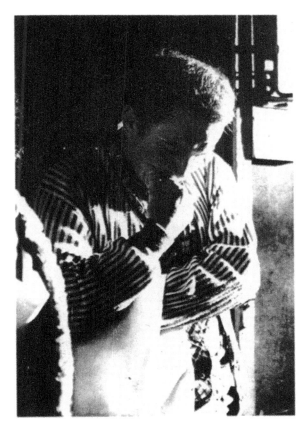

uma sílaba

BALANÇO DO BALANÇO

Posfácio

Publicar um livro sobre música popular "em progresso", como a nossa, é lutar contra o tempo. As etapas se queimam, os fatos novos se sucedem vertiginosamente, parecendo envelhecer o que ontem era novidade. Não há atualização que seja suficientemente atual para registrá-los. O importante, num livro desse tipo, é captar *news that stays news*, a notícia/novidade que permanece novidade, na fórmula dinâmica com que EP definia Literatura. Este o seu teste de sobrevivência. E esta, a meu ver, a justificativa da presente reedição

Constituído de trabalhos escritos entre 1966-68, publicado em maio de 1968, o *Balanço da Bossa* não pretendia dar conta de tudo o que se passou naquele período fascinante da nossa música popular e ficaria sempre em dívida com tudo o que aconteceu depois (e muita coisa aconteceu depois) nesse mesmo ano. Mas só poderia sobreviver na medida em que tivesse tido antenas para captar, de uma montanha de acontecimentos, o curso evolutivo, essencial, da música popular brasileira.

Nesse sentido, creio que o *Balanço* passou no teste. E pode funcionar, ainda hoje, como testemunho vivo e crítico dos acontecimentos mais importantes que ocorreram num momento decisivo para a nossa música. Dos mais importantes, não de todos. E dos mais importantes em termos de evolução de formas. Na introdução, eu já advertia que o *Balanço* era um livro de partido, polêmico. Nem a posição de conservador das tradições musicais, nem a eclética e/ou conciliatória dos autores de levantamentos indiferenciados. Uma opção drástica. Os radicais. Os inventores. Por isso mesmo, os mais incompreendidos. Joguei tudo nos baianos. Em Caetano. Em Gil. No momento em que eles eram mais contestados. Acreditei neles, quando a maioria duvidava. Os fatos posteriores demonstraram quem tinha razão.

Vista sob essa perspectiva, a moderna música popular brasileira apresenta dois marcos. 1958 — BOSSA NOVA. 1968 — TROPICÁLIA. No segundo momento de renovação da música popular brasileira não havia duas posições. Era estar com Caetano e Gil, ou contra eles. Quem não esteve com eles, naquele momento, para mim não viu nada, não ouviu nada. Não tem registro na minha memória musical. E não me arrependo. Ainda acho que é isso mesmo. Na sua modéstia, Caetano disse que o trabalho dele e de Gil não tinha o mesmo nível da BN por não apresentar uma característica formal definida. Mas, para mim, esse "não propor uma solução formal definida" é, em si mesmo, uma técnica. É tática. É metalinguagem. É contra-estilo. Dadá também não tinha estilo. E foi justamente a "solução formal definida" que matou tão cedo a BN, apesar de João. O Tropical*ismo* pode ter morrido, e Caetano e Gil foram os primeiros a antecipar a sua morte num programa de

334

televisão em fins de 1968. O que nasceu e nunca mais morrerá na música popular brasileira d.C. (depois de Caetano) foi a consciência absoluta do fazer e da liberdade de fazer, a noção precisa da invenção como um processo de revolução permanente e sempre inesperada. Guerrilha artística.

Deles próprios (de tudo o que fizeram depois Cae e Gil) e de muita gente que esteve com eles e que eu fui conhecendo melhor depois de publicada a 1ª edição do *Balanço,* este livro, mesmo com os acréscimos de *...E Outras Bossas,* não dá uma visão sistemática. Não tive a preocupação de registrar, passo a passo, o caminho percorrido por eles. Nem creio que isso seja necessário. Hoje já há muito mais gente entendendo o que eles estão fazendo, escrevendo e descrevendo muito bem o que se passou e vai passando.

Mas eu gostaria de falar mais dos menos conversados. De Tomzé, por exemplo, o único baiano que ficou em São Paulo, depois da morte do Tropicalismo. Um longo convívio com ele, na solidão dos oito milhões de habitantes, me fez conhecer de perto mais um trovador dedicado, nos seus melhores momentos, à difícil arte de fustigar o bom-tom e de fundir *motz el som* (palavra e som), como queriam os provençais, esses baianos do século XII.

Os primeiros discos de Tomzé não dizem tudo. Mas *Namorinho de Portão* (que eu ouvi pela primeira vez cantada por Gal, no apartamento de Caetano na Rua São Luís, quando ela ainda não era bem Gal, e reouvi muito mais tarde, cantarolada por João Gilberto nos bastidores do programa que ele fez com Caetano e Gal em 1971) me disse, desde o início, que esse não era um compositor comum. *Made in Brazil* (no histórico LP "Tropicália"), *Catecismo, Creme dental e eu, 2001* o confirmaram. E outras coisas menos notórias. *Sabor de Burrice,* por exemplo, precisava ser recantada e meditada. Flaubert não se preocupava com outra coisa, ao empreender a coleta de materiais para o 2º volume de *Bouvard et Pécuchet:* os manuscritos conhecidos como *Sottisier* (como traduzir? "Tolicionário"?).-"Nous ne souffrons que d'une chose: la Bêtise. Mais elle est formidable et universelle", escrevia ele a George Sand

335

em 1871. O *Sottisier* era, na verdade, um livro de citações, uma "Enciclopédia da Imbecilidade", que poderia ostentar como epígrafe os versos agridoces de *Sabor de Burrice:*

> *veja que beleza*
> *em diversas cores*
> *veja que beleza*
> *em vários sabores*
> *a burrice está na mesa*

> *ensinada nas escolas*
> *universidades*
> *e principalmente*
> *nas academias*
> *de louros e letras*
> *ela está presente*

> *e já foi com muita honra*
> *doutorada "honoris causa"*
> *não tem preconceito*
> *ou ideologia*
> *anda na esquerda*
> *anda na direita*
> *não escolhe causa*
> *e nada rejeita*
> *...*

> *conferindo rimas*
> *com fiel constância*
> *tu trazeis em guarda*
> *toda a concordância*
> *gramaticadora*
> *da língua portuguesa*
> *eterna defensora*

Um humor que pode se tornar muito lírico, quando o rovador se debruça sobre si mesmo para dizer, com a economia do *trobar clus*, em *O Riso e a Faca:*

quero
ser o riso
e o dente
quero
ser o dente
e a faca
quero
ser a faca
e o corte
num mesmo beijo

eu
sou a raiva
e a vacina
procura
de pecado
e conselho
espaço
entre a dor
e o consolo
a briga
entre a luz
e o espelho

Aí vai um pouco de Tomzé, que no LP *Todos os Olhos* se renova musicalmente e assume também a condição de um intérprete aberto e ousado. A carne viva de *Brigitte Bardot* e o canto sangrando, mal passado, de *Noite de Meu Bem* são choques de beleza crua para nós e até para ele. Não falo de *Cademar* porque estou envolvido, não tanto como letrista, mas como cortador de letras (a letra é de Tomzé, mas eu sou responsável pelas fraturas do texto).

Sobre Torquato Neto dei meu depoimento, infelizmente quando já não era possível fazer mais nada por ele. *Como é, Torquato,* escrito para ser publicado poucos dias depois de sua morte, permaneceu inédito até ser utilizado no pórtico do belo livro que reuniu artigos, poemas e outros textos de Torquato: *Os Últimos Dias de Paupéria* (organizado por Wally Sailormoon, com capa e planejamento de Ana Maria Silva de Araújo, edições Eldorado, 1973). Republico-o na 2ª parte deste livro. Recado, em mala direta, de poeta para poeta.

Torquato me leva a Macalé, parceiro musical de uma de suas últimas obras, a arrepiante *Let's Play That* (com fizera com a "geléia geral" de Décio Pignatari, Torquato me associou a essa letra, usando como refrão a frase "desafinando o coro dos contentes", em que eu, por minha vez, fundira, duas linhas do *Inferno de Wall Street* de Sousândrade). Violonista exímio, Jards Macalé se improvisou cantor, e partiu para a briga, como um "faquir da dor", num momento difícil. Na ausência de Caetano e Gil, assumiu a luta dos baianos, desafiando o público do Maracanãzinho com *Gotham City* (dele e de Capinam) e canalizando as vaias do Festival Internacional da Canção, em 1969. Depois, veio caminhando. Fez um primeiro LP bem elaborado (o em que aparece *Let's Play That*), explorando veredas. E explodiu no segundo, extraordinário. Em *Aprender a Nadar* Macalé reaprendeu a cantar, descobriu uma outra voz e começou a fazer coisas incríveis com ela. Versátil, pode cantar tão apaixonadamente como Lupicínio, do qual é já um dos grandes intérpretes, ou tão solta e desinibidamente como os cantores de samba-de-breque (*Orora Analfabeta*). Recria e redescobre. Por exemplo, os líricos disparates de *Imagens,* composição de Valsinho com letra do grande Orestes Barbosa: *A lua é gema de ovo / No copo azul lá do céu/ .../ O beijo é fósforo aceso / Na palha seca do amor / Porém foi o teu desprezo / Que me fez compositor.* O samba-canção *E Daí* ganha uma notável interpretação, onde o canto-sussurro, contra um ritmo coração-pulsado sobre o fundo opressivo da orquestra, diz todo o não-dizer do amor amordaçado. *Bate com a Cabeça,* etc. Humor? Sim. Mas humor negro, lupi/cínico. Ri mas dói. Riso na brasa. Desesprezo. A "morbeza romântica", dele e de Wally Sailormoon, é a mais drástica retomada do bacilo-de-lupicínio. A deformação patética da dor, grotescontraída, chega ao limite do impossível em *Rua Real Grandeza,* canto-último-arranco, delirium-tremens de amor, uma página monstruosamente bela e absolutamente única na música popular brasileira.

Na mesma época em que conheci Macalé, na Bahia, tocantando com Gil, em maravilhoso dueto, *A Cultura e a Civilização*, conheci os Novos Baianos, Galvão e Moraes. Foi logo depois do dilúvio, julho de 1969, véspera de Londres. De uma "sugesta geral", eles foram em frente, incorporando Paulinho Boca de Cantor, Baby Consuelo e todo um time sonoro de primeira, que João Gilberto filtrou, no contato que teve com eles, quando veio ao Brasil. Sob a invocação de Assis Valente e João Gilberto eles encontraram um som próprio, decantado e limpo, a partir das matrizes baianas. E *Preta Pretinha* tem a simplicidade do largo de igreja do poema de Oswald de Andrade, "onde não há nem um sino / nem um lápis / nem uma sensualidade".

Dos que já tinham individualidades definidas, ao tempo do *Balanço,* eu gostaria de falar especialmente de Paulinho da Viola e de Jorge Ben. Caetano já mencionava Paulinho, significativamente, no seu histórico depoimento à *Revista Civilização Brasileira* em 1966. Paulinho é realmente único. Ele faz sem esforço o que muitos tentaram artificialmente sem o conseguirem: unir Zona Norte e Zona Sul, samba de morro e samba sofisticado, fazendo coexistirem o fio puro de *Foi um rio que passou em minha vida* e a aventura de *Sinal Fechado,* composição admirável tematizando a incomunicabilidade, onde Paulinho acumula frases-feitas, sintagmas automatizados de saudação, vazios de significado:

> olá como vai
> eu vou indo e você
> tudo bem
> eu vou indo
> . . . . .
> quanto tempo
> pois é
> quanto tempo
> . . . . .
> me perdoe a pressa
> . . . . .
> ô não tem de que

e chega a interpolar as frases num processo inédito em nossa música popular:

pra semana
o **sinal**
eu procuro você
vai **abrir**

tudo isso montado num *ostinato* rítmico com intervalos de segunda, que criam uma atmosfera de tensão permanente. Conheci um dia Paulinho da Viola, na casa de Fernando Faro. A conversa ia de Nelson Cavaquinho à poesia concreta. Num dado momento ele produziu de dentro da sacola de viagem um livrinho e falou para mim: — Você já leu isso? É muito interessante. — Eu não tinha lido. Eram os *Problemas da Física Moderna,* de Heisenberg, Schroedinger, Max Born e Pierre Auger. Não se iludam. Paulinho é surpreendente.

Jorge Ben, sem falar da contundência rítmica de sua peculiar batida de violão e de seu estilo pessoal afro-árabe-brasileiro, é um poeta do avesso, desses que descobrem a vida das palavras a partir de uma aparente inocência diante das coisas. Caetano e Gil o acolheram, nos tempos da Tropicália, quando a maioria o desprezava. Ele não perdeu nada com o tempo. Ao contrário. Seu último disco* é o melhor. *Que nega é essa, Moça* — o *soul* brasileiro, belíssimo, que os nossos tradutores do *soul* americano não conseguiram fazer. *Fio Maravilha,* que estimo particularmente na interpretação sóbria e sombria do autor, agride pela naturalidade e neutralidade do texto, captando sem retoques ou pretensas "mensagens", o prazer lúdico do futebol e a sua inter--relação com a dança e a raça. Na estranha letra de *As rosas eram todas amarelas* Jorge Ben começa com o que parece uma enumeração caótica:

o adolescente
o ofendido
o jogador
o ladrão honrado
eles sabiam

(*) LP 6349047 (Philips, 1972)

340

mas ninguém falava
esperando a hora de dizer
sorrindo
que as rosas
eram todas amarelas

Coincidência ou não, os quatro personagens enunciados correspondem aos títulos de novelas ou romances de Dostoiévski: *O Ladrão Honrado, Humilhados e Ofendidos, O Jogador* e *O Adolescente*. Em seguida, ele desenvolve um discurso raro na literatura da música popular, ao esquadrinhar as relações entre poesia e vida, dizer e não-dizer:

lendo um livro de um poeta
da mitologia contemporânea
sofisticado senti que ele era
pois morrendo de amor
renunciando em ser poeta
dizia
basta eu saber
que poderei viver sem escrever
mas com o direito
de fazer quando quiser
porque
ele sabia
mas esperava a hora de escrever
que as rosas
eram todas amarelas.

"Être poète, non. Pouvoir l'être". (Valéry)

Que sabedoria! Pura intuição? Pensamento bruto? Seja o que for, é fantástico.

Mesmo sem querer me estender sobre eles (porque haveria muito que falar), não é possível deixar de dizer algo sobre Gil, que não está todo nos discos. Suas improvisações, o canto-falado que ele levou às últimas conseqüências (por exemplo, quando falava, em vez de cantar *Aquele Abraço*, num de seus *shows*), sem nunca ter ouvido o *Pierrô Lunar* de Schoenberg, o toque sutil do seu violão, as sondagens vocais de *Oriente,* a tensão hipnótica de *Filhos de Ghandi* — Gil continua a ser uma presença fundante em nossa música. Descrevê-lo? O melhor é deixar tudo por conta da misteriosa fórmula "gil-engendra em gil-rouxinol", feita para ele, por Sousândrade, 100 anos antes.

Nem é possível deixar de ver Caetano, ainda que num *flash* ultra-rápido: cantando, mesmo do lado de fora, depois de *Alegria, Alegria*, o exílio na tristeza, tristeza de *London, London* ou na mastigação "antropofágica" de *Asa Branca* e *Maria Bethania;* ou a triste Bahia na reencarnação de Gregório de Matos, respondendo ou correspondendo ao aceno-homenagem que lhe fez James Amado em sua maravilhosa edição do Boca do Inferno. E, enfim, no fruto proibido de "Araçá Azul", explosão permanente, 360 graus de música imprevisível, das falas-ruído ao bolero-falsete, que atordoou todo mundo, choque eletroniconcreto, coração e coragem. E daí em diante, tudo é possível: orlando dias dias dias, todo o ciúme da tua roupa no avesso das coisas esperadas. Caetano não tem fim.

Chico? Evoluiu no sentido da inventividade. Ainda uma vez, a mão de Caetano. Ele foi, de fato, o "tradutor" de Chico Buarque (que O MPB-4 sempre vestiu tão velho) em linguagem nova. *Carolina, Cotidiano, Partido Alto,* foram despidas e revestidas, foram recodificadas com tão implacável lucidez, que quase passaram por paródias, quando na verdade eram dramáticos gestos de amor com que Caetano procurava resgatar Chico da ambiência de seriedade acadêmica em que muitos o queriam mergulhar. Chico, finalmente, parece ter captado a sutil faixa de onda do "código" caetânico. A incômoda "pouca titica", mais até do que a sofisticada *Construção*, de andaimes um pouco à mostra, e o comovente LP "Chico/Caetano Juntos e Ao Vivo" o colocam numa posição que de certa forma, ele parecia não se deixar assumir nos acontecimentos revolucionários da música popular brasileira. É ainda um mestre. Mas que se contaminou de invenção. Tanto melhor.

Hermeto? Está certo, seu *free* é às vezes ainda um pouco *jazz* e virtuosístico demais para o meu gosto, mas flautas & porcos, fagote & esôfago, eu digo sim, maravilhoso. E quando tudo já parecia ter sido feito, eis que aparece Walter Franco, paulista e tudo, rachando a cabeça da música brasileira, até sem música, com —

entre outras coisas — *Cabeça* (quando Décio me falou eu não queria acreditar) e *Me deixe mudo*, uma composição tão necessária e isomórfica quanto o *Samba de uma nota só*, na sua estocástica entre som e silêncio: o disco da mosca é só risco.

João? João. O disco do México mostrou que ele ainda sabia tudo e só esperava a hora de dizer sorrindo. Em agosto de 1971, depois de uma longa ausência, ele voltou ao Brasil para fazer um programa de televisão em São Paulo, com a participação de Caetano e Gal. Foram sete horas de gravação em dois dias, das quais o público só assistiu a umas duas horas recheadas de anúncios. Não cheguei a ver o programa depois de montado — eu partira para os E.U.A. na semana seguinte para dar um curso universitário sobre barroco, que começava com *Triste Bahia* de Caetano e Gregório, e um outro sobre poesia moderna brasileira que terminava com *Tropicália*. Mas os que, como eu, puderam acompanhar de perto o encontro entre João e Caetano, sabem da sua importância. Para mim, especialmente, ele tinha um sabor particular. Era a concretização daquele encontro visto como o ideograma-programa do *Balanço da Bossa*, que eu e Décio Pignatari havíamos previamente radiopsicografado na sobrecapa do livro (capa interna do presente volume).

João logo se foi — deixando-nos perplexos com a sua recriação do *Quem há de dizer* de Lupicínio e com a tensão terrível das inesperadas alternâncias de oitava com que redimensionou o *Retrato em branco e preto* de Tom Jobim e Chico Buarque.

Mas ele já está voltando, ou já voltou, com um novo LP onde o seu domínio de voz está mais impressionante do que nunca, em *Isaura, Águas de Março, Avarandado, Falsa Baiana* e outras composições. Ele trata as vogais como Pelé trata a bola. Canta e toca sem preocupação de variar, como alguém que estivesse atirando no centro do alvo e acertasse sempre na mosca. Ninguém articula e divide como ele. Ouvindo o disco, ainda em fita, na casa de Caetano, na Bahia, ficamos todos tomados, Décio, Tuzé, Rogério Duarte, Dedé, Caetano, Risério, Erthos, Fernando. O jeito era ouvir mil vezes todos os dias. Ouvir e calar.

343

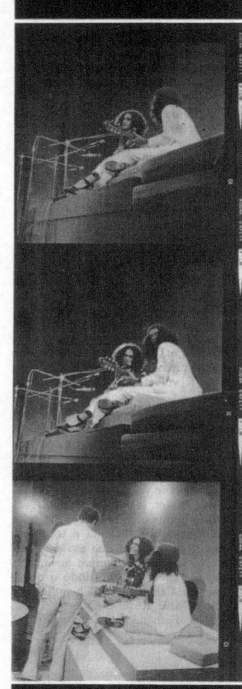

Tudo está finalmente aberto. Tomzé me faz gravar *cidade* para o seu LP: o primeiro poema concreto a aparecer em disco em circuito comercial (o LP do "Ars Nova" com as composições de Willy Corrêa de Oliveira e Gilberto Mendes sobre *movimento e beba coca cola* de Décio Pignatari e *vai-vem* de José Lino Grünewald não chegou a ter circulação em casas de disco). Agora, Caetano pega o *dias dias dias* do *poetamenos* e faz uma incrível oralização a várias vozes, embutindo o poema na *Volta* de um Lupicínio webernizado no piano elétrico com trocas de timbres e toques de dinâmica. Na música popular brasileira de hoje, talvez como em nenhuma outra, tudo pode acontecer.

Os que vêem a música em compartimentos fechados, sob a forma de castas aristocráticas, não entenderão o que está se passando, mas também não verão nada além dos seus compartimentos. As barreiras formais entre música erudita e música popular já não existem, a não ser em casos-limite de interesse didático. Cage e seus rádios já tinham acabado com isso. E Satie, ainda antes. Mas, independente disso, Debussy já dizia, numa época em que se pensava distinguir mais claramente entre música erudita e popular: "Só há uma música e esta tem em si mesma o direito de existir, quer ela adote o ritmo de uma valsa — ou até mesmo o de um café--concerto — ou a moldura imponente de uma sinfonia. E por que não confessar que, nesses dois casos, o bom--gosto estará muitas vezes do lado da valsa, enquanto que a sinfonia dissimulará com dificuldade a massa pomposa de sua mediocridade?"

Buckminster Fuller, aquele genial velhinho arquiteto — o inventor da "casa Dymaxion" (casa-portátil de metais e plásticos) e da casa tetraédrica ou casa--domo (*dome home*), o mesmo que afirmou certa vez: "O dinossauro se tornou uma espécie extinta porque tinha uma cauda de uma tonelada para derrubar uma banana", conta esta história exemplar a respeito da especialização, no seu livro *Manual Operacional para a Espaçonave Terra*: Certos pássaros, que se alimentavam de uma variedade de fauna micromarinha, descobriram que ela costumava se concentrar nos charcos de certas praias oceânicas. Então, em vez de voarem ao léu a

345

procura de alimento, passaram a freqüentar os tais charcos. Depois de algum tempo a água começou a escassear. Somente os pássaros com bicos muito longos podiam alcançar os buracos, no fundo dos charcos, para obterem o alimento. Os pássaros de bico curto foram morrendo. Ficaram só os de bico longo, os bicudos. Houve assim uma concentração dos genes dos bicos-longos. Com a escassez permanente de água e a reprodução de sucessivas gerações, pássaros de bicos cada vez mais longos foram sendo produzidos. Os bicudos pareciam estar progredindo, quando de repente houve um incêndio na região dos charcos. Como os bicudos tinham os bicos pesados demais, eles não podiam mais voar. Caminhando, eram muito lentos. Não podiam fugir do fogo. Morreram todos. Exemplo típico de extinção por superespecialização. O peixe é especializado — diz Fuller —, por isso não pode sair da água. O homem é o único ser onicompreensivo do universo.

Sou contra a especialização, a compartimentação da cultura. O especialista. Em literatura. Em música popular. Em música erudita. Em música *pop*. Em folquilore. A invenção, sim, sem hierarquias.

Tento, de certa forma, dizer isso na segunda parte que acrescentei ao *Balanço da Bossa*. Em... *E Outras Bossas*, entremeados com estudos, crônicas, comentários e entrevistas sobre música popular, estão alguns trabalhos que fiz sobre música erudita moderna, com algumas infiltrações poéticas, tudo culminando com a "coisa" que escrevi sobre Webern/João Gilberto. Seria ótimo se, a partir dessa confusão produssúmica, os músicos assim ditos populares adquirissem maior consciência do que aconteceu de novo na música contemporânea e pudessem ver, atrás do muro, alguns dos santos e mártires da música que eles estão fazendo, como Webern, Ives ou Varèse ou Cage; e se, de outro lado, os nossos músicos de laboratório tivessem a coragem de quebrar os espelhos de suas casamatas musicais, para compreenderem, sem vezos paternalistas, o quanto lhes tem a oferecer o avesso instigante da nossa música popular.

É um engano pensar que a música popular é o reino da redundância. A música erudita (inclusive a

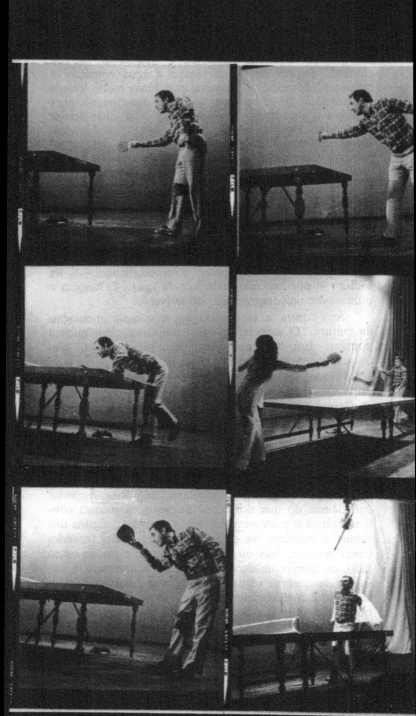

"de vanguarda") também se estratifica e se repete. Em qualquer dos campos, é raríssimo se ouvir, a esta altura, algo que já não tenha sido ouvido. E no entanto, a qualquer momento pode explodir uma nova maneira de usar as palavras e os sons. A invenção, caprichosa, aparece onde menos se espera. Na rua ou na lua. E onde quer que ela esteja, é preciso saber estar lá, sem preconceitos ou aprioris:

SONETERAPIA 2*

tamarindo de minha desventura
não me escutes nostálgico a cantar
me vi perdido numa selva escura
que o vento vai levando pelo ar

se tudo o mais renova isto é sem cura
não me é dado beijando te acordar
és a um tempo esplendor e sepultura
porque nenhuma delas sabe amar

somente o amor e em sua ausência o amor
guiado por um cego e uma criança
deixa cantar de novo o trovador

pois bem chegou minha hora de vingança
vem vem vem vem vem sentir o calor
que a brisa do brasil beija e balança

(*) para ser parcialmente cantado. agradecimentos a augusto dos anjos, orestes barbosa & sílvio caldas, dante alighieri, vinicius de morais & tom jobim, sá de miranda, orestes barbosa & sílvio caldas, olavo bilac, noel rosa & rubens soares, décio pignatari, mark alexander boyd, ary barroso, augusto dos anjos, joão de barro & pixinguinha e castro alves.

349

Nota informativa

Dos trabalhos que integram a segunda parte (... *E Outras Bossas*) deste volume, alguns foram originalmente publicados em jornais e revistas, a saber:

No *Correio da Manhã*:

JUANITA BANANA NO MUNICIPAL
(30-10-66)

LUPICÍNIO ESQUECIDO
(3-9-67 e 24-9-67)

JOÃO GILBERTO E OS NOVOS BAIANOS
(18-8-68)

É PROIBIDO PROIBIR OS BAIANOS
(30-10-68)

Em *O Cruzeiro*:
MINIENTREVISTA Nº 1
(19-6-69)

Em *O Estado de São Paulo*:
IVES SALVE A AMÉRICA
(30-8-69)

REVERLAINE
(22-8-71)

O artigo Música Popular de Vanguarda apareceu, sob o título "Música Popular de Vanguarda no Brasil", na *Revista de Letras* da Universidade de Porto Rico em Mayaguez (nº 3 — set. 1969). Republicado, com acréscimos, em tradução para o alemão de Rudolf Lanz, no *Staden-Jahrbuch* (*Anuário do Instituto Hans Staden*, de 1970). Este segundo texto, mais completo, foi o adotado, com a supressão de alguns trechos já contidos em É PROIBIDO PROIBIR OS BAIANOS.

A MINIENTREVISTA Nº 2 foi parcialmente publicada no *Domingo Ilustrado* de 8-8-71 e na revista *Vozes* (nº 9 — nov. 1972).

VIVA VAIA (págs. 352-353), poema dedicado a/inspirado por Caetano Veloso, foi publicado pelas Edições Invenção em 1972.

A fotografia de Charles Ives (pág. 274) é de autoria de Frank Gerratana. As de Lupicínio Rodrigues (pág. 220) e Torquato Neto (pág. 306) são de Ivan Cardoso. As de João Gilberto, Caetano e Gal (págs. 331, 334, 346, 348 e 351), do programa realizado na TV-4 em São Paulo, em agosto de 1971.

MÚSICA NA PERSPECTIVA

Balanço da Bossa e Outras Bossas, Augusto de Campos (D003)
A Música Hoje, Pierre Boulez (D055)
O Jazz, do Rag ao Rock, J. E. Berendt (D109)
Conversas com Igor Stravinski, Igor Stravinski e Robert Craft (D176)
A Música Hoje 2, Pierre Boulez (D217)
Jazz ao Vivo, Carlos Calado (D227)
O Jazz como Espetáculo, Carlos Calado (D236)
Artigos Musicais, Livio Tragtenberg (D239)
Caymmi: Uma Utopia de Lugar, Antonio Risério (D253)
Indústria Cultural: A Agonia de um Conceito, Paulo Puterman (D264)
Darius Milhaud: Em Pauta, Claude Rostand (D268)
A Paixão Segundo a Ópera, Jorge Coli (D289)
Óperas e Outros Cantares, Sergio Casoy (D305)
Filosofia da Nova Música, Theodor W. Adorno (E026)
O Canto dos Afetos: Um Dizer Humanista, Ibaney Chasin (E206)
Sinfonia Titã: Semântica e Retórica, Henrique Lian (E223)
Música Serva d' Alma: Claudio Monteverdi, Ibaney Chasin (E266)
A Orquestra do Reich , Misha Aster (E310)
Para Compreender as Músicas de Hoje, H. Barraud (SM01)
Beethoven: Proprietário de um Cérebro, Willy Corrêa de Oliveira (SM02)

Schoenberg, René Leibowitz (sm03)
Apontamentos de Aprendiz, Pierre Boulez (sm04)
Música de Invenção, Augusto de Campos (sm05)
Música de Cena, Livio Tragtenberg (sm06)
A Música Clássica da Índia, Alberto Marsicano (sm07)
Shostakóvitch: Vida, Música, Tempo, Lauro Machado Coelho (sm08)
O Pensamento Musical de Nietzsche, Fernando de Moraes Barros (sm09)
Walter Smetak: O Alquimista dos Sons, Marco Scarassatti (sm10)
Música e Mediação Tecnológica, Fernando Iazzetta (sm11)
A Música Grega, Théodore Reinach (sm12)
Estética da Sonoridade, Didier Guigue (sm13)
O Ofício do Compositor Hoje, Livio Tragtenberg (org.) (sm14)
Música: Cinema do Som, Gilberto Mendes (sm15)
A Ópera Barroca Italiana, Lauro Machado Coelho (ho)
A Ópera Romântica Italiana, Lauro Machado Coelho (ho)
A Ópera Italiana após 1870, Lauro Machado Coelho (ho)
A Ópera Alemã, Lauro Machado Coelho (ho)
A Ópera na França, Lauro Machado Coelho (ho)
A Ópera na Rússia, Lauro Machado Coelho (ho)
A Ópera Tcheca, Lauro Machado Coelho (ho)
A Ópera Clássica Italiana, Lauro Machado Coelho (ho)
A Ópera nos Estados Unidos, Lauro Machado Coelho (ho)
A Ópera Inglesa, Lauro Machado Coelho (ho)
As Óperas de Richard Strauss, Lauro Machado Coelho (ho)
O Livro do Jazz: De Nova Orleans ao Século XXI, Joachim E. Berendt
   e Günther Huesmann (lsc)
Rítmica, José Eduardo Gramani (lsc)

COLEÇÃO DEBATES
(últimos lançamentos)

287. *Crise das Matrizes Espaciais*, Fábio Duarte.
288. *Cinema: Arte & Indústria*, Anatol Rosenfeld.
289. *Paixão Segundo a Ópera*, Jorge Coli.
290. *Alex Viany: Crítico e Historiador*, Arthur Autran.
291. *George Steiner: À Luz de si Mesmo*, Ramin Jahanbegloo.
292. *Um Ofício Perigoso*, Luciano Canfora.
293. *Som-imagem no Cinema*, Luiz Adelmo Fernandes Manzano.
294. *O Desafio do Islã e Outros Desafios*, Roberto Romano.
295. *Ponto de Fuga*, Jorge Coli.
296. *Adeus a Emmanuel Lévinas*, Jacques Derrida.

297. *Platão: Uma Poética para a Filosofia*, Paulo Butti de Lima.
298. *O Teatro É Necessário?*, Denis Guénoun.
299. *Ética e Cultura*, Danilo Santos de Miranda (org.).
300. *Eu não Disse?*, Mauro Chaves.
301. *O Teatro do Corpo Manifesto: Teatro Físico*, Lúcia Romano.
302. *A Cidade Imaginária*, Luiz Nazario (org.).
303. *O Melodrama*, J. M. Thomasseau.
304. *O Estado Persa*, David Asheri.
305. *Óperas e Outros Cantares*, Sergio Casoy.
306. *Primeira Lição de Urbanismo*, Bernardo Secchhi.
307. *Conversas com Gaudí*, Cesar Martinell Brunet.
308. *O Racismo, uma Introdução*, Michel Wieviorka.
309. *Emmanuel Lévinas: Ensaios e Entrevistas*, François Poirié.
310. *Marcel Proust: Realidade e Criação*, Vera de Azambuja Harvey.
311. *A (Des)Construção do Caos*, Sergio Kon e Fábio Duarte (orgs.).
312. *Teatro com Meninos e Meninas de Rua*, Marcia Pompeo Toledo.
313. *O Poeta e a Consciência Crítica*, Affonso Ávila.
314. *O Pós-dramático: Um Conceito Operativo?*, J. Guinsburg e Sílvia
     Fernandes (orgs.).
315. *Maneirismo na Literatura*, Gustav R. Hocke.
316. *A Cidade do Primeiro Renascimento*, Donatella Calabi.
317. *Falando de Idade Média*, Paul Zumthor.
318. *A Cidade do Século Vinte*, Bernardo Secchi.
319. *A Cidade do Século XIX*, Guido Zucconi.
321. *Tradução, Ato Desmedido*, Boris Schnaiderman.
322. *Preconceito, Racismo e Política*, Anatol Rosenfeld.
323. *Contar Histórias com o Jogo Teatral*, Alessandra Ancona de
     Faria.
324. *Judaísmo, Reflexões e Vivências*, Anatol Rosenfeld.
325. *Dramaturgia de Televisão*, Renata Pallottini.
326. *Brecht e o Teatro Épico*, Anatol Rosenfeld.
327. *Teatro no Brasil*, Ruggero Jacobbi.
328. *40 Questões Para Um Papel*, Jurij Alschitz.
329. *Teatro Brasileiro: Ideias de uma História*, J. Guinsburg e
     Rosangela Patriota.
330. *Dramaturgia: A Construção da Personagem*, Renata Pallottini.
331. *Caminhanta, Não Há Caminho. Só Rastros*, Ana Cristina Colla.
332. *Ensaios de Atuação*, Renato Ferracini.
333. *A Vertical do Papel*, Jurij Alschitz
334. *Máscara e Personagem: O Judeu no Teatro Brasileiro*, Maria
     Augusta de Toledo Bergerman
335. *Razão de Estado e Outros Estados da Razão*, Roberto Romano
336. *Teatro em Crise*, Anatol Rosenfeld

Este livro foi impresso em Cotia,
nas oficinas da Meta Brasil,
para a Editora Perspectiva.